*BIBLICAL HEBREW GRAMMAR*

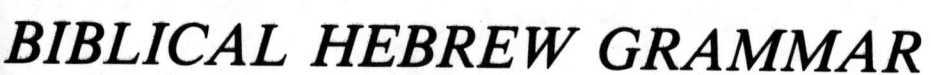

# BIBLICAL HEBREW GRAMMAR

D. WAYLON BAILEY

and

JOHN O. STRANGE

INSIGHT PRESS/NEW ORLEANS

Copyright 1985, Insight Press
Published by Insight Press, New Orleans, Louisiana
Printed in the United States of America
ISBN 0-914520-23-7
LC 85-60960

Affectionately dedicated

to our wives,

Martha Layton Bailey

and

Lela Elizabeth Strange

# PREFACE

Through the years many of my students have suggested that I should write a Hebrew grammar. Each time that I gave attention to their suggestion I was discouraged because the typesetting for such a project was so expensive. After retiring in December 1982 and agreeing to teach a lighter load, I began to think again of writing a grammar. A manuscript could now be photographed making typesetting unnecessary.

One day Dr. Bailey, a former student and fellow, and now a colleague, came to my office and said, "I still want you to write a Hebrew grammar." My response was, "All right, I will do it if you will join me in the undertaking." He agreed to do so, and the work was begun. I prepared the lessons, and he supplied the vocabularies and exercises.

Our purpose was to present in a simple style the basic principles of biblical Hebrew from which students could acquire a working knowledge of the language and become more efficient and effective interpreters of the Scriptures. To the extent that we have done this, we shall be pleased.

Dr. Bailey has used sentences as nearly as practical from the Hebrew Bible. The final exercises contain lengthy passages from the Bible with few changes. The student finishes the grammar reading simple verses that contain the most used words in the Hebrew Scriptures. Verbs occurring more than one hundred times and nouns found more than two hundred times are listed in the vocabulary.

To the administration of New Orleans Baptist Theological Seminary we express profound gratitude for providing encouragement and secretarial help. To our teachers, to our colleagues in Old Testament, and to our students we are indebted. Especially to Brenda Hockenhull and Janice Meier, doctoral students in Old Testament, we express appreciation. They typed the original and revised manuscripts. Ms. Meier did the typing and pointing of the final draft; her diligence in giving attention to detail and her faithfulness in the task were an inspiration to both of us.

John O. Strange

New Orleans Baptist Theological Seminary
New Orleans, Louisiana
January 1985

## CONTENTS

| | | |
|---|---|---|
| PREFACE | | ix |
| LESSON | | |
| 1 | The Hebrew Alphabet: Consonants | 1 |
| 2 | Vowels | 2 |
| 3 | Dagesh and Shewa | 4 |
| 4 | Guttural, Quiescent, and Vowel Letters | 6 |
| 5 | Syllables | 7 |
| 6 | The Article | 9 |
| 7 | Nouns and Adjectives (Singular) | 11 |
| 8 | Nouns and Adjectives (Plural) | 14 |
| 9 | Demonstrative Adjectives | 17 |
| 10 | The Construct Relation | 18 |
| 11 | The Construct Relation: Irregular Nouns | 22 |
| 12 | Prepositions | 23 |
| 13 | The Conjunction | 27 |
| 14 | Pronouns | 30 |
| 15 | Pronominal Suffixes with Masculine Singular Nouns | 33 |
| 16 | Pronominal Suffixes with Feminine Singular Nouns | 35 |
| 17 | Pronominal Suffixes with Masculine and Feminine Plural Nouns | 39 |
| 18 | Pronominal Suffixes with the Prepositions | 42 |
| 19 | Pronominal Suffixes of the Plural Noun with Prepositions | 45 |
| 20 | The Numerals | 47 |
| 21 | Qal Perfect of the Regular Verb | 51 |
| 22 | Qal Imperfect and Imperative | 55 |
| 23 | Qal Participles and Infinitives | 58 |
| 24 | Stative Verbs | 62 |
| 25 | Waw Consecutive, Cohortative, and Jussive | 66 |
| 26 | Niph'al of the Regular Verb | 69 |
| 27 | Pi'el | 73 |
| 28 | Pu'al | 77 |

| | | |
|---|---|---|
| 29 | Hithpa'el | 79 |
| 30 | Hiph'il | 83 |
| 31 | Hoph'al | 86 |
| 32 | Pronominal Suffixes with the Perfect | 90 |
| 33 | Pronominal Suffixes with the Imperfect and Imperative | 94 |
| 34 | Pronominal Suffixes with the Infinitive Construct | 97 |
| 35 | The Weak Verbs: Pe Guttural Verbs | 100 |
| 36 | Pe 'Aleph Verbs | 108 |
| 37 | Pe Nun Verbs | 112 |
| 38 | Pe Nun Verbs: Special Forms of נָתַן and לָקַח | 120 |
| 39 | Pe Yodh and Pe Waw Verbs | 126 |
| 40 | 'Ayin Guttural Verbs | 135 |
| 41 | 'Ayin Yodh Verbs | 144 |
| 42 | 'Ayin Waw Verbs | 152 |
| 43 | Double 'Ayin Verbs | 162 |
| 44 | Lamedh Guttural Verbs | 169 |
| 45 | Lamedh 'Aleph Verbs | 175 |
| 46 | Lamedh He Verbs | 183 |
| 47 | Doubly Weak Verbs | 191 |
| 48 | Doubly Weak Verbs (Continued) | 197 |
| 49 | Reading Exercise | 202 |
| 50 | Reading Exercise | 204 |
| VOCABULARY | | 207 |
| VERB CHARTS | | 221 |
| SUBJECT INDEX | | 238 |

# LESSON 1

## THE HEBREW ALPHABET

### CONSONANTS

| Hebrew Name Transliterated | Letter | Final Form | Pronunciation | Transliteration | Phonetic Value |
|---|---|---|---|---|---|
| 'Ā́leph | א | | ah́-leph | ʼ | silent |
| Bêth | ב | | bayth | bh | v |
| Gî́mel | ג | | geé-mel | gh | g |
| Dā́leth | ד | | dah́-leth | dh | th |
| Hē | ה | | hay | h | h |
| Wāw | ו | | wahw | w | w |
| Záyin | ז | | zá-yin | z | z |
| Chêth | ח | | kayth | ch | k |
| Têth | ט | | tayth | ṭ | t |
| Yôdh | י | | yohth | y | y |
| Kaph | כ | ך | kaph | kh | k |
| Lā́medh | ל | | lah́-meth | l | l |
| Mêm | מ | ם | maym | m | m |
| Nûn | נ | ן | noon | n | n |
| Sā́mekh | ס | | sah́-mek | ṣ | s |
| 'Áyin | ע | | á-yin | ʻ | barely vocal |
| Pē | פ | ף | pay | ph | f |
| Tsā́dhê | צ | ץ | tsah́-thay | ts | ts |
| Qôph | ק | | kohph | q | k |
| Rêsh | ר | | raysh | r | r |
| Sîn or Shîn[a] | ש | | seen or sheen | s or sh | s or sh |
| Tāw | ת | | tahw | th | th |

[a]ש appears without a dot in an unpointed text. In a pointed text when the dot is over the left prong (שׂ), the letter is Sîn; when the dot is over the right prong (שׁ), the letter is Shîn.

Six letters will take a dot in the middle of the letter.

| Letter | Transliteration | Phonetic Value |
|--------|-----------------|----------------|
| בּ     | b               | b              |
| גּ     | g               | g              |
| דּ     | d               | d              |
| כּ     | k               | k              |
| פּ     | p               | p              |
| תּ     | t               | t              |

Note: The transliteration is relatively unimportant. It serves as a scaffold for the beginner. The student should master writing and pronouncing the name of each letter and should learn its phonetic value.

## LESSON 2

## VOWELS[a]

### SHORT VOWELS

| Hebrew Name Transliterated | Vowel Sign | Pronunciation | Transliteration | Phonetic Value |
|----------------------------|------------|---------------|-----------------|----------------|
| Pathach                    | ◌ַ         | pá-tha        | a               | a as in cat    |
| Seghôl                     | ◌ֶ         | se-gohl       | e               | e as in met    |

---

[a] The vowels probably were introduced in the sixth and seventh centuries by those who now are called Masoretes. The older manuscripts of the Old Testament do not have vowel signs.

| Hebrew Name Transliterated | Vowel Sign | Pronunciation | Transliteration | Phonetic Value |
|---|---|---|---|---|
| Chîreq | ִ | heé-rek | i | i as in pin |
| Qāmets-Chātûph | ָ | kah-mets-kah-tooph | o | o as in top |
| Qibbûts | ֻ | kib-boots | u | u as in bull |

LONG VOWELS

| Hebrew Name Transliterated | Vowel Sign | Pronunciation | Transliteration | Phonetic Value |
|---|---|---|---|---|
| Qāmets | ָ | kah-mets | ā | a as in card |
| Tsêrê | ֵ | tsay-ray | ē | e as in they |
| Tsêrê-Yôdh | ֵי | tsay-ray-yohth | ê | |
| Chîreq-Yôdh | ִי | heé-rek-yohth | î | i as in machine |
| Chōlem (full) | וֹ | hoh-lem | ô | o as in go |
| (defective) | ֹ | | ō | |
| Shûreq | וּ | shoó-rek | û | u as in true |

The student should practice writing and pronouncing the consonants and the vowels in order to free himself of a dependence upon a transliteration. A בּ is written with each of the vowels in order to facilitate the learning process.

בָּ       בַּ<br>
בְּ   בֵּי   בֵּ<br>
בִּ       בִּי<br>
בָּ       בּ וֹ<br>
בֻּ       בּוּ<br>
בֳּ

Substitute each of the consonants in the above exercise giving the consonants and vowels their true phonetic value. Since א and ע (being a throat letter) are silent, pronounce only the vowel with these letters.

## LESSON 3

## DAGESH AND SHEWA

### DAGESH

A dagesh is a dot in the middle of a letter. The two types of dagesh are <u>lene</u> and <u>forte</u>. Six letters (בגדכפת) will take dagesh lene. When the dot is present in one of these letters, it serves to harden the pronunciation. The dot always will be placed in any one of these letters when it is not preceded by a vowel sound.

[a]דָּבָר (dā-bhār)

בָּגַד (bā-ghadh)

גָּבַר (gā-bhar)

All of the letters except אהחער will take dagesh forte. The dagesh forte doubles a letter. When it is placed in one of the six letters (בגדכפת), it serves both to double the letter and to make the pronunciation hard. A letter with a dagesh forte always will be preceded by a vowel sound.

פַּקֵּד for פַּקְקֵד

רִדֵּף for רִדְדֵף

---

[a]Hebrew is written from right to left; so begin on the right.

## SHEWA

A shewa is a sign placed beneath a consonant that otherwise would be vowelless. There are two types: simple shewa and composite shewa.

A simple shewa consists of the sign ְ beneath a letter. It may be transliterated as a small $^e$ raised above the line.

בְּרִית  (b$^e$rîth)

A simple shewa may be vocal or silent, i.e., pronounced or not pronounced. When it begins a syllable, it is vocal and is pronounced as a very short "e." When it closes a syllable, it is silent. Some grammarians have called the silent shewa a syllable divider.

A composite shewa is used beneath the guttural letters אהחע. The composite shewas are as follows:

| Sign | Name | Transliteration |
|---|---|---|
| ֲ | Chateph Pathach | $\breve{a}$ |
| ֱ | Chateph Seghol | $\breve{e}$ |
| ֳ | Chateph Qamets | $\breve{o}$ |

Observations:

(1) A simple shewa is vocal when it is beneath a consonant that begins a syllable and is silent when it is beneath a consonant that closes a syllable.

(2) When two shewas appear together in the middle of a word, the first is silent and the second remains vocal.

(3) A composite shewa is always vocal and will not close a syllable.

(4) A final ך will take a silent shewa (ךְ). Other final letters will not have a silent shewa beneath them.

## EXERCISE

Write and pronounce the following words:

| | | | |
|---|---|---|---|
| dah-vahr | דָּבָר | kit-tayl | קִטֵּל |
| ah-kal | אָכַל | yah-tsah | יָצָא |
| yik-teloo | יִקְטְלוּ | yah-shav | יָשַׁב |
| boh | בּוֹא | lah-kak | לָקַח |
| hah-yah | הָיָה | mooth | מוּת |
| yah-tha | יָדַע | nah-sah | נָשָׂא |
| athah-mah | אֲדָמָה | yit-tayn | יִתֵּן |
| kah-rah | קָרָא | rah-ah | רָאָה |
| seem | שִׂים | shoove | שׁוּב |
| es-reem | עֶשְׂרִים | shiv-ah | שִׁבְעָה |

## LESSON 4

### GUTTURAL, QUIESCENT, AND VOWEL LETTERS

אהחע are called guttural or throat letters. These letters have three peculiarities:

(1) They will not take a dagesh forte

(2) They receive a composite shewa beneath them instead of a simple shewa

(3) They prefer "a" class vowels beneath them and even before them

אהוי are quiescent letters, i.e., they become silent under certain circumstances.

הוי are vowel letters. They are called vowel letters because although they are letters, they may represent vowels.

## EXERCISE

Write and pronounce the following words:

| | | | |
|---|---|---|---|
| oh-lahm | עוֹלָם | ehmeth | אֱמֶת |
| ah-thahm | אָדָם | anah-kah | אֲנָחָה |
| bah-rah | בָּרָא | ah-seer | אָסִיר |
| koom | קוּם | shah-lohm | שָׁלוֹם |
| mah-tsah | מָצָא | boh-ker | בֹּקֶר |
| kah-rath | כָּרַת | shil-shohm | שִׁלְשׁוֹם |
| ah-vath | עָבַד | shemoo-ah | שְׁמוּעָה |
| esh-kohl | אֶשְׁכֹּל | shemee-nee | שְׁמִינִי |
| ay-fer | אֵפֶר | shemoh-neem | שְׁמֹנִים |
| ay-lohn | אֵלוֹן | bekoh-rah | בְּכוֹרָה |
| tsah-wah | צָוָה | bare | בַּר |
| bohsh | בּוֹשׁ | gah-al | גָּאַל |

## LESSON 5

## SYLLABLES

Every syllable must begin with a consonant and

must have one full vowel.[a] A syllable that ends with a vowel is an open syllable, and a syllable that ends in a consonant is a closed syllable.

The word דָּבָר has two syllables. The first is דָּ (pronounced dah); it is an open syllable ending with a vowel. The second is בָר (pronounced vahr); it is a closed syllable ending with a consonant.

Note: A closed unaccented[b] syllable must have a short vowel. If ָ appears in a closed unaccented syllable, it is Qamets "o," a short vowel, and not Qamets "a," a long vowel. This is how one distinguishes Qamets "a" and Qamets "o."

EXERCISE

Pronounce the following words which are divided into syllables:

| | | | |
|---|---|---|---|
| קָ-טַל | אִשְׁ-תּוֹ | חֶ֫-סֶד | יַרְ-דֵּן |
| מֵ-אָ-דָם | מָ-לַךְ | אֱלֹ-הִים | לֹא |
| מֶ֫-לֶךְ[c] | אָב | בְּתוֹךְ | יוֹם |
| אֲנַ֫חְ-נוּ | חֲלוֹם | בָּ-רוּךְ | קְטַלְ-תֶּם |
| עֲבָ-דִים | עַבְ-דּוֹ | אַבְ-רָ-הָם | יִשְׁ-בְּרוּ |

---

[a]This is a general rule. We will note an exception when we study the conjunction.

[b]An arrowhead will be used to mark the accented syllable when it is on the syllable next to the final syllable (מֶ֫לֶךְ). Most words are accented on the final syllable. When the final syllable is accented, the arrowhead will not be written.

[c]Words of this type with two Seghols are accented on the syllable next to the last.

Divide the following words into syllables:

| | | | |
|---|---|---|---|
| עָרְמָה | טוֹב | יִשְׁמְרוּ | אָנֹכִי |
| חָכְמָתוֹ | שׁוּב | אֶקְטְלָה | פַּקֵּד |
| קוֹלִי | דָּבָר | יִקְטֹל | רְדֵף |
| קָדְקֹד | הָלַךְ | שׁוֹמְרִים | בְּרִית |
| בָּקָר | יַרְדֵּן | אֲנִי | בָּגַד |

## LESSON 6

## THE ARTICLE

The rules for pointing the article are as follows:

(1) The article ה usually is pointed with Pathach plus a dagesh forte in ordinary letters.

| | |
|---|---|
| the king | הַמֶּלֶךְ |
| the horse | הַסּוּס |
| the word | הַדָּבָר |

(2) When the article is placed on a word that begins with א, ע, or ר, it is pointed as follows:

| | |
|---|---|
| the man | הָֽאָדָם[a] |
| the father | הָאָב |
| the head | הָרֹאשׁ |

The gutturals refuse to be doubled; so the vowel Pathach is lengthened to ָ (Qamets "a"). ר is

[a]The vertical stroke by the Qamets beneath the article is called methegh ("bridle"). It indicates a pause by the reader in pronouncing the word. It appears on the second syllable before the accented syllable.

not a guttural letter, but acts like one in refusing a doubling dot.

(3) When the article is placed on a word beginning with ה or ח, the vowel Pathach remains unchanged. These letters are said to be doubled by implication. In pronunciation it is impossible to distinguish whether they are doubled or not.

    the darkness  הַחֹשֶׁךְ

(4) When the article is placed before a word beginning with an unaccented הָ or עָ, the vowel beneath the ה is Seghol. In the case of חָ the vowel is Seghol whether the syllable is accented or unaccented.

    the dust  הֶעָפָר

(5) When either הָ or עָ is accented, the vowel beneath the article will be Qamets.

    the mountain  הָהָר

Summary:
- (1) הַּ before words that begin with letters other than the gutturals and ר
- (2) הָ before א, ע, and ר
- (3) הַ before ה and ח (doubled by implication)
- (4) הֶ before unaccented הָ or עָ, and accented or unaccented חָ
- (5) הָ before accented הָ or עָ

Hebrew does not have an indefinite article. דָּבָר may be translated as "word" or "a word."

## VOCABULARY

| | | | |
|---|---|---|---|
| man | אָדָם[a] | king | מֶלֶךְ |
| morning | בֹּקֶר | father | אָב |
| evening | עֶרֶב | darkness | חֹשֶׁךְ[b] |
| light | אוֹר | dust | עָפָר |
| night | לַיְלָה | mountain, the mountain | הַר, הָהָר |

## EXERCISE

(1) אָדָם, הָאָדָם (2) בֹּקֶר, הַבֹּקֶר (3) עֶרֶב, הָעֶרֶב (4) אוֹר,
הָאוֹר (5) לַיְלָה, הַלַּיְלָה (6) מֶלֶךְ, הַמֶּלֶךְ (7) אָב, הָאָב
(8) חֹשֶׁךְ, הַחֹשֶׁךְ (9) עָפָר, הֶעָפָר (10) הַר, הָהָר

(1) dust, the dust (2) man, the man (3) mountain, the mountain (4) evening, the evening (5) morning, the morning (6) king, the king (7) father, the father (8) darkness, the darkness (9) light, the light (10) night, the night

# LESSON 7

## NOUNS AND ADJECTIVES (SINGULAR)

Most nouns and adjectives are formed from the roots of verbs. After the student gains a working knowledge of verbs, many nouns and adjectives are

---

[a] There is no neuter gender in Hebrew. Nouns, as well as adjectives, are masculine or feminine. When a feminine noun or adjective appears in the vocabulary, usually it will be marked f.

[b] The defective Cholem often unites with the dot on the שׁ. Instead of חֹשֶׁךְ, the two dots unite.

recognized easily. The etymology of some nouns and adjectives is no longer traceable to a verb root.

Masculine singular nouns have no special ending, but feminine singular nouns are usually recognizable by the ending ָה which draws the accent over to itself. The noun לַ֫יְלָה "night" ends in ָה, but it is a masculine noun from the short form לַ֫יִל; the accent does not move over when ָה is added.

| | | |
|---|---|---|
| m.sg. | סוּס | horse |
| f.sg. | סוּסָה | mare |
| m.sg. | נָבִיא | prophet |
| f.sg. | נְבִיאָה[a] | prophetess |
| m.sg. | אִישׁ | man |
| f.sg. | אִשָּׁה | woman |

Masculine and feminine adjectives have this same characteristic.

| | | | | | |
|---|---|---|---|---|---|
| m.sg. | טוֹב | good | m.sg. | רַע | evil |
| f.sg. | טוֹבָה | | f.sg. | רָעָה | |
| m.sg. | גָּדוֹל | great | m.sg. | חָכָם | wise |
| f.sg. | גְּדוֹלָה | | f.sg. | חֲכָמָה | |

(1) When an adjective modifies a noun, it follows the noun and agrees with it in gender, number, and definiteness, i.e., the article.

| | |
|---|---|
| a good man | אִישׁ טוֹב |
| the good man | הָאִישׁ הַטּוֹב |
| a good woman | אִשָּׁה טוֹבָה |

---

[a]The change of Qamets to shewa will be explained in the next lesson.

the good woman הָאִשָּׁה הַטּוֹבָה

(2) When an adjective is used as a predicate adjective, it normally precedes the noun and agrees with it in gender and number.

A horse (is)[a] good. טוֹב סוּס

The horse (is) good. טוֹב הַסּוּס

When this word order is violated, it is for emphasis. The final example may be written הַסּוּס טוֹב. This would emphasize הַסּוּס, i.e., "the horse is good."

## VOCABULARY

### Nouns

| | | | |
|---|---|---|---|
| earth, land (f.) | אֶ֫רֶץ | woman (f.) | אִשָּׁה |
| the earth | הָאָ֫רֶץ | | |
| horse | סוּס | prophet | נָבִיא |
| day | יוֹם | prophetess (f.) | נְבִיאָה |
| place | מָקוֹם | queen (f.) | מַלְכָּה |
| man | אִישׁ | palace, temple | הֵיכָל |

### Adjectives

| | | | |
|---|---|---|---|
| good | טוֹב | holy | קָדוֹשׁ |
| great | גָּדוֹל | evil | רַע |
| new | חָדָשׁ | evil (f.) | רָעָה |

## EXERCISE

(1) יוֹם טוֹב, הַיּוֹם הַטּוֹב, טוֹב הַיּוֹם (2) הֵיכָל קָדוֹשׁ,

---

[a]The present tense of the verb "to be" is implied. In Hebrew it is not written.

הַהֵיכָל הַקָּדוֹשׁ, קָדוֹשׁ הַהֵיכָל (3) מָקוֹם גָּדוֹל, הַמָּקוֹם הַגָּדוֹל,

גָּדוֹל הַמָּקוֹם, (4) אִישׁ טוֹב, הָאִישׁ הַטּוֹב, טוֹב

הָאִישׁ (5) אִשָּׁה רָעָה, הָאִשָּׁה הָרָעָה, רָעָה הָאִשָּׁה (6) נְבִיאָה

טוֹבָה, הַנְּבִיאָה הַטּוֹבָה, טוֹבָה הַנְּבִיאָה (7) רַע הַמֶּלֶךְ הֶחָדָשׁ

(1) a good man (2) the good man (3) The man (is) good. (4) a good woman (5) the good woman (6) The woman (is) good. (7) the great temple (8) a great temple (9) The temple (is) great. (10) The place (is) good. (11) The man (is) great. (12) The prophetess (is) wise. (13) an evil queen (14) the evil queen (15) The queen (is) evil. (16) a holy prophet (17) The prophet (is) holy.

## LESSON 8

## NOUNS AND ADJECTIVES (PLURAL)

The termination for masculine plural nouns and adjectives is usually ים. and the termination for feminine plural nouns and adjectives is usually וֹת.

Examples of forming the plurals of nouns and adjectives are as follows:

| | | | | | |
|---|---|---|---|---|---|
| m.sg. | נָבִיא | prophet | f.sg. | נְבִיאָה | prophetess |
| m.pl. | נְבִיאִים | | f.pl. | נְבִיאוֹת | |
| m.sg. | טוֹב | good | f.sg. | טוֹבָה | |
| m.pl. | טוֹבִים | good (ones) | f.pl. | טוֹבוֹת | |
| m.sg. | סוּס | horse | f.sg. | סוּסָה | mare |
| m.pl. | סוּסִים | | f.pl. | סוּסוֹת | |

m.sg. גָּדוֹל great f.sg. גְּדוֹלָה

m.pl. גְּדוֹלִים great (ones) f.pl. גְּדוֹלוֹת

Some vowel changes take place when these endings are added. Note that in the first example the Qamets "a" beneath the initial consonant has been reduced to a shewa. <u>The vowel in an open syllable which appears two syllables to the right of the accented syllable will volatilize</u>.

נָבִיאִים becomes נְבִיאִים

גָּדוֹלִים becomes גְּדוֹלִים

In dividing a word into syllables a student may find it helpful to begin at the left of the word, to find the first full vowel, and to include the consonant with the vowel. Every syllable must have one full vowel and must begin with a consonant. Thus, when the vowel beneath the initial consonant in the word נָבִיא has been volatilized due to adding endings, נְבִיאִים has only two syllables. Shewa is a half-vowel; so, in this instance, it is vocal and becomes a part of the following syllable. If the initial consonant had been a guttural letter, a composite shewa would have been used.

Vowels that include vowel letters are unchangeably long and will not volatilize when in the second syllable from the accented syllable. When the plural ending is added to a word such as כּוֹכָב, the plural form is כּוֹכָבִים. The full Cholem includes a vowel letter and does not volatilize.

Some nouns are dual in number. The dual ending for masculine and feminine nouns is ַ֫יִם.

| | | | |
|---|---|---|---|
| hand (f.)[a] | יָד | horse | סוּס |
| hands | יָדַ֫יִם | a pair of horses | סוּסַ֫יִם |

## VOCABULARY

| | | | |
|---|---|---|---|
| God | אֱלֹהִים | he kept | שָׁמַר |
| Lord | אֲדֹנָי | he gave, put | נָתַן |
| Yahweh, Lord[b] | יהוה | he stood | עָמַד |
| he walked, went | הָלַךְ | he saw | רָאָה |
| he said | אָמַר | he heard, hearkened | שָׁמַע |
| he called | קָרָא | | |

Normally in a Hebrew sentence the verb precedes the subject. When this order is violated, it is for emphasis.

he called (namely) God קָרָא אֱלֹהִים

God, he called אֱלֹהִים קָרָא

## EXERCISE

(1) נָתַן יהוה (2) שָׁמַע הַנָּבִיא (3) אֱלֹהִים אָמַר (4) סוּס
גָּדוֹל (5) סוּסִים גְּדוֹלִים (6) נְבִיאוֹת גְּדוֹלוֹת (7) סוּסָה
טוֹבָה (8) גְּדוֹלִים הַסּוּסִים (9) טוֹבִים הַנְּבִיאִים (10) קָרָא
אֱלֹהִים (11) עָמַד הַנָּבִיא הַטּוֹב (12) טוֹב הָאוֹר, רַע הַחֹ֫שֶׁךְ

---

[a] Parts of the body that come in pairs are usually feminine.

[b] יהוה is the covenant name of the deity. It is a proper noun, the pointing of which has been lost. In their reading from the Scriptures Jews substitute אֲדֹנָי for יהוה. During the exile the belief emerged that the name was too sacred to be pronounced.

(1) God heard. (2) The man walked. (3) The good prophet gave. (4) The great prophet said. (5) The night (is) evil.

## LESSON 9

### DEMONSTRATIVE ADJECTIVES

| | | | | | |
|---|---|---|---|---|---|
| m.sg. | זֶה | this | c.pl. | אֵ֫לֶּה | these |
| f.sg. | זֹאת | | | | |
| m.sg. | הוּא | that | m.pl. | הֵ֫מָּה, הֵם | those |
| f.sg. | הִיא | | f.pl. | הֵ֫נָּה, הֵן | |

The demonstrative adjective behaves as any other adjective. When it modifies a noun, it comes after the noun and agrees with the noun in gender, number, and definiteness.

| | |
|---|---|
| this man | הָאִישׁ הַזֶּה |
| that woman | הָאִשָּׁה הַהִיא |
| these horses | הַסּוּסִים הָאֵ֫לֶּה |

When the demonstrative adjective is used as a predicate, it usually precedes the noun and agrees in gender and number.

| | |
|---|---|
| This (is) the man. | זֶה הָאִישׁ |
| This (is) the woman. | זֹאת הָאִשָּׁה |
| These (are) the horses. | אֵ֫לֶּה הַסּוּסִים |

### VOCABULARY

| | | | |
|---|---|---|---|
| man | אֱנוֹשׁ | servant | עֶ֫בֶד |
| house | בַּ֫יִת | hand (f.) | יָד |

| | | | |
|---|---|---|---|
| word, thing | דָּבָר | priest | כֹּהֵן |
| son | בֵּן | men | אֲנָשִׁים |
| way | דֶּ֫רֶךְ | women (f.) | נָשִׁים |
| voice | קוֹל | Jacob | יַעֲקֹב |
| heavens | שָׁמַ֫יִם | Abraham | אַבְרָהָם |

## EXERCISE

(1) זֶה הַבַּ֫יִת (2) אֵ֫לֶּה הַדְּבָרִים (3) טוֹבִים הַסּוּסִים הָאֵ֫לֶּה
(4) הָאִשָּׁה הַהִיא (5) גְּדוֹלִים הַנְּבִיאִים הָאֵ֫לֶּה (6) אָמַר
הָאֱלֹהִים הַגָּדוֹל (7) אָמַר אֱלֹהִים זֶה טוֹב (8) שָׁמַע יַעֲקֹב
קוֹל (9) נָתַן יהוה נְבִיאִים (10) אֵ֫לֶּה [a]תּוֹלְדוֹת־הַשָּׁמַ֫יִם[a]
וְהָאָ֫רֶץ[b] (11) טוֹב הַנָּבִיא הַזֶּה (12) קָרָא אֱלֹהִים אִישׁ

(1) that woman (2) that man (3) this woman (4) this man (5) these prophets (6) these prophetesses
(7) These (are) the words. (8) These (are) the women.
(9) These men (are) good. (10) This (is) the way.

## LESSON 10

## THE CONSTRUCT RELATION

The nouns that we have dealt with thus far are said to be in the absolute state. When two or more words are related so closely that they express one compound idea, they are said to be in the construct relation. The word in the absolute may stand alone; on the other hand, the word in construct never stands alone. The word in the absolute may take the article; the word in construct never takes the article.

---

[a-a]the generations of the heavens [b]וְ=and

a man's horse סוּס־אִישׁ[a]

The expression is literally "horse of a man."

the man's horse סוּס־הָאִישׁ

literally, "the horse of the man"

The word סוּס־ in each example is in the construct state. אִישׁ is in the absolute state. Note that the article that appears on the absolute makes the entire expression definite.

We have observed the masculine and feminine singular and plural in the absolute. The endings of nouns in construct now are presented.

m.sg. absolute דָּבָר word

m.sg. construct דְּבַר־ word of

When the maqqeph unites דָּבָר with another word, the accent on דָּבָר is lost; the final word has the accent for the expression. Note the changes in the pointing of דָּ|בָר. Since the accent is on the following word, the closed syllable בָר is unaccented and must have a short vowel. The long "a" is shortened to בַר. The syllable דָּ is the second syllable from the maqqeph. The Qamets in this position volatilizes דְּ. Thus the word in construct is דְּבַר־.

f.sg. absolute סוּסָה mare

f.sg. construct סוּסַת־ mare of

Observe that since ה is a quiescent letter, ת replaces it in the construct. The unaccented closed

---

[a]The horizontal line that joins the two words is called maqqeph ("binding"). When two words are joined by maqqeph, the final word alone is accented. The two words are treated as one word.

syllable must have a short vowel. The open syllable סוּ has an unchangeably long vowel.

| | | |
|---|---|---|
| m.pl. absolute | סוּסִים | horses |
| m.pl. construct | סוּסֵי־ | horses of |
| f.pl. absolute | סוּסוֹת | mares |
| f.pl. construct | סוּסוֹת־[a] | mares of |

Note the endings for the masculine and for the feminine plurals in the above examples. Changes in pointing may be illustrated with the plural of דָּבָר.

| | | |
|---|---|---|
| m.pl. absolute | דְּבָרִים | words |
| m.pl. construct | דִּבְרֵי־ | words of |

When writing the masculine plural noun, first write the word as found in the singular דָּבָר; then add the masculine plural absolute ending דָּבָרִים. The accent is now on רִים. The open syllable דָּ is the second syllable to the right of the accented syllable. The Qamets volatilizes (דְּבָרִים).

To write the masculine plural construct start with the masculine plural absolute דְּבָרִים. Take off the absolute ending ים. and put on the masculine plural construct ending דְּבָרֵי־. The accent will be on the word following the maqqeph. The open syllable בָ is two syllables back from the maqqeph; the Qamets volatilizes בְ. The result is דְּבְרֵי־. When two vocal shewas appear at the beginning of a word, the first becomes Chireq; the second remains vocal. When this final change is made, the resultant form is דִּבְרֵי־.

---

[a]Normally, a closed syllable unaccented must have a short vowel. The construct form סוּסוֹת־ is an exception. The ending includes a vowel letter which is unchangeably long.

VOCABULARY

| | | | |
|---|---|---|---|
| not | לֹא[a] | unto | אֶל־ |
| I | אֲנִי, אָנֹכִי | he made, did | עָשָׂה |
| old (adj.), old one or elder (noun) | זָקֵן | sign of the definite object (not translated) | אֵת, אֶת־ |
| he knew | יָדַע | all, every | כֹּל, כָּל־ |
| he created | בָּרָא | upon, on | עַל |
| between | בֵּין | David | דָּוִד |

Illustration of the use of אֵת

The king knew. יָדַע הַמֶּלֶךְ

He knew the king. יָדַע אֶת־הַמֶּלֶךְ

אֵת may be written either separately or joined to the next word with a maqqeph. When a maqqeph is used, the result is a closed syllable unaccented; therefore the vowel must be short אֶת־.

EXERCISE

(1) שָׁמַע הַנָּבִיא אֶת־דְּבַר־הָאֱלֹהִים (2) אִישׁ־אֱלֹהִים (3) זִקְנֵי־
אֱלֹהִים (4) סוּסֵי־הַמֶּלֶךְ (5) לֹא נָבִיא אֲנִי (6) דִּבְרֵי־הָאֲנָשִׁים
(7) לֹא יָדַע הַמֶּלֶךְ אֶת־דִּבְרֵי־הַכֹּהֵן (8) אָמַר אֱלֹהִים אֵת כָּל־
הַדְּבָרִים הָאֵלֶּה (9) אֲנִי יהוה אֱלֹהֵי־אַבְרָהָם (10) נָתַן אֱלֹהִים
אֶת־הָאָרֶץ הַזֹּאת אֶל־אַבְרָהָם (11) אָמַר הָאִישׁ הַטּוֹב אֶת־דִּבְרֵי־יהוה

(1) the word of the servant (2) the word of God (3) a word of man (4) the king's horses (5) the

---

[a]The negative particle לֹא is written before the verb.

men of God  (6) a prophet of God  (7) an old man
(8) All of the men (are) evil.  (9) The Lord God
created man.  (10) The prophet went unto the temple.

## LESSON 11

### THE CONSTRUCT RELATION

### IRREGULAR NOUNS

Students should become familiar with some of
the irregular nouns that are used frequently.

|  | Singular Absolute | Singular Construct | Plural Absolute | Plural Construct |
|---|---|---|---|---|
| house | בַּ֫יִת | בֵּית־ | בָּתִּים | בָּתֵּי־ |
| son | בֵּן | בֶּן־ | בָּנִים | בְּנֵי־ |
| day | יוֹם | יוֹם־ | יָמִים | יְמֵי־ |
| people | עַם | עַם־ | עַמִּים | עַמֵּי־ |
| man | אִישׁ | אִישׁ־ | אֲנָשִׁים | אַנְשֵׁי־ |
| woman | אִשָּׁה | אֵ֫שֶׁת־ | נָשִׁים | נְשֵׁי־ |
| city | עִיר | עִיר־ | עָרִים | עָרֵי־ |
| head | רֹאשׁ | רֹאשׁ־ | רָאשִׁים | רָאשֵׁי־ |
| eye | עַ֫יִן | עֵין־ | עֵינַ֫יִם | עֵינֵי־ |

### VOCABULARY

| bread | לֶחֶם | Egypt | מִצְרַ֫יִם |
| salvation (f.) | יְשׁוּעָה | Moses | מֹשֶׁה |
| thus | כֹּה | city (f.) | עִיר |
| there is (are) not | אֵין | head | רֹאשׁ |

| | | | |
|---|---|---|---|
| wilderness | מִדְבָּר | exceedingly, very | מְאֹד |
| Israel | יִשְׂרָאֵל | he went out | יָצָא |
| and (the conjunction always is joined to the following word) | וְ | he came | בָּא |

## EXERCISE

(1) בָּרָא אֱלֹהִים אֵת הַשָּׁמַיִם וְאֵת הָאָרֶץ (2) וְאֶל־הַמֶּלֶךְ בָּא

הָאִישׁ (3) אָמַר אֱלֹהִים אֶל־בְּנֵי־יִשְׂרָאֵל (4) אַנְשֵׁי־הָעִיר

(5) רָאשֵׁי־יִשְׂרָאֵל (6) נָתַן אֱלֹהִים אוֹר אֶל־בְּנֵי־יִשְׂרָאֵל

(7) אוֹר וְחֹשֶׁךְ (8) בָּא הָאִישׁ אֶל־רָאשֵׁי־יִשְׂרָאֵל (9) נָתַן

יהוה אוֹר אֶל־אַנְשֵׁי־יִשְׂרָאֵל (10) בָּתֵּי־מִצְרַיִם (11) הָלַךְ

הַמֶּלֶךְ אֶל־עָרֵי־מִצְרַיִם (12) יָצָא כֹּהֵן־הַהֵיכָל אֶל־זִקְנֵי־הָעִיר

(1) God created the light and the darkness. (2) The king gave bread unto the city. (3) The son of the prophet came unto the wilderness. (4) The prophet came unto the king. (5) The eyes of the Lord (are) unto the children of Israel. (6) The king saw the sons of the prophets. (7) Moses went out unto the land of Egypt. (8) The thing (word) was evil exceedingly. (9) The land (is) very good. (10) The light (is) good; the darkness (is) evil.

# LESSON 12

## PREPOSITIONS

### INSEPARABLE PREPOSITIONS

Three prepositions always are prefixed to words and never are used separately; therefore they are called inseparable prepositions.

בּ in, by, with

כּ as, like, according to

ל to, for, belonging to

Using the ל as an example these prepositions are pointed as follows:

(1) לְ before words which have a full vowel beneath the initial letter

to a man לְאָדָם

to a son לְבֵן

(2) לִ before words with a simple shewa beneath the initial letter

to Samuel לִשְׁמוּאֵל

to a covenant לִבְרִית

The student should write the preposition in the regular form לְ and apply the rule: when two vocal shewas come together at the beginning of a word, the first becomes a Chireq; the second remains vocal.

When this rule is applied to a word whose initial letter is Yodh, the Chireq unites with the Yodh to form a vowel Chireq-Yodh. The following shewa falls out.

Two vocal shewas appear at the beginning of a word. לְיְהוּדָה

The first becomes a Chireq. לִיְהוּדָה

Ordinarily the second remains vocal, but since Chireq and Yodh become a vowel, the second shewa falls out. לִיהוּדָה

(3) לַ, לֶ, or לָ before words with compound

shewas beneath the initial letter

    to a lion  לַאֲרִי

    to a man  לֶאֱנוֹשׁ

  When the inseparable preposition is pointed before letters with composite shewa, the preposition takes the corresponding short vowel.

  An exception is the word אֱלֹהִים "God." The form becomes לֵאלֹהִים "to God."

  (4) When an inseparable preposition is prefixed to a word with the article, it replaces the ה and assumes the pointing of the article.

    to the man  לָאָדָם
    to the king  לַמֶּלֶךְ

    THE PREPOSITION מִן "FROM"

מִן is pointed as follows:

  (1) מִ· before words beginning with letters other than the gutturals and ר

    from all  מִכֹּל

    from Saul  מִשָּׁאוּל

  The Nun is canceled and becomes dagesh forte in the initial letter of the word.

  (2) מֵ before words beginning with guttural letters or ר, since these letters cannot be doubled, and before words that have the article

    from man  מֵאָדָם

    from the man  מֵהָאָדָם

  (3) מִ usually before ה and ח since these letters may be doubled by implication

Note: מִן may be written separately and joined to the following word with a maqqeph.

from the man מִן־הָאָדָם

THE COMPARATIVE מִן

The comparative degree is expressed by use of מִן "from."

טוֹב מִיַּיִן חָכְמָה

"Better than wine (is) wisdom."

literally, "Good from wine (is) wisdom."

A verb also may be used before the comparative מִן.

גָּדַל מִן־אַבְרָהָם

"He was greater than Abraham."

The superlative degree may be expressed by use of מִן or בּ preceded by an adjective with the article or by means of the construct relationship.

שְׁמוּאֵל הַגָּדוֹל מִן־הָאֲנָשִׁים

"Samuel (is) the greatest of the men."

literally, "Samuel (is) the great from the men."

שְׁמוּאֵל הַגָּדוֹל בָּאֲנָשִׁים

"Samuel (is) the greatest among the men."

literally, "Samuel (is) the great among the men."

שְׁמוּאֵל גְּדוֹל־הָאֲנָשִׁים

"Samuel (is) the greatest of the men."

literally, "Samuel (is) great of the men."

## VOCABULARY

| | | | |
|---|---|---|---|
| blessing (f.) | בְּרָכָה | people | עַם |
| Samuel | שְׁמוּאֵל | the people | הָעָם |
| Judah | יְהוּדָה | covenant (f.) | בְּרִית |
| garden | גַּן | he cut | כָּרַת |
| the garden | הַגָּן | he was | הָיָה |
| law, teaching (f.) | תּוֹרָה | he ate | אָכַל |
| ground (f.) | אֲדָמָה | he took | לָקַח |

## EXERCISE

(1) כֹּה אָמַר יהוה אֶל־בְּנֵי־יִשְׂרָאֵל בְּמִצְרָ֫יִם (2) לָֽאָדָם נָתַן
אֱלֹהִים בְּרָכָה (3) הָיָה שְׁמוּאֵל נְבִיא־אֱלֹהִים בְּיִשְׂרָאֵל (4) נָתַן
אֱלֹהִים נָבִיא לִיהוּדָה (5) כָּרַת יהוה בְּרִית בְּעַם־יִשְׂרָאֵל
(6) הָלַךְ יהוה בַּגָּן וְאֶת־הָאִישׁ וְאֶת־הָֽאִשָּׁה רָאָה (7) הָיָה
שְׁמוּאֵל הַגָּדוֹל מִן־הַנְּבִיאִים (8) הָיָה דָּוִד גָּדוֹל מִשְּׁמוּאֵל

(1) There is not bread for the children of Israel. (2) To the woman God said. (3) God gave a blessing to the people. (4) Samuel (is) a prophet in Israel. (5) The law of the Lord (is) very good. (6) God made the man from the dust of the ground.

## LESSON 13

## THE CONJUNCTION

The letter ו prefixed to a word serves as the conjunction "and." The conjunction is pointed as follows:

(1) וְ before words that do not have a shewa

beneath the first letter

and the man וְהָאָדָם[a]

and a man וְאָדָם

(2) וּ before words that begin with a simple shewa beneath the first letter and before words beginning with ב, מ, or פ

and words וּדְבָרִים

(Note that the dagesh lene falls out of the ד since it is preceded by a vowel sound.)

and Moses וּמֹשֶׁה

and a son וּבֵן

and a place וּמָקוֹם

(3) וַ, וֶ, or וָ before words beginning with a composite shewa. The conjunction takes the corresponding short vowel of a composite shewa like the inseparable prepositions.

Note: יְהוּדָה is pointed וִיהוּדָה, אֱלֹהִים is pointed וֵאלֹהִים, and יהוה is pointed וַיהוה.

(4) וָ sometimes immediately before an accented syllable

day and night יוֹם וָלָ֫יְלָה

HE DIRECTIVE

ָה is added to certain nouns to denote motion toward and is called ה directive.

toward the mountain הָהָ֫רָה

toward Sheol שְׁאֹ֫לָה

---

[a]The conjunction does not take the place of the article.

toward Egypt מִצְרַ֫יְמָה

Note that the accent never moves over to the ה directive.

## VOCABULARY

| | | | |
|---|---|---|---|
| he commanded | צִוָּה | book | סֵ֫פֶר |
| he went up | עָלָה | Jerusalem | יְרוּשָׁלַ֫יִם |
| he wrote | כָּתַב | fruit | פְּרִי |
| he answered | עָנָה | lad, boy | נַ֫עַר |
| he spoke | דִּבֶּר | Eli | עֵלִי |
| to say, saying | לֵאמֹר | Sabbath | שַׁבָּת |
| tree | עֵץ | | |

## EXERCISE

(1) נָתַן[a] יהוה אֱלֹהִים אֶת־הָאָדָם וְאֶת־הָאִשָּׁה בַּגָּן (2) צִוָּה
יהוה אֱלֹהִים אֶת־הָאָדָם לֵאמֹר מִכֹּל עֵץ־הַגָּן נָתַן אֱלֹהִים לָאָדָם
וּמֵעֵץ־הַדַּ֫עַת[b] טוֹב וָרָע[c] לֹא נָתַן (3) עָלָה הַנָּבִיא יְרוּשָׁלַ֫יְמָה
וְדִבְרֵי[d]־הַבְּרִית דִּבֶּר אֶל־הַמֶּ֫לֶךְ וְהָעָם (4) נָתַן אֱלֹהִים אֶת־
סֵפֶר־הַבְּרִית לִשְׁמוּאֵל וּמֹשֶׁה (5) עָשָׂה אֱלֹהִים אֶת־יוֹם־הַשַּׁבָּת
(6) נָתַן אֶת־הַתּוֹרָה הַגְּדוֹלָה אֶל־הָעָם וְאֶל־שְׁמוּאֵל הַנָּבִיא הַטּוֹב
(7) עָשָׂה יהוה אֶת־הָאָדָם מֵהֶעָפָר (8) כָּרַת יהוה בְּרִית בְּעַם־
יִשְׂרָאֵל (9) כֹּה אָמַר יהוה אֶל־זִקְנֵי־יִשְׂרָאֵל בִּיהוּדָה (10) הָלַךְ

---

[a] he put, placed [b] the knowledge

[c] "Good and evil," and other pairs, often are joined by וָ.

[d] The dagesh lene falls out of the ד because the letter is preceded by a vowel sound.

יהוה בַּגָּן (11) רָאָה אֶת־הָאִישׁ וְאֶת־הָאִשָּׁה (12) כָּתַב מֹשֶׁה
בְּסֵפֶר אֶת־כָּל־הַדְּבָרִים הָאֵלֶּה

(1) a man, the man, and a man, and the man (2) the book and the covenant (3) a book and a covenant (4) Moses wrote the law and the words of the covenant. (5) law and words (6) God called Samuel and Moses. (7) God gave the woman to the man. (8) Samuel heard the voice of the Lord in the temple. (9) The people hearkened not to the words of the prophet. (10) From the holy temple the Lord heard the voice.

# LESSON 14

## PRONOUNS

### PERSONAL PRONOUNS

The personal pronouns may be used as subject or object. When they are used subjectively, they stand as separate forms and are written as follows:

| | | | |
|---|---|---|---|
| I (c.) | אֲנִי, אָנֹכִי | we (c.) | אֲנַחְנוּ |
| you (m.) | אַתָּה | you (m.) | אַתֶּם |
| you (f.) | אַתְּ | you (f.) | אַתֶּן |
| he (m.) | הוּא | they (m.) | הֵמָּה, הֵם |
| she (f.) | הִיא | they (f.) | הֵנָּה, הֵן |

When the personal pronouns are used objectively, they are written as suffixes to the sign of the definite object את as seen in the following table:

| | | | |
|---|---|---|---|
| me (c.) | אֹתִי | us (c.) | אֹתָ֫נוּ |
| you (m.) | אֹתְךָ | you (m.) | אֶתְכֶם |
| you (f.) | אֹתָךְ | you (f.) | אֶתְכֶן |
| him (m.) | אֹתוֹ | them (m.) | אֶתְהֶם, אֹתָם |
| her (f.) | אֹתָהּ[a] | them (f.) | אֶתְהֶן, אֹתָן |

INTERROGATIVE PRONOUNS

| | | | |
|---|---|---|---|
| who (subject)<br>whom (object) | מִי | what | מה |
| Who (am) I? | מִי אֲנִי | to whom | לְמִי |

There are no changes in the pointing of מִי.

The interrogative pronoun מה does undergo change. It is pointed as follows:

(1) ·מַה before ordinary letters

What (is) a prophet? מַה־נָּבִיא

(2) מַה before ה and ח since they are said to be doubled by implication

What (is) darkness? מַה־חֹ֫שֶׁךְ

(3) מָה before the gutturals א, ע, and ר

What (is) man? מָה־אִישׁ

(4) מֶה before gutturals with Qamets "a" beneath them

What (is) dust? מֶה־עָפָר

Another device for the interrogative is a pre-

---

[a]The third feminine singular is written אֹתָהּ. The dot in the ה is called mappiq meaning "bringing out." The dot serves to give the letter a strong "h" sound instead of being quiescent.

fixed ה. This ה is called He interrogative and is pointed as follows:

(1) הֲ before ordinary letters

Have you heard? הֲשָׁמַ֫עְתָּ

(2) הַ before gutturals and before words beginning with a simple shewa

Are you? הַאַתָּה

Have you heard? הֲשְׁמַעְתֶּם

(3) הֶ before gutturals with a Qamets

Have you forsaken? הֶעָזַ֫בְתָּ

## RELATIVE PRONOUN

| who, that, which | אֲשֶׁר | just as | כַּאֲשֶׁר |

The relative pronoun is used in a variety of ways. Always translate literally a sentence in which אֲשֶׁר is found; then smooth out the translation into common usage.

## VOCABULARY

| he loved | אָהַב | Pharaoh | פַּרְעֹה |
| he remembered | זָכַר | Amos | עָמוֹס |
| he visited | פָּקַד | when, that, because | כִּי |
| he sent | שָׁלַח | a Hebrew | עִבְרִי |
| they came | בָּ֫אוּ | sea | יָם |
| peace | שָׁלוֹם | seas | יַמִּים |

## EXERCISE

(1) הוּא שָׁמַר אֹתִי מִכֹּל רָע (2) כִּי נַ֫עַר הָיָה יִשְׂרָאֵל, אָהֵב
אֹתוֹ אֱלֹהִים (3) בָּא מֹשֶׁה אֶל־פַּרְעֹה (4) אָמַר כֹּה־אָמַר יהוה
אֱלֹהֵי־יִשְׂרָאֵל (5) אָמַר פַּרְעֹה, מִי יהוה (6) מָה־אֱנוֹשׁ כִּי
זָכַר אֹתוֹ אֱלֹהִים וּבֶן־אָדָם כִּי פָקַד אֹתוֹ (7) אָמַר עָמוֹס אֶל־
הַכֹּהֵן לֹא נָבִיא אָנֹכִי וְלֹא בֶן־נָבִיא אָנֹכִי (8) זָכַר אֹתָ֫נוּ
בְּמִצְרַ֫יִם (9) מַה־הַדָּבָר הַזֶּה אֲשֶׁר דִּבֶּר יהוה (10) אָמַר אֶל־
הַמֶּ֫לֶךְ, עִבְרִי אָנֹכִי (11) שָׁלַח אֹתִי הָאֱלֹהִים אֲשֶׁר־עָשָׂה אֶת־הַיָּם וְאֶת־
הָאֲדָמָה (12) בָּ֫אוּ הָאֲנָשִׁים וְהַנָּשִׁים אֶל־רָאשֵׁי־הָעָם (13) הֲשָׁלוֹם
לַנַּ֫עַר

(1) Who (are) you (m.)? (2) Who (are) you (f.)? (3) He (emphatic) called you (pl.) for prophets to the people. (4) They (are) the people of God. (5) He loved us. (6) He sent the prophet. (7) The eyes of the Lord (are) upon the children of Israel.

## LESSON 15

## PRONOMINAL SUFFIXES

## WITH MASCULINE SINGULAR NOUNS

| | | | |
|---|---|---|---|
| my horse (c.) | סוּסִי | our horse (c.) | סוּסֵ֫נוּ |
| your horse (m.) | סוּסְךָ | your horse (m.) | סוּסְכֶם |
| your horse (f.) | סוּסֵךְ | your horse (f.) | סוּסְכֶן |
| his horse (m.) | סוּסוֹ | their horse (m.) | סוּסָם |
| her horse (f.) | סוּסָהּ | their horse (f.) | סוּסָן |

When the suffixes are attached to nouns, we have another example of the construct state. "My horse" is literally "horse of me."

No changes in pointing occur when the suffixes are added to the monosyllabic word סוּס.

Note the changes in pointing in the word דָּבָר "word."

| my word (c.)   | דְּבָרִי   | our word (c.)   | דְּבָרֵנוּ |
| your word (m.) | דְּבָרְךָ  | your word (m.)  | דְּבַרְכֶם |
| your word (f.) | דְּבָרֵךְ  | your word (f.)  | דְּבַרְכֶן |
| his word (m.)  | דְּבָרוֹ   | their word (m.) | דְּבָרָם   |
| her word (f.)  | דְּבָרָהּ  | their word (f.) | דְּבָרָן   |

An open syllable two places back from the accented syllable will volatilize.  דְּבָרִי

If there is a guttural letter in this open syllable two places from the tone syllable, the guttural will take a composite shewa.

| trouble | עָמָל | my trouble | עֲמָלִי |

In the second masculine plural and second feminine plural the suffixes are attached to דָּבָר as the word is written in the construct state.

| absolute | דָּבָר | construct | דְּבַר־ |

## VOCABULARY

| he turned away      | סָר     | generation     | דּוֹר     |
| he feared           | יָרֵא   | generations of | תּוֹלְדוֹת־ |
| fear                | יִרְאָה | Abram          | אַבְרָם  |
| tongue              | לָשׁוֹן | name           | שֵׁם     |
| straight, upright   | יָשָׁר  | with           | עִם      |
| forever, eternity   | עוֹלָם  |                |          |

## EXERCISE

(1) זֶה־שְּׁמִי לְעוֹלָם וְזֶה בְרִיתִי לְדוֹר וָדוֹר (2) הָלַךְ אַבְרָם
כַּאֲשֶׁר דִּבֶּר יהוה (3) וְכֹל אֲשֶׁר קָרָא הָאָדָם, הוּא שְׁמוֹ (4) זֶה
סֵפֶר־תּוֹלְדוֹת־אָדָם (5) קָרָא אֶת־שְׁמָם אָדָם בַּיּוֹם עָשָׂה אֹתָם
(6) אִישׁ הָיָה בְאֶרֶץ־עוּר[a] אַבְרָם שְׁמוֹ, קָרָא יהוה אֶל־הָאִישׁ
הַהוּא (7) קוֹלְךָ בָּא מִן־הַשָּׁמַיִם (8) לֹא אָמַר רַע עִם לְשׁוֹנוֹ
(9) יָצָא הַנָּבִיא אֶל־עִיר־אֱלֹהִים (10) לָקַח הָאָדָם מִפְּרִי־הָעֵץ
(11) אֱלֹהִים קָרָא לִשְׁמוּאֵל בַּיּוֹם וּבַלַּיְלָה (12) יָרֵא אַבְרָם אֶת
יהוה מְאֹד

(1) Your word (is) forever. (2) her word, his word, my word, our word (3) His people[b] (are) my people. (4) The Lord (is) in his holy temple. (5) Their horse (is) very good. (6) In that day Samuel heard the voice of God. (7) He said, "There is not the fear of God in this place."

## LESSON 16

### PRONOMINAL SUFFIXES

### WITH FEMININE SINGULAR NOUNS

| | | | |
|---|---|---|---|
| my law (c.) | תּוֹרָתִי | our law (c.) | תּוֹרָתֵנוּ |
| your law (m.) | תּוֹרָתְךָ | your law (m.) | תּוֹרַתְכֶם |
| your law (f.) | תּוֹרָתֵךְ | your law (f.) | תּוֹרַתְכֶן |
| his law (m.) | תּוֹרָתוֹ | their law (m.) | תּוֹרָתָם |
| her law (f.) | תּוֹרָתָהּ | their law (f.) | תּוֹרָתָן |

---

[a] Ur

[b] עַם with the suffixes takes a dagesh forte (עַמּוֹ "his people").

Most feminine nouns end in ָה. Since ה is a quiescent letter, the letter ת replaces the ה when the suffixes are attached. (Some grammarians think that feminine nouns originally ended in ָת.) Note that the suffixes are the same as those that are attached to a masculine singular noun.

No changes in pointing take place in the word תּוֹרָה since the וֹ is an unchangeably long vowel.

The word צְדָקָה "righteousness" may be used to illustrate changes in pointing when the suffixes are added.

| | | | |
|---|---|---|---|
| my righteousness (c.) | צִדְקָתִי | our righteousness (c.) | צִדְקָתֵנוּ |
| your righteousness (m.) | צִדְקָתְךָ | your righteousness (m.) | צִדְקַתְכֶם |
| your righteousness (f.) | צִדְקָתֵךְ | your righteousness (f.) | צִדְקַתְכֶן |
| his righteousness (m.) | צִדְקָתוֹ | their righteousness (m.) | צִדְקָתָם |
| her righteousness (f.) | צִדְקָתָהּ | their righteousness (f.) | צִדְקָתָן |

צְדָקָה צִדְקָתִי

An open syllable two places back from the tone syllable will volatilize. When this happens, there are two vocal shewas at the beginning of the word; the first shewa becomes a Chireq; the second remains vocal. So צְדְקָתִי becomes צִדְקָתִי.

When a guttural letter is in the position of the צ, the guttural will have a composite shewa. When two vocal shewas come at the beginning of a word, the composite shewa becomes the corresponding short vowel.

ground אֲדָמָה my ground אֲדָמָתִי

אַדְמָתִי

In the second masculine plural and second feminine plural the suffixes are attached to the feminine singular noun as written in the construct.

## POSSESSION

Since there is no word in Hebrew meaning "to have," two particles are used to express possession in the present tense.

there is יֵשׁ there is not אֵין

There is to me a son. יֵשׁ לִי בֵּן

There is not to me a son. אֵין לִי בֵּן

There is to the man a son. יֵשׁ לָאִישׁ בֵּן

There is not to the man a son. אֵין לָאִישׁ בֵּן

Possession in the past is expressed by use of הָיָה.

There was to me a son. הָיָה לִי בֵּן

There was not to me a son. לֹא הָיָה לִי בֵּן

Possession in the future is expressed by use of a form of the verb "to be."

There will be to me a son. יִהְיֶה לִי בֵּן

There will not be to me a son. לֹא יִהְיֶה לִי בֵּן

## VOCABULARY

| | | | |
|---|---|---|---|
| heart | לֵב, לֵבָב | glory | כָּבוֹד |
| Canaan | כְּנַעַן | righteousness | צֶדֶק |
| behold | הִנֵּה | nation | גּוֹי |
| behold me | הִנְנִי | nations | גּוֹיִם |
| faithfulness, truth (f.) | אֱמֶת | host | צָבָא |

## EXERCISE

(1) זָכַר אֱלֹהִים אֶת־בְּרִיתוֹ אֲשֶׁר עָשָׂה [a]אֶת־עַמּוֹ[a] (2) רָאָה
אֱלֹהִים אֶת־כָּל־אֲשֶׁר עָשָׂה וְהִנֵּה טוֹב מְאֹד (3) תּוֹרָתְךָ בְּלִבִּי
וּדְבָרְךָ בְּעַמְּךָ (4) כְּבוֹדוֹ לְעוֹלָם וְצִדְקָתוֹ לִבְנֵי־בָנִים (5) אָמַר
יהוה אֶל־אַבְרָם [b]לֶךְ־מֵאַרְצְךָ וּמִמּוֹלַדְתְּךָ[b] וּמִבֵּית־אָבִיךָ אֶל־אֶרֶץ־
כְּנַעַן (6) אָמַר קָדוֹשׁ קָדוֹשׁ קָדוֹשׁ [c]יהוה צְבָאוֹת[c] מְלֹא[d] כָל־הָאָרֶץ
כְּבוֹדוֹ (7) גָּדוֹל אַתָּה, בְּכָל־גּוֹיִם יְשׁוּעָתְךָ (8) קָרָא יהוה
אֱלֹהִים אֶל־הָאָדָם (9) דִּבֶּר אֱמֶת בִּלְבָבוֹ (10) הָלַךְ הַמֶּלֶךְ אֶל־
הָעִיר (11) שָׁמַע הַנָּבִיא אֶת־קוֹל־הָאֱלֹהִים (12) שָׁמַע לַדָּבָר
מִן־הַכֹּהֵן

(1) your (m.pl.) law and his righteousness (2) "Their law (is) not my law," says the Lord. (3) God heard my voice in his temple. (4) The Lord (is) good to his people. (5) In that night the Lord visited the people of his covenant. (6) The lad called to God from the temple.

---

[a-a]אֶת may be translated as "with" ("with his people").

[b-b]go from your land and from your kindred

[c-c]the Lord of hosts [d]full

## LESSON 17

## PRONOMINAL SUFFIXES

## WITH MASCULINE AND FEMININE PLURAL NOUNS

| | | | |
|---|---|---|---|
| my horses (c.) | סוּסַי | our horses (c.) | סוּסֵ֫ינוּ |
| your horses (m.) | סוּסֶ֫יךָ | your horses (m.) | סוּסֵיכֶם |
| your horses (f.) | סוּסַ֫יִךְ | your horses (f.) | סוּסֵיכֶן |
| his horses (m.) | סוּסָיו | their horses (m.) | סוּסֵיהֶם |
| her horses (f.) | סוּסֶ֫יהָ | their horses (f.) | סוּסֵיהֶן |

There are no internal vowel changes when the suffixes are added to the masculine plural noun סוּסִים.

When the suffixes are attached to דְבָרִים, changes in pointing occur just as they did when the suffixes were added to דָבָר.

| | | | |
|---|---|---|---|
| my words (c.) | דְבָרַי | our words (c.) | דְבָרֵ֫ינוּ |
| your words (m.) | דְבָרֶ֫יךָ | your words (m.) | דִבְרֵיכֶם |
| your words (f.) | דְבָרַ֫יִךְ | your words (f.) | דִבְרֵיכֶן |
| his words (m.) | דְבָרָיו | their words (m.) | דִבְרֵיהֶם |
| her words (f.) | דְבָרֶ֫יהָ | their words (f.) | דִבְרֵיהֶן |

It is best for the student to learn to work out the vowel changes rather than to try to memorize them.

When writing the suffixes with the plural noun, always start with the masculine plural absolute form דְבָרִים. Remove the masculine plural absolute ending, and add the first common singular suffix דְבָרַי. The Qamets under the ד already was volatilized; no other change is needed. When writing the heavy suffixes כֶם, כֶן, הֶם, and הֶן, attach them to the masculine plural construct form דִּבְרֵי־.

The suffixes of the feminine plural noun are the same as those used with the masculine plural.

| | | | |
|---|---|---|---|
| my laws (c.) | תּוֹרוֹתַי | our laws (c.) | תּוֹרוֹתֵינוּ |
| your laws (m.) | תּוֹרוֹתֶיךָ | your laws (m.) | תּוֹרוֹתֵיכֶם |
| your laws (f.) | תּוֹרוֹתַיִךְ | your laws (f.) | תּוֹרוֹתֵיכֶן |
| his laws (m.) | תּוֹרוֹתָיו | their laws (m.) | תּוֹרוֹתֵיהֶם |
| her laws (f.) | תּוֹרוֹתֶיהָ | their laws (f.) | תּוֹרוֹתֵיהֶן |

When the vowel in an open syllable beneath a guttural letter volatilizes, a composite shewa is used.

my men אֲנָשַׁי

When suffixes are used with segholate nouns, they are appended to the base forms of the nouns.

| | | Base Form | | |
|---|---|---|---|---|
| king | מֶלֶךְ | מַלְךְ | my king | מַלְכִּי |
| book | סֵפֶר | סִפְר | my book | סִפְרִי |
| holiness | קֹדֶשׁ | קָדְשׁ[a] | my holiness | קָדְשִׁי |
| kings | מְלָכִים | מַלְכֵי־[b] | my kings | מְלָכַי |
| books | סְפָרִים | סִפְרֵי־[b] | my books | סְפָרַי |
| holinesses | [a]קָדָשִׁים<br>קֳדָשִׁים | קָדְשֵׁי־[b] | my holinesses | קֳדָשַׁי |

---

[a]The Qamets under the ק is Qamets "o."

[b]This is the masculine plural construct form.

The following table illustrates the use of suffixes with some irregular nouns. The student should become familiar with these members of the family that may give trouble.

## SINGULAR

| | Absolute | Construct | | |
|---|---|---|---|---|
| father | אָב | אֲבִי- | my father | אָבִי |
| wife | אִשָּׁה | אֵשֶׁת- | my wife | אִשְׁתִּי |
| son | בֵּן | בֶּן- | my son | בְּנִי |
| daughter | בַּת | בַּת- | my daughter | בִּתִּי |
| brother | אָח | אֲחִי- | my brother | אָחִי |

## PLURAL

| | | | | |
|---|---|---|---|---|
| fathers | אָבוֹת | אֲבוֹת- | my fathers | אֲבוֹתַי |
| wives | נָשִׁים | נְשֵׁי- | my wives | נָשַׁי |
| sons | בָּנִים | בְּנֵי- | my sons | בָּנַי |
| daughters | בָּנוֹת | בְּנוֹת- | my daughters | בְּנוֹתַי |
| brothers | אַחִים | אֲחֵי- | my brothers | אַחַי |

## VOCABULARY

| | | | | |
|---|---|---|---|---|
| he dwelt | יָשַׁב | until, as far as | עַד |
| he hated | שָׂנֵא | dream | חֲלוֹם |
| he dreamed | חָלַם | sheep, flock | צֹאן |
| he lifted up | נָשָׂא | pit | בּוֹר |
| prayer | תְּפִלָּה | brother | אָח |
| judgment | מִשְׁפָּט | he served | עָבַד |
| Joseph | יוֹסֵף | | |

## EXERCISE

(1) תּוֹרַת־יהוה טוֹב וּדְבָרָיו עַד־עוֹלָם (2) יָשַׁב יַעֲקֹב בְּאֶרֶץ־
אָבִיו בְּאֶרֶץ־כְּנָעַן (3) וְיִשְׂרָאֵל אָהַב אֶת־יוֹסֵף מִכָּל־בָּנָיו
(4) יָדְעוּ[a] אֶחָיו כִּי־אֹתוֹ אָהַב אֲבִיהֶם מִכָּל־בָּנָיו (5) חָלַם
יוֹסֵף חֲלוֹם וְהַחֲלוֹם הַהוּא אֲשֶׁר חָלַם דִּבֶּר אֶל־אֶחָיו (6) דִּבֶּר
יוֹסֵף אֶת־דְּבָרָיו אֶל־אָבִיו וְאֶל־אֶחָיו (7) אָמַר יַעֲקֹב, מָה
הַחֲלוֹם הַזֶּה (8) שָׁמְרוּ[b] אֶחָיו אֶת־צֹאן־אֲבִיהֶם בַּמִּדְבָּר
(9) וּבַבּוֹר נָשָׂא תְּפִלָּה אֶל־יהוה (10) בָּא אִישׁ־אֱלֹהִים אֶל־
עֵלִי (11) אָמַר אֶל־עֵלִי, כֹּה אָמַר יהוה אֱלֹהִים

(1) His words (are) my law. (2) He said, "The word of our God (is) until forever." (3) He served their kings; he kept their judgments. (4) Your judgments (are) good judgments.

## LESSON 18

## PRONOMINAL SUFFIXES

## WITH THE PREPOSITIONS

The suffixes with the inseparable prepositions ב and ל are recognizable after one has learned the suffixes with a singular noun.

| | | | |
|---|---|---|---|
| in me (c.) | בִּי | in us (c.) | בָּנוּ |
| in you (m.) | בְּךָ | in you (m.) | בָּכֶם |
| in you (f.) | בָּךְ | in you (f.) | בָּכֶן |

---

[a]This is the Qal Perfect third common plural form of יָדַע "he knew." Translate this as "they knew."

[b]they kept

| | | | |
|---|---|---|---|
| in him (m.) | בּוֹ | in them (m.) | בָּהֶם |
| in her (f.) | בָּהּ | in them (f.) | בָּהֶן |

In poetry the inseparable preposition כּ appears in a longer form כְּמוֹ; the pronominal suffixes are attached to the longer form except in the second and third persons plural.

| | | | |
|---|---|---|---|
| like me (c.) | כָּמוֹנִי | like us (c.) | כָּמוֹנוּ |
| like you (m.) | כָּמוֹךָ | like you (m.) | כָּכֶם |
| like you (f.) | כָּמוֹךְ | like you (f.) | כָּכֶן |
| like him (m.) | כָּמוֹהוּ | like them (m.) | כָּהֶם |
| like her (f.) | כָּמוֹהָ | like them (f.) | כָּהֶן |

The preposition מִן often is reduplicated when the suffixes are attached.

| | | | |
|---|---|---|---|
| from me (c.) | מִמֶּנִּי | from us (c.) | מִמֶּנּוּ |
| from you (m.) | מִמְּךָ | from you (m.) | מִכֶּם |
| from you (f.) | מִמֵּךְ | from you (f.) | מִכֶּן |
| from him (m.) | מִמֶּנּוּ | from them (m.) | מֵהֶם |
| from her (f.) | מִמֶּנָּה | from them (f.) | מֵהֶן |

These forms are recognized easily without memorizing them. Note the reduplication in מִמֶּנִּי (מִן מִן נִי). The Nun cancels out and becomes dagesh forte in the following letter. The third masculine singular and the first common plural are the same form; one determines the translation from the context.

The preposition אֵת meaning "with" takes the suffixes. This אֵת is not to be confused with the sign of the definite object. When the latter has the suffixes attached, the form becomes אֹת (אֹתִי, אֹתְךָ, etc. See page 31).

| | | | |
|---|---|---|---|
| with me (c.) | אִתִּי | with us (c.) | אִתָּנוּ |
| with you (m.) | אִתְּךָ | with you (m.) | אִתְּכֶם |
| with you (f.) | אִתָּךְ | with you (f.) | אִתְּכֶן |
| with him (m.) | אִתּוֹ | with them (m.) | אִתָּם |
| with her (f.) | אִתָּהּ | with them (f.) | אִתָּן |

## VOCABULARY

| | | | |
|---|---|---|---|
| he killed | הָרַג | he touched, smote | נָגַע |
| he found | מָצָא | Esau | עֵשָׂו |
| Philistine | פְּלִשְׁתִּי | shepherd | רֹעֶה |
| bear | דּוֹב | lion | אֲרִי |

## EXERCISE

(1) אָמַר דָּוִד אֶל־שָׁאוּל,[a] רֹעֶה הָיָה עַבְדְּךָ לְאָבִיו בַּצֹּאן וּבָא הָאֲרִי וְהַדּוֹב בִּי[b] (2) גַּם[c] אֶת־הָאֲרִי גַּם[c] אֶת־הַדּוֹב הָרַג עַבְדְּךָ (3) אָמַר דָּוִד, יהוה אֲשֶׁר נָגַע אֶת־הָאֲרִי וְאֶת־הַדּוֹב הוּא נָגַע אֶת־הַפְּלִשְׁתִּי הַזֶּה (4) בַּיּוֹם הַהוּא אֶת־דְּבַר־יהוה לֹא מָצָא (5) קָרָא יהוה, שְׁמוּאֵל שְׁמוּאֵל (6) בַּיּוֹם הַהוּא עָשָׂה

---

[a] Saul

[b] The inseparable preposition בְּ can be translated "against."

[c] Translate גַּם . . . גַּם "both, and."

אֱלֹהִים אֶל־עֵלִי אֵת כָּל־אֲשֶׁר דִּבֶּר עַל־בֵּית־עֵלִי (7) יָצָא בֶן־
הַנָּבִיא אֶל־עִיר־אֱלֹהִים (8) עָבַד דָּוִד אֶת־אָבִיו כִּי שָׁמַר אֶת־
צֹאן־אָבִיו (9) הָלַךְ אֱלֹהִים אִתִּי בְּכָל־מָקוֹם אֲשֶׁר שָׁלַח אֹתִי
(10) נָגַע דָּוִד אֶת־הָאֲרִי וְאֶת־הַדּוֹב כִּי יהוה אִתּוֹ (11) בְּךָ
כָּרַת אֶת־בְּרִיתוֹ וּלְךָ נָתַן אֶת־תּוֹרוֹתָיו

(1) Who (is) like him in the heavens? (2) To you he hearkens. (3) His people went out from him. (4) The king ate the fruit from the tree.

## LESSON 19

## PRONOMINAL SUFFIXES OF THE PLURAL NOUN WITH PREPOSITIONS

### UPON עַל־

| | | | |
|---|---|---|---|
| upon me (c.) | עָלַי | upon us (c.) | עָלֵינוּ |
| upon you (m.) | עָלֶיךָ | upon you (m.) | עֲלֵיכֶם |
| upon you (f.) | עָלַיִךְ | upon you (f.) | עֲלֵיכֶן |
| upon him (m.) | עָלָיו | upon them (m.) | עֲלֵיהֶם |
| upon her (f.) | עָלֶיהָ | upon them (f.) | עֲלֵיהֶן |

עַל usually takes the pronominal suffixes of a plural noun when it appears in poetry. The construct of עַל is עֲלֵי־. In the second and third persons plural the suffixes are attached to the construct. The letter ע, being a guttural, takes the composite shewa.

### UNTO אֶל־

| | | | |
|---|---|---|---|
| unto me (c.) | אֵלַי | unto us (c.) | אֵלֵינוּ |
| unto you (m.) | אֵלֶיךָ | unto you (m.) | אֲלֵיכֶם |

| | | | |
|---|---|---|---|
| unto you (f.) | אֵלַיִךְ | unto you (f.) | אֲלֵיכֶן |
| unto him (m.) | אֵלָיו | unto them (m.) | אֲלֵיהֶם |
| unto her (f.) | אֵלֶיהָ | unto them (f.) | אֲלֵיהֶן |

Other prepositions, such as אַחַר "after" and תַּחַת "beneath," will take the pronominal suffixes of a plural noun (אַחֲרַי "after me," תַּחְתַּי "beneath me").

VOCABULARY

| | | | |
|---|---|---|---|
| he drew near | קָרַב | field | שָׂדֶה |
| he lived | חָיָה | also | גַּם |
| after, behind | אַחַר | Shechem | שְׁכֶם |
| other, another (adj.) | אַחֵר | wealth, goods, property | רְכוּשׁ |
| sword (f.) | חֶרֶב | Lot | לוֹט |

EXERCISE

(1) אָמַר דָּוִד אֶל־הַפְּלִשְׁתִּי אַתָּה בָּא[a] אֵלַי בְּחֶרֶב וְאָנֹכִי בָא[a]
אֵלֶיךָ בְּשֵׁם־יהוה אֱלֹהֵי־יִשְׂרָאֵל (2) יהוה נָתַן אֶתְכֶם בְּיָדֵינוּ
(3) קָרַב הַפְּלִשְׁתִּי לְדָוִד (4) הָלַךְ אַבְרָם כַּאֲשֶׁר דִּבֶּר אֵלָיו יהוה
(5) וְלָקַח אַבְרָם אֶת־שָׂרַי[b] אִשְׁתּוֹ וְאֶת־לוֹט בֶּן־אָחִיו וְאֶת־כָּל־
רְכוּשָׁם (6) יָצָא אַבְרָם אֶל־אֶרֶץ־כְּנַעַן וְלוֹט הָלַךְ אִתּוֹ
(7) אַבְרָם יָשַׁב בְּאֶרֶץ־כְּנַעַן וְלוֹט יָשַׁב בְּעָרֵי־הַשָּׂדֶה (8) בָּעֶרֶב
וּבַבֹּקֶר קוֹלִי אֶל־יהוה וְתוֹרָתוֹ עִמִּי[c] (9) אָמַר אֵלַי, מָצָא
הַנָּבִיא סֵפֶר־תּוֹרָה בַּהֵיכָל (10) אָמַר אֲלֵיהֶם, טוֹבָה הָאָרֶץ אֲשֶׁר

---

[a] coming [b] Sarai (Sarah)

[c] עִם takes the pronominal suffixes.

נָתַן אֵלֵ֫ינוּ יהוה

(1) He came unto him but he did not go out after him. (2) Unto you, O Lord, (is) our heart. (3) the men of God, the women of God (4) The eyes of the Lord (are) upon the head of the people. (5) God heard my voice, for he (is) my light and my salvation. (6) This day I am coming (בָּא) unto you. (7) Moses drew near and with a great voice he called, "Yahweh (is) with us and also he has given in our hand the city."

## LESSON 20

## THE NUMERALS

### CARDINAL NUMBERS

| | With Masculine Nouns | | With Feminine Nouns | |
|---|---|---|---|---|
| | Absolute | Construct | Absolute | Construct |
| one | אֶחָד | אַחַד | אַחַת | אַחַת |
| two | שְׁנַ֫יִם | שְׁנֵי | שְׁתַּ֫יִם | שְׁתֵּי |
| three | שְׁלֹשָׁה | שְׁלֹ֫שֶׁת | שָׁלֹשׁ | שְׁלֹשׁ |
| four | אַרְבָּעָה | אַרְבַּ֫עַת | אַרְבַּע | אַרְבַּע |
| five | חֲמִשָּׁה | חֲמֵ֫שֶׁת | חָמֵשׁ | חֲמֵשׁ |
| six | שִׁשָּׁה | שֵׁ֫שֶׁת | שֵׁשׁ | שֵׁשׁ |
| seven | שִׁבְעָה | שִׁבְעַת | שֶׁ֫בַע | שְׁבַע |
| eight | שְׁמֹנָה | שְׁמֹנַת | שְׁמֹנֶה | שְׁמֹנֶה |
| nine | תִּשְׁעָה | תִּשְׁעַת | תֵּ֫שַׁע | תְּשַׁע |
| ten | עֲשָׂרָה | עֲשֶׂ֫רֶת | עֶ֫שֶׂר | עֶ֫שֶׂר |

If the student will memorize the numerals 1-10 in the absolute form, the other forms are recognized easily. The numeral אֶחָד "one" is an adjective. It usually follows the noun that it modifies and agrees with the noun in gender.

one horse סוּס אֶחָד

one mare סוּסָה אַחַת

When the numeral אֶחָד is in the construct, it precedes the noun.

one of the horses אַחַד־הַסּוּסִים

The numeral שְׁנַ֫יִם is a dual noun.

horses, a pair סוּסִים שְׁנַ֫יִם

The numerals 3 to 10 are nouns. They have an additional peculiarity in that the masculine forms have feminine endings and the feminine forms have masculine endings. In the absolute state they usually follow the noun, but they may precede it. Of course, in the construct state they precede the noun.

The numerals 11 through 19 are formed by 10 plus the unit as follows:

| | With Masculine Nouns | With Feminine Nouns |
|---|---|---|
| eleven | אַחַד עָשָׂר | אַחַת עֶשְׂרֵה |
| | עַשְׁתֵּי עָשָׂר | עַשְׁתֵּי עֶשְׂרֵה |
| twelve | שְׁנֵים עָשָׂר | שְׁתֵּים עֶשְׂרֵה |
| | שְׁנֵי עָשָׂר | שְׁתֵּי עֶשְׂרֵה |
| thirteen | שְׁלֹשָׁה עָשָׂר | שְׁלֹשׁ עֶשְׂרֵה |
| fourteen | אַרְבָּעָה עָשָׂר | אַרְבַּע עֶשְׂרֵה |
| fifteen | חֲמִשָּׁה עָשָׂר | חֲמֵשׁ עֶשְׂרֵה |
| sixteen | שִׁשָּׁה עָשָׂר | שֵׁשׁ עֶשְׂרֵה |
| seventeen | שִׁבְעָה עָשָׂר | שְׁבַע עֶשְׂרֵה |
| eighteen | שְׁמֹנָה עָשָׂר | שְׁמֹנֶה עֶשְׂרֵה |

|  | With Masculine Nouns | With Feminine Nouns |
|---|---|---|
| nineteen | תִּשְׁעָה עָשָׂר | תְּשַׁע עֶשְׂרֵה |

When the numerals 11 through 19 are used, they usually are followed by plural nouns. Exceptions to the rule are words such as יוֹם "day," שָׁנָה "year," and אִישׁ "man."

fifteen days  חֲמִשָּׁה עָשָׂר יוֹם

The plurals of the units are used to designate multiples of ten.

| twenty | עֶשְׂרִים | sixty | שִׁשִּׁים |
| thirty | שְׁלֹשִׁים | seventy | שִׁבְעִים |
| forty | אַרְבָּעִים | eighty | שְׁמֹנִים |
| fifty | חֲמִשִּׁים | ninety | תִּשְׁעִים |

When the units are used with multiples of ten, they are connected by the conjunction.

twenty and one, etc.  עֶשְׂרִים וְאֶחָד

## ORDINAL NUMBERS

|  | Masculine | Feminine |
|---|---|---|
| first | רִאשׁוֹן | רִאשׁוֹנָה |
| second | שֵׁנִי | שֵׁנִית |
| third | שְׁלִישִׁי | שְׁלִישִׁית |
| fourth | רְבִיעִי | רְבִיעִית |
| fifth | חֲמִישִׁי | חֲמִישִׁית |
| sixth | שִׁשִּׁי | שִׁשִּׁית |
| seventh | שְׁבִיעִי | שְׁבִיעִית |

|  | Masculine | Feminine |
|---|---|---|
| eighth | שְׁמִינִי | שְׁמִינִית |
| ninth | תְּשִׁיעִי | תְּשִׁיעִית |
| tenth | עֲשִׂירִי | עֲשִׂירִית |

The ordinal numbers are adjectives and follow the noun that they modify and agree in the usual manner (הַיּוֹם הַשְּׁבִיעִי "the seventh day"). The cardinal numbers serve as ordinals from eleven upward.

## VOCABULARY

| camel | גָּמָל | there | שָׁם |
|---|---|---|---|
| altar | מִזְבֵּחַ[a] | east, before | קֶדֶם |
| he built | בָּנָה | year | שָׁנָה |
| he passed over | עָבַר | seed | זֶרַע |
| he reigned, was king | מָלַךְ | blameless, mature, perfect, complete | תָּם, תָּמִים |
| hundred | מֵאָה | thousand | אֶלֶף |
| (construct) | מְאַת | beneath, instead of | תַּחַת |

## EXERCISE

(1) הָלַךְ אַבְרָם כַּאֲשֶׁר דִּבֶּר אֵלָיו יהוה וְאִתּוֹ לוֹט, וְאַבְרָם בֶּן־חָמֵשׁ שָׁנִים וְשִׁבְעִים שָׁנָה כִּי יָצָא מֵחָרָן[b] (2) עָבַר אַבְרָם בָּאָרֶץ עַד מְקוֹם־שְׁכֶם, קָרָא שָׁם בְּשֵׁם־יהוה (3) דִּבֶּר אֱלֹהִים אֶל־אַבְרָם

---

[a] This is a furtive Pathach; pronounce it before the ח. A terminal guttural must have an "a" sound before it.

[b] from Haran

לֵאמֹר, לְזַרְעֲךָ הָאָ֫רֶץ הַזֹּאת, בָּנָה שָׁם מִזְבֵּ֫חַ לַיהוה (4) אִישׁ
הָיָה בְאֶ֫רֶץ־עוּץ[a] אִיּוֹב[b] שְׁמוֹ, הָיָה הָאִישׁ הַהוּא תָּם וְיָשָׁר אִישׁ־
אֱלֹהִים (5) לוֹ שִׁבְעָה בָנִים וְשָׁלוֹשׁ בָּנוֹת (6) וְהָיָה לוֹ שִׁבְעַת־
אַלְפֵי־צֹאן וּשְׁלֹ֫שֶׁת־אַלְפֵי־גְמַלִּים (7) הָאִישׁ הַהוּא גָּדוֹל מִכָּל־
בְּנֵי־קֶ֫דֶם (8) חָיָה נֹ֫חַ[c] אַחַר הַמַּבּוּל[d] שְׁלֹשׁ מֵאוֹת שָׁנָה וַחֲמִשִּׁים
שָׁנָה (9) כָּל־יְמֵי־נֹ֫חַ תְּשַׁע מֵאוֹת שָׁנָה וַחֲמִשִּׁים שָׁנָה (10) וְהָיָה
עֶ֫רֶב וּבֹ֫קֶר יוֹם אֶחָד

(1) He remembered the seventh day. (2) ten horses and twenty men (3) He was in the wilderness forty years. (4) Saul reigned over Israel eighteen years.

## LESSON 21

## QAL PERFECT OF THE REGULAR VERB

In the Hebrew verbal system a verb is in the Perfect or Imperfect <u>state</u>, meaning that the action is complete or incomplete. There is no time element inherent in the verbal form; time is determined by the context. A Perfect may refer to an action as complete in the past, present, or future. An Imperfect may refer to an action as incomplete in the past, present, or future. For the beginner it is best to translate the Perfect as a past and to translate the Imperfect as a future.

The base form, or root, of a Hebrew verb is the third masculine singular of the Perfect. This is the form found in lexicons. Usually the verbal root consists of three letters; there are a few roots that have four letters.

---

[a] Uz [b] Job [c] Noah [d] the flood

The simplest stem of the verb is called Qal, "light." A verb consisting of letters other than the gutturals and the vowel letters is referred to as the strong verb. Verbs consisting of one or more gutturals or vowel letters are weak verbs.

The Qal Perfect is formed by the addition of afformatives to the stem. An afformative is vocalic when it begins with a vowel (ָה, וּ); it is consonantal when it begins with a consonant (תָּ, תְּ, תִּי, נוּ, תֶּם, and תֶּן). A Perfect does not take preformatives.

QAL PERFECT

| | | |
|---|---|---|
| 3 m.sg. | he killed | קָטַל |
| 3 f.sg. | she killed | קָֽטְלָה |
| 2 m.sg. | you killed | קָטַ֫לְתָּ |
| 2 f.sg. | you killed | קָטַלְתְּ |
| 1 c.sg. | I killed | קָטַ֫לְתִּי |
| 3 c.pl. | they killed | קָֽטְלוּ |
| 2 m.pl. | you killed | קְטַלְתֶּם |
| 2 f.pl. | you killed | קְטַלְתֶּן |
| 1 c.pl. | we killed | קָטַ֫לְנוּ |

The afformatives are remnants of the personal pronouns. When the afformatives are vocalic (3 f.sg. and 3 c.pl.), the accent moves over to the final syllable. When the afformatives are consonantal, the accent remains on the final syllable of the root-form except in the second persons plural. תֶּם and תֶּן are heavy afformatives, and the accent moves over to them. Note that when the accent is moved, the

Qamets is left in an open syllable two places from the accented syllable. It will volatilize and become a shewa.

The vowel under the final syllable of the root volatilizes when vocalic afformatives are appended (קָֽטְלָה, קָֽטְלוּ). A methegh is placed with the vowel in the first syllable; it is a kind of secondary accent indicating a pause in the pronunciation of the word (קָֽ-טְלָה, קָֽ-טְלוּ).

Full location of a Hebrew verb form includes stem, state, person, gender, number, root, and root meaning.

קָטַ֫לְתָּ Qal Perfect 2 m.sg. of קָטַל "to kill"

<u>The student must not be satisfied with anything less than a complete mastery of the strong verb</u>.

ACCENTS

Two kinds of accents are used in a Hebrew text: disjunctive and conjunctive. A disjunctive accent serves as a break in the line, and the conjunctive accent serves as a connecting link with what follows.

While accents generally fall into the two classifications, there are over thirty accents that are used. The accents serve as musical notations for the chanting of the Scriptures, as indicators of tone syllables, and as punctuation marks.

A normal Hebrew sentence contains two major elements. Observe the opening sentence in the book of Genesis:

בְּרֵאשִׁ֖ית בָּרָ֣א אֱלֹהִ֑ים אֵ֥ת הַשָּׁמַ֖יִם וְאֵ֥ת הָאָֽרֶץ׃

The athnach beneath the word אֱלֹהִים is the logical dividing point. It is the second strongest break or pause in the sentence. The major stop is the soph pasuq (סוֹף פָּסוּק "end of verse") which is equivalent to a period and always is preceded by silluq (סִלּוּק). Observe :הָאָֽרֶץ. The vertical line is exactly like a methegh; however, the silluq always is found on the tone syllable before soph pasuq. The methegh never appears on the tone syllable. Occasionally in the exercises the athnach and the silluq followed by soph pasuq will be used.

When a word receives an athnach or a silluq, it is said to be in pause. A short vowel will be lengthened to a long vowel. שָׁמַ֫יִם becomes שָׁמָ֑יִם or :שָׁמָֽיִם. A simple vocal shewa usually becomes a Seghol in a pausal form, and a composite shewa becomes a full vowel.

יָדְךָ becomes יָדֶ֑ךָ

אֲנִי becomes אָ֑נִי

The student will become familiar with the changes due to pause by usage.

VOCABULARY

| | | | |
|---|---|---|---|
| he trusted | בָּטַח | sister | אָחוֹת |
| he was holy | קָדַשׁ | water | מַ֫יִם |
| holiness | קֹ֫דֶשׁ | face | פָּנִים |
| life, being, soul (f.) | נֶ֫פֶשׁ | before (literally "to faces of") | לִפְנֵי־ |
| why (for what) | לָ֫מָּה | now | עַתָּה |

EXERCISE

(1) קָרָא אֱלֹהִים לָאוֹר יוֹם וְלַחֹ֫שֶׁךְ קָרָא לָ֑יְלָה׃ (2) זָכַר לְעוֹלָם

אֶת־בְּרִיתוֹ אֲשֶׁר כָּרַת אֶת־אַבְרָהָם (3) רָאָה אֱלֹהִים אֶת־כָּל־אֲשֶׁר
עָשָׂה וְהִנֵּה טוֹב מְאֹד׃ (4) לָמָּה אָמַרְתָּ אֲחֹתִי[a] הִיא לָקַחְתִּי אֹתָהּ
לִי לְאִשָּׁה׃ (5) בַּיּוֹם הַשְּׁלִישִׁי נָשָׂא אַבְרָהָם אֶת־עֵינָיו וְאֶת־
הַמָּקוֹם רָאָה (6) הָלְכוּ אֶל־הַמָּקוֹם אֲשֶׁר אָמַר לוֹ הָאֱלֹהִים,
וְאַבְרָהָם בָּנָה אֶת־הַמִּזְבֵּחַ (7) כִּי עַתָּה יָדַעְתִּי כִּי אִישׁ־אֱלֹהִים
אַתָּה (8) וַיֹּאמֶר[b] אֱלֹהִים לְיִשְׂרָאֵל בַּלַּיְלָה הַהוּא וַיֹּאמֶר יַעֲקֹב
יַעֲקֹב וַיֹּאמֶר הִנְנִי (9) וַאֲנִי עָלֶיךָ בָטַחְתִּי יהוה אָמַרְתִּי אֱלֹהַי
אַתָּה

(1) You (m.sg.) did not keep my covenant. (2) They did not keep your law. (3) We heard his voice in the temple. (4) The woman stood before the king.

## LESSON 22

## QAL IMPERFECT AND IMPERATIVE

The Imperfect (or incomplete state) is formed by appending both preformatives and afformatives. The preformatives are remnants of the personal pronouns.

---

[a]Every defective Cholem may have been originally a full Cholem.

[b]"and he said" This is used frequently in the Bible. This is the Qal Imperfect third masculine singular. The verb will be explained in a later lesson.

## QAL IMPERFECT

| | | |
|---|---|---|
| 3 m.sg. | he will kill | יִקְטֹל |
| 3 f.sg. | she will kill | תִּקְטֹל |
| 2 m.sg. | you will kill | תִּקְטֹל |
| 2 f.sg. | you will kill | תִּקְטְלִי |
| 1 c.sg. | I will kill | אֶקְטֹל |
| 3 m.pl. | they will kill | יִקְטְלוּ |
| 3 f.pl. | they will kill | תִּקְטֹלְנָה |
| 2 m.pl. | you will kill | תִּקְטְלוּ |
| 2 f.pl. | you will kill | תִּקְטֹלְנָה |
| 1 c.pl. | we will kill | נִקְטֹל |

Before the vowel afformatives the Cholem volatilizes. Any time a vowel volatilizes, the resultant shewa is vocal. When two shewas appear together in the middle of a word, the first is silent; the second is vocal.

The consonantal afformatives of the Imperfect are light in nature (נָה) and do not draw the accent to themselves. The vowel Cholem is retained and accented.

## QAL IMPERATIVE

| | | | | | |
|---|---|---|---|---|---|
| 2 m.sg. | kill | קְטֹל | 2 m.pl. | kill | קִטְלוּ |
| 2 f.sg. | kill | קִטְלִי | 2 f.pl. | kill | קְטֹלְנָה |

The Imperative is formed by dropping the preformatives from the second persons of the Imperfect.

When the preformative is omitted in the second masculine singular, the Qoph is left without a vowel; the shewa beneath the Qoph is thus vocal.

קִטְלִי and קִטְלוּ come from קְטְלִי and קְטְלוּ. When two vocal shewas appear at the beginning of a word, the first becomes a Chireq; the second remains vocal.

There are two negative particles: לֹא and אַל. These particles are never used with an Imperative. In a strong prohibition the Imperfect preceded by לֹא is used (לֹא תִקְטֹל "you will not kill"). A mild prohibition is expressed by employing the Imperfect preceded by אַל (אַל תִשְׁפֹּט "do not judge").

## VOCABULARY

| | | | |
|---|---|---|---|
| again, yet, still | עוֹד | spirit, wind, breath | רוּחַ |
| he pursued | רָדַף | he buried | קָבַר |
| gate | שַׁעַר | angel, messenger | מַלְאָךְ |
| sun | שֶׁמֶשׁ | moon | יָרֵחַ |
| death | מָוֶת | star | כּוֹכָב |
| death of | מוֹת־ | month | יֶרַח |

## EXERCISE

(1) וְהָאָרֶץ הָיְתָה [a]תֹהוּ וָבֹהוּ[a] וְחֹשֶׁךְ עַל־פְּנֵי־תְהוֹם[b] וְרוּחַ־
אֱלֹהִים מְרַחֶפֶת[c] עַל־פְּנֵי־הַמָּיִם׃ (2) שְׁמַע[d] יִשְׂרָאֵל, יהוה

---

[a-a] without form and void [b] deep [c] hovering

[d] Qal Imperative 2 m.sg. The terminal guttural takes an "a" sound before it.

אֱלֹהֵינוּ יהוה אֶחָד (3) וְאָהַבְתָּ[a] אֵת יהוה אֱלֹהֶיךָ בְּכָל־לְבָבְךָ
וּבְכָל־נַפְשְׁךָ וּבְכָל־מְאֹדֶךָ[b]: (4) יִהְיוּ[c] הַדְּבָרִים הָאֵלֶּה אֲשֶׁר אָנֹכִי
אָמַרְתִּי אֵלֶיךָ הַיּוֹם[d] עַל־לְבָבֶךָ: (5) תִּכְתֹּב אֶתְהֶם [e]עַל־מְזוּזֹת־
בֵּיתֶךָ[e] וּבִשְׁעָרֶיךָ: (6) זְכֹר אֶת־יהוה אֱלֹהֶיךָ אֲשֶׁר עָשָׂה אֹתָךְ:
(7) קָרָא אֵלָיו מַלְאַךְ־יהוה מִן־הַשָּׁמַיִם וַיֹּאמֶר אַבְרָהָם אַבְרָהָם
וַיֹּאמֶר הִנֵּנִי: (8) וַיֹּאמֶר מֹשֶׁה אֶל־הָאֱלֹהִים הִנֵּה אָנֹכִי בָא[f] אֶל־
בְּנֵי־יִשְׂרָאֵל (9) וַיֹּאמֶר הִנֵּה חָלַמְתִּי חֲלוֹם עוֹד וְהִנֵּה הַשֶּׁמֶשׁ
וְהַיָּרֵחַ וְהַכּוֹכָבִים עָבְדוּ אֹתִי (10) וַיֹּאמֶר מַלְאַךְ־יהוה מִן־
הַשָּׁמַיִם מִי יִשְׁמֹר אֶת־תּוֹרָתִי וּמִי יִזְכֹּר אֶת־בְּרִית־יהוה

(1) Pursue (2 m.pl.) after him. (2) You (2 m.pl.) will not keep their words. (3) Joseph came from the land of Egypt. (4) They buried their father in the land of Canaan.

## LESSON 23

## QAL PARTICIPLES AND INFINITIVES

### PARTICIPLES

Both active and passive Participles are found in the Qal stem.

---

[a] Translate this as "and you will love." This translation will be explained later.

[b] your might

[c] Qal Imperfect 3 m.pl. of הָיָה "they will be"

[d] an expression which often means "today"

[e-e] upon the doorposts of your house

[f] (am) coming

## QAL ACTIVE PARTICIPLE

| | | | | | |
|---|---|---|---|---|---|
| m.sg. | killing | קֹטֵל | m.pl. | killing | קֹטְלִים |
| f.sg. | killing | קֹטְלָה<br>קֹטֶ֫לֶת | f.pl. | killing | קֹטְלוֹת |

## QAL PASSIVE PARTICIPLE

| | | | | | |
|---|---|---|---|---|---|
| m.sg. | being killed | קָטוּל | m.pl. | being killed | קְטוּלִים |
| f.sg. | being killed | קְטוּלָה | f.pl. | being killed | קְטוּלוֹת |

The Participles are treated as verbal adjectives and agree with a noun or pronoun in gender and number. Participles may refer to present, past, or future time. They indicate a continued state or activity. Usually the subject precedes the Participle (הַמֶּ֫לֶךְ הֹלֵךְ "The king is walking"). When the order is reversed, the Participle is emphasized.

The article may be used with a Participle. Such usage makes the Participle equivalent to a relative pronoun in translation.

| | |
|---|---|
| the one keeping, or<br>the one who keeps | הַשֹּׁמֵר |
| the one being kept, or<br>the one who is being kept | הַשָּׁמוּר |

## INFINITIVES

Qal Infinitive Absolute קָטוֹל killing

Qal Infinitive Construct קְטֹל to kill

The Infinitives may be regarded as verbal nouns. The Infinitive Absolute just tosses up the main idea of the verb. When it precedes the finite verb, it does so for emphasis.

keeping, you will keep, or you will surely keep     שָׁמוֹר תִּשְׁמֹר

When the Infinitive Absolute follows the finite verb, it denotes duration.

you will keep keeping     תִּשְׁמֹר שָׁמוֹר

The Infinitive Construct is equivalent to the English Infinitive in translation. Frequently a ל is attached to the Infinitive Construct.

to keep     לִשְׁמֹר

Note: The pointing of the Infinitive Construct violates the general rule for pointing the preposition. Ordinarily, when two vocal shewas come together at the beginning of a word, the first becomes a Chireq and the second remains vocal. When the ל is placed on the Infinitive Construct, the second shewa becomes silent. לִשְׁמֹר is regarded as a single word meaning "to keep."

When the preposition בְּ or כְּ is prefixed to the Infinitive Construct, it is pointed in the regular manner. The second shewa remains vocal.

The Absolute and Construct forms of the verb are not to be confused with the construct relation.

VOCABULARY

he counted, numbered     סָפַר     animal, beast, living thing     חַיָּה

| | | | |
|---|---|---|---|
| he dwelled, inhabited | שָׁכַן | he did, made | פָּעַל |
| he died | מֵת | or, if | אִם |
| Joshua | יְהוֹשֻׁעַ | Jordan | יַרְדֵּן |
| he ruled (over) (a בּ often will accompany this verb) | מָשַׁל | I pray you, please, now (particle of entreaty) | נָא |

EXERCISE

(1) תִּשְׁמֹר אֶת־כָּל־הַדְּבָרִים אֲשֶׁר הוּא נָתַן אֵלֶיךָ (2) וַיֹּאמֶר
אֱלֹהִים זֹאת אוֹת־הַבְּרִית אֲשֶׁר אֲנִי נֹתֵן בֵּינִי וּבֵינֵיכֶם וּבֵין
כָּל־נֶפֶשׁ חַיָּה אֲשֶׁר אִתְּכֶם לְדֹרוֹת עוֹלָם (3) זָכַרְתִּי אֶת־בְּרִיתִי
אֲשֶׁר בֵּינִי וּבֵינֵיכֶם וּבֵין כָּל־נֶפֶשׁ חַיָּה וְלֹא יִהְיֶה[a] עוֹד הַמַּיִם
לְמַבּוּל[b] (4) וַיֹּאמֶר אֲלֵיהֶם שִׁמְעוּ־נָא הַחֲלוֹם הַזֶּה אֲשֶׁר חָלַמְתִּי
(5) וַיֹּאמְרוּ[c] לוֹ אֶחָיו, הֲמָלוֹךְ[d] תִּמְלֹךְ עָלֵינוּ אִם־מָשׁוֹל תִּמְשׁוֹל
בָּנוּ (6) יהוה, מִי יִשְׁכֹּן בְּהַר־קָדְשֶׁךָ (7) הוֹלֵךְ תָּמִים וּפֹעֵל
צֶדֶק וְדֹבֵר אֱמֶת בִּלְבָבוֹ (8) הָיָה אַחֲרֵי־מוֹת־מֹשֶׁה עֶבֶד־יהוה
וַיֹּאמֶר יהוה אֶל־יְהוֹשֻׁעַ (9) מֹשֶׁה עַבְדִּי מֵת וְעַתָּה עֲבֹר[e] אֶת־
הַיַּרְדֵּן הַזֶּה, אַתָּה וְכָל־הָעָם הַזֶּה אֶל־הָאָרֶץ אֲשֶׁר אָנֹכִי נֹתֵן לָהֶם
(10) עָבַר אֶת־הַיַּרְדֵּן לִשְׁמֹר אֶת־דְּבַר־יהוה

(1) I love to keep your words. (2) We made (cut) a covenant with the Lord. (3) We (are) keeping your

---

[a] Qal Imperfect 3 m.sg. of הָיָה [b] for a flood

[c] Qal Imperfect 3 m.pl. of אָמַר "and they said"

[d] He interrogative, introducing a question

[e] Gutturals take a composite shewa.

words and we (are) pursuing your law. (4) The sons of Jacob went out to find bread.

## LESSON 24

## STATIVE VERBS

Stative verbs express states or conditions of being.

he was holy קָדַשׁ

he was heavy כָּבֵד

he was small קָטֹן

Note the vowel in the second syllable of each of these verbs. The first (קָדַשׁ) represents the "a" type of stative verb. The second (כָּבֵד) represents the "e" type and the third (קָטֹן) represents the "o" type.

The first type is not distinguishable in form from the Perfect of the regular verb.

The paradigms of the "e" and the "o" types in the Qal are as follows:

### QAL PERFECT

| | | | |
|---|---|---|---|
| 3 m.sg. | כָּבֵד | 3 c.pl. | כָּבְדוּ |
| 3 f.sg. | כָּבְדָה | | |
| 2 m.sg. | כָּבַ֫דְתָּ | 2 m.pl. | כְּבַדְתֶּם |
| 2 f.sg. | כָּבַדְתְּ | 2 f.pl. | כְּבַדְתֶּן |
| 1 c.sg. | כָּבַ֫דְתִּי | 1 c.pl. | כָּבַ֫דְנוּ |

## QAL IMPERFECT

| | | | | |
|---|---|---|---|---|
| 3 m.sg. | יִכְבַּד | 3 m.pl. | יִכְבְּדוּ |
| 3 f.sg. | תִּכְבַּד | 3 f.pl. | תִּכְבַּ֫דְנָה |
| 2 m.sg. | תִּכְבַּד | 2 m.pl. | תִּכְבְּדוּ |
| 2 f.sg. | תִּכְבְּדִי | 2 f.pl. | תִּכְבַּ֫דְנָה |
| 1 c.sg. | אֶכְבַּד | 1 c.pl. | נִכְבַּד |

## QAL IMPERATIVE

| | | | | |
|---|---|---|---|---|
| 2 m.sg. | כְּבַד | 2 m.pl. | כִּבְדוּ |
| 2 f.sg. | כִּבְדִי | 2 f.pl. | כְּבַ֫דְנָה |

## QAL PARTICIPLE

| | | | | |
|---|---|---|---|---|
| m.sg. | כָּבֵד | m.pl. | כְּבֵדִים |
| f.sg. | כְּבֵדָה | f.pl. | כְּבֵדוֹת |

## QAL INFINITIVES

| | | | |
|---|---|---|---|
| Absolute | כָּבוֹד | Construct | כְּבַד |

    The Perfect third masculine singular and the Participle masculine singular are identical in form. One distinguishes the two forms by the context. The Perfect is regular in pointing with the exception of third masculine singular.

    The thematic vowel in the Imperfect is "a" instead of "o."

## QAL PERFECT

| | | | |
|---|---|---|---|
| 3 m.sg. | קָטֹן | 3 c.pl. | קָטְנוּ |
| 3 f.sg. | קָטְנָה | | |
| 2 m.sg. | קָטֹנְתָּ | 2 m.pl. | קְטָנְתֶּם |
| 2 f.sg. | קָטֹנְתְּ | 2 f.pl. | קְטָנְתֶּן |
| 1 c.sg. | קָטֹנְתִּי | 1 c.pl. | קָטֹנּוּ (קָטֹנְנוּ) |

## QAL IMPERFECT

3 m.sg. יִקְטַן

(Pointed as above)

## QAL IMPERATIVE

(Not used with this verb)

## QAL PARTICIPLE

m.sg. קָטֹן

In the Perfect of the "o" type the thematic vowel is "o." The Cholem becomes Qamets "o" in the second persons plural. When the accent is pulled over to תֶּם and תֶּן, the remaining syllable is closed and unaccented; therefore, it must have a short vowel.

יָכֹל "to be able" is a stative verb and is pointed in the Qal Perfect like קָטֹן. However, the Imperfect of יָכֹל is יוּכַל. Some grammarians think this form is a Hoph'al. It is probably best to take it as a Qal. In the lexicons it usually is listed under Qal.

## VOCABULARY

| | | | |
|---|---|---|---|
| he was able | יָכֹל | he was full | מָלֵא |
| he was great, he grew | גָּדַל | he slept, lay down | שָׁכַב |
| he was old | זָקֵן | he was heavy | כָּבֵד |
| he was small | קָטֹן | Rebekah | רִבְקָה |
| he shed, poured out | שָׁפַךְ | small, young (adj.) | קָטֹן, קָטָן |

## EXERCISE

(1) לֹא יָכֹלְתָּ לִסְפֹּר אֶת־הַכּוֹכָבִים בַּשָּׁמָיִם׃ (2) יִגְדַּל שֵׁם־יהוה
עַד עוֹלָם (3) זָקֵן יִצְחָק וַיִּקְרָא[a] אֶת־עֵשָׂו בְּנוֹ הַגָּדוֹל וַיֹּאמֶר
אֵלָיו בְּנִי וַיֹּאמֶר אֵלָיו הִנֵּנִי׃ (4) וַיֹּאמֶר הִנֵּה־נָא זָקַנְתִּי וְלֹא
יָדַעְתִּי יוֹם־מוֹתִי (5) וְרִבְקָה אָמְרָה אֶל־יַעֲקֹב בְּנָהּ הַקָּטָן לֵאמֹר
הִנֵּה שָׁמַעְתִּי אֶת־אָבִיךָ׃ (6) בָּא עֵשָׂו אֶל־אָבִיו, וַיֹּאמֶר אָבִי וַיֹּאמֶר
הִנֶּנִּי מִי אַתָּה בְּנִי (7) שְׁמֹר כָּל־הַכָּתוּב בְּסֵפֶר־תּוֹרַת־מֹשֶׁה
(8) הָיָה בַּיּוֹם הַהוּא וְעֵלִי[b] שֹׁכֵב בִּמְקוֹמוֹ (9) וַיֹּאמֶר שְׁמוּאֵל
אַתָּה קָטֹנְתָּ בְעֵינֶיךָ וְרֹאשׁ־יִשְׂרָאֵל אַתָּה (10) עֵינֵי־יַעֲקֹב כָּבְדוּ
מְאֹד לֹא יוּכַל לִרְאוֹת[c]

(1) I will be great. They are heavy. You (m.pl.) are little. (2) The evil of the city was heavy. (3) Pharaoh did not send out the people of Israel. (4) They were small in the eyes of the people.

---

[a] and he called [b] and Eli

[c] Qal Infinitive Construct of רָאָה "to see"

## LESSON 25

## WAW CONSECUTIVE,

## COHORTATIVE, AND JUSSIVE

A peculiar phenomenon in Semitic languages is what is called "the Waw Consecutive." Some Hebrew scholars have described this use of the Waw as "Waw Conservative." Others have employed the term "Waw Conversive." "Waw Consecutive" has become the generally accepted terminology.

The Waw Consecutive is used in consecutive narratives. It may be used with Perfects or Imperfects. In a consecutive narrative in past time the Perfect is used followed by one or more Imperfects with the Waw Consecutive.

זָכַר אֱלֹהִים אֶת־הַבְּרִית וַיִּשְׁמֹר אֶת־דְּבָרוֹ

"God remembered the covenant and he kept his word."

In a consecutive narrative in future time the Imperfect is followed by one or more Perfects with the Waw Consecutive.

יִזְכֹּר אֱלֹהִים אֶת־הַבְּרִית וְשָׁמַר אֶת־דְּבָרוֹ

"God will remember the covenant and (consequently or so) he will keep his word."

A Waw Consecutive with an Imperfect may be recognized by the pointing of the Waw (וַ). The Waw Consecutive with a Perfect is pointed exactly like the regular copulative Waw. There is a tendency in the Imperfect for the accent to move toward the Waw (וַיֹּאמֶר "and he said"). In the Perfect the accent tends to move away from the Waw (וְאָמַרְתָּ "and you will say"). Later we shall see that some forms of the

Imperfect are shortened forms. These shortened forms are used when the Waw Consecutive is employed.

The student will get the "feel" for translating the Waw Consecutive by reading the exercises. One important thing to remember is that the verbs with Waw Consecutive always are to be translated on the basis of what has gone before. "God remembered; so, he kept. God will remember; consequently, he will keep."

The books of Ruth, Jonah, and Esther begin with an Imperfect with a Waw Consecutive. No simple form of the verb actually precedes these consecutive Imperfects. The use of the Waw Consecutive implies that something has gone before. Therefore the translator will translate initial consecutive Imperfects in past time.

## COHORTATIVE AND JUSSIVE

The Cohortative and Jussive express intention, will, or desire. The author is the subject of the action in the Cohortative. Other persons are the subject of the action in the Jussive. The Cohortative is formed by appending הָ to the first persons of the Imperfect. It may express desire or strong determination.

| | | | |
|---|---|---|---|
| I will judge | אֶשְׁפֹּט | we will judge | נִשְׁפֹּט |
| let me judge<br>I will judge | אֶשְׁפְּטָה | let us judge<br>we will judge | נִשְׁפְּטָה |

The Jussive expresses will or desire of the second and third persons. If there is a shortened form of the third person of the verb, it always will be employed to indicate a Jussive. Usually, one can only determine a Jussive in the third person by the context.

$$\text{יִשְׁמֹר הַנָּבִיא אֶת־דְּבָרוֹ}$$

"The prophet will keep his word."
or, according to the context, "Let the prophet keep his word."

The Imperative has a Jussive force, and this is indicated by appending ה ָ to the masculine singular of the Imperative. This form often is called the emphatic Imperative.

| | |
|---|---|
| judge you | שְׁפֹט |
| judge you indeed | שָׁפְטָה |
| keep you | שְׁמֹר |
| keep you indeed | שָׁמְרָה |

## VOCABULARY

| | | | |
|---|---|---|---|
| tent | אֹהֶל | he fell | נָפַל |
| he was unclean | טָמֵא | famine | רָעָב |
| he judged | שָׁפַט | commandment | מִצְוָה |
| he captured, seized, took | לָכַד | commandments (pl., for מִצְווֹת) | מִצְוֹת |
| he covered, atoned | כָּפַר | he sustained, supported, was firm | אָמַן |

## EXERCISE

(1) הָלַךְ אֶל־הַכֹּהֵן וַיִּקְרַב אֶל־יהוה  (2) תִּזְכֹּר אֶת־הַבְּרִית

וְלָקַחְתָּ אֶת־הַדֶּרֶךְ הַטּוֹב (3) וַיְהִי[a] רָעָב בָּאָרֶץ וְאַבְרָם הָלַךְ
מִצְרַיְמָה כִּי כָבֵד הָרָעָב בָּאָרֶץ: (4) וַיְהִי כַּאֲשֶׁר קָרַב אַבְרָם
אֶל־מִצְרַיִם וַיֹּאמֶר אֶל־שָׂרַי אִשְׁתּוֹ הִנֵּה־נָא יָדַעְתִּי כִּי אִשָּׁה
טוֹבָה אָתְּ: (5) וְהָיָה כִּי יִרְאוּ[b] אֹתָךְ הַמִּצְרִים וְאָמְרוּ אִשְׁתּוֹ
זֹאת וְהָרְגוּ אֹתִי (6) אִמְרִי־נָא אֲחֹתִי אַתְּ וְחָיְתָה נַפְשִׁי
(7) וַיִּרְאוּ הַמִּצְרִים אֶת־הָאִשָּׁה כִּי טוֹבָה הִיא מְאֹד (8) אָמַר
אֱלֹהִים יְהִי אוֹר וַיְהִי־אוֹר (9) יִשְׁפֹּט יהוה בֵּינִי וּבֵינֶיךָ:
(10) קָרְאָה[c] אֶת־דְּבַר־הָאֱלֹהִים אֶל־כָּל־הַגּוֹיִם (11) אֶשְׁמְרָה
אֶת־מִצְוֹת־אֱלֹהֵינוּ וְאֶמְלְכָה בְּשָׁלוֹם

(1) They went unto the priest and he atoned for the people. (2) They remembered the Lord their God and they captured the city. (3) Remember (emphatic) the one creating the people of Israel. (4) Let me keep the word of our God.


## LESSON 26

### NIPH'AL OF THE REGULAR VERB

The simple stem of the regular verb is called Qal meaning "light." The other stems (sometimes referred to as "heavy") now are presented. The names of these stems are constructed using the verb form פָּעַל "to do" or "to make."

Qal (קַל) is the simple active stem. Niph'al (נִפְעַל) is the simple passive stem; sometimes the

---

[a] Qal Imperfect 3 m.sg. of הָיָה plus the Waw Consecutive. The dagesh forte often is omitted in this form. Translate in past tense.

[b] Qal Imperfect 3 m.pl. of רָאָה

[c] emphatic Imperative

Niph'al has a reflexive meaning.

When a student learns the name of the stem, he knows the first form of the Niph'al Perfect (נִפְעַל = Niph'al).

## NIPH'AL PERFECT

| | | | |
|---|---|---|---|
| 3 m.sg.<br>he was killed<br>he has been killed | נִקְטַל | 3 c.pl. | נִקְטְלוּ |
| 3 f.sg. | נִקְטְלָה | | |
| 2 m.sg. | נִקְטַ֫לְתָּ | 2 m.pl. | נִקְטַלְתֶּם |
| 2 f.sg. | נִקְטַלְתְּ | 2 f.pl. | נִקְטַלְתֶּן |
| 1 c.sg. | נִקְטַ֫לְתִּי | 1 c.pl. | נִקְטַ֫לְנוּ |

## NIPH'AL IMPERFECT

| | | | |
|---|---|---|---|
| 3 m.sg.<br>he will<br>be killed | יִקָּטֵל | 3 m.pl. | יִקָּטְלוּ |
| 3 f.sg. | תִּקָּטֵל | 3 f.pl. | תִּקָּטַ֫לְנָה |
| 2 m.sg. | תִּקָּטֵל | 2 m.pl. | תִּקָּטְלוּ |
| 2 f.sg. | תִּקָּטְלִי | 2 f.pl. | תִּקָּטַ֫לְנָה |
| 1 c.sg. | אֶקָּטֵל, אִקָּטֵל | 1 c.pl. | נִקָּטֵל |

Imperfect with Waw Consecutive
and he was killed וַיִּקָּטֵל

Cohortative
let me be killed אִקָּטְלָה
I will be killed

## NIPH'AL IMPERATIVE

| | | | |
|---|---|---|---|
| 2 m.sg.<br>be killed | הִקָּטֵל | 2 m.pl. | הִקָּטְלוּ |
| 2 f.sg. | הִקָּטְלִי | 2 f.pl. | הִקָּטַלְנָה |

## NIPH'AL PARTICIPLE

| | | | |
|---|---|---|---|
| m.sg.<br>being killed | נִקְטָל | m.pl. | נִקְטָלִים |
| f.sg. | נִקְטָלָה | f.pl. | נִקְטָלוֹת |

## NIPH'AL INFINITIVES

| | | | |
|---|---|---|---|
| Absolute | הִקָּטֹל, נִקְטֹל | Construct | הִקָּטֵל |

The endings of the Niph'al Perfect are the same as those used in the Qal. The נ in the Perfect, the Participle, and the alternate form of the Infinitive Absolute is unassimilated. In all of the other forms the נ has been assimilated.

In the Niph'al Imperfect the prefix probably was originally יִנְ (Some grammarians think the original form may have been יְהִנְ since ה is the prefix of certain forms). To make it simple use the prefix יִנְ; cancel the נ and it becomes a dagesh forte in the following letter (יִנְקָּטֵל).

The Imperative is formed by dropping the consonantal prefixes in the second persons of the Imperfect and replacing them with the letter ה. The prefix of the Infinitives is also ה. The distinguishing feature of the Niph'al is the letter נ. It is found in every form, either unassimilated or assimilated.

## VOCABULARY

| | | | |
|---|---|---|---|
| he swore | שָׁבַע | he hid | סָתַר |
| he broke | שָׁבַר | he burned | שָׂרַף |
| he approached, drew near | נָגַשׁ | he escaped, got himself off (Niph'al) | מָלַט |
| he fought | לָחַם | lest | פֶּן־ |
| fire (f.) | אֵשׁ | prince | שַׂר |
| war | מִלְחָמָה | | |

## EXERCISE

(1) וַיִּקְרָא[a] אֱלֹהִים אֶל־מֹשֶׁה לֵאמֹר אָנֹכִי נֹתֵן לָכֶם אֶת־כָּל־הָאָרֶץ
אֲשֶׁר נִשְׁבַּעְתִּי[b] לָתֵת[c] לְאַבְרָהָם לְיִצְחָק וּלְיַעֲקֹב (2) תִּשְׁמֹר אֶת־
דְּבַר־הָאֱלֹהִים וְנָגַשְׁתָּ אֵלָיו בְּלֵב נִשְׁבָּר (3) אֶזָּכֵר בְּעַם־יהוה
(4) יהוה יִלָּחֵם לָכֶם וְאַתֶּם תִּשְׁמְרוּ אֶת־אַרְצְכֶם (5) הִשָּׁמֵר[d]
מִן־אֱלֹהִים אֲחֵרִים פֶּן־יֵצֵא אַתָּה מִן־יהוה (6) אָמְרוּ עַם־יִשְׂרָאֵל
אֶל־מֹשֶׁה נַעַבְדָה אֶת־מִצְרַיִם כִּי טוֹב לָנוּ עֲבֹד[e] אֶת־מִצְרַיִם
(7) יהוה אֱלֹהֵיכֶם הַהֹלֵךְ לִפְנֵיכֶם הוּא יִלָּחֵם לָכֶם כְּכֹל אֲשֶׁר עָשָׂה
אִתְּכֶם בְּמִצְרַיִם לְעֵינֵיכֶם (8) וְהָיָה[f] הַנִּלְכָּד בַּחֵרֶם[g] יִשָּׂרֵף בָּאֵשׁ

---

[a] Qal Imperfect 3 m.sg. of קָרָא plus the Waw Consecutive

[b] "I swore myself" Some verbs are found only in the Niph'al. This verb has a reflexive meaning.

[c] to give

[d] The Niph'al stem has a reflexive meaning, "keep yourself" or "take heed."

[e] The gutturals take Chateph Pathach.

[f] Waw Consecutive [g] with the devoted thing

אֹתוֹ וְאֶת־כָּל־אֲשֶׁר־לוֹ כִּי עָבַר אֶת־בְּרִית־יהוה וְכִי עָשָׂה נְבָלָה[a] בְּיִשְׂרָאֵל (9) זָכוֹר תִּזְכֹּר אֵת אֲשֶׁר־עָשָׂה יהוה אֱלֹהֶיךָ לְפַרְעֹה וּלְכָל־מִצְרָיִם (10) וַיֹּאמֶר הַשַּׂר אֶל־בָּרוּךְ[b] הִסָּתֵר מֵהַמֶּלֶךְ

(1) You will fight against him and you will escape from him. (2) I will hide myself (be hidden) from before your face because you hid yourself from me.

## LESSON 27

### PI'EL

The Pi'el is the intensive active stem. Qal, on the other hand, is the simple active stem.

| | | |
|---|---|---|
| Qal | he killed, he has killed | קָטַל |
| Pi'el | he killed brutally | קִטֵּל |

The name of the stem is derived from the root פָּעַל as was observed in the Niph'al (פִּעֵל = Pi'el). Since the guttural ע will not take a dagesh forte, a characteristic of the Pi'el is omitted in the name. The second root-letter is doubled in the intensive stems. When a letter will not take a dagesh forte, usually the vowel under the first root-letter is lengthened. (An example of this is seen in the verb בָּרַךְ "to bless." The Pi'el form is בֵּרֵךְ.)

---

[a] folly  [b] Baruch

## PI'EL PERFECT

| | | | |
|---|---|---|---|
| 3 m.sg.<br>he killed brutally<br>he has killed brutally | קִטֵּל | 3 c.pl. | קִטְּלוּ |
| 3 f.sg. | קִטְּלָה | | |
| 2 m.sg. | קִטַּ֫לְתָּ | 2 m.pl. | קִטַּלְתֶּם |
| 2 f.sg. | קִטַּלְתְּ | 2 f.pl. | קִטַּלְתֶּן |
| 1 c.sg. | קִטַּ֫לְתִּי | 1 c.pl. | קִטַּ֫לְנוּ |

## PI'EL IMPERFECT

| | | | |
|---|---|---|---|
| 3 m.sg.<br>he will kill<br>brutally | יְקַטֵּל | 3 m.pl. | יְקַטְּלוּ |
| 3 f.sg. | תְּקַטֵּל | 3 f.pl. | תְּקַטֵּ֫לְנָה |
| 2 m.sg. | תְּקַטֵּל | 2 m.pl. | תְּקַטְּלוּ |
| 2 f.sg. | תְּקַטְּלִי | 2 f.pl. | תְּקַטֵּ֫לְנָה |
| 1 c.sg. | אֲקַטֵּל | 1 c.pl. | נְקַטֵּל |

Imperfect with Waw Consecutive
and he killed brutally — וַיְקַטֵּל

Cohortative
let me kill brutally — אֲקַטְּלָה
I will kill brutally

## PI'EL IMPERATIVE

| | | | |
|---|---|---|---|
| 2 m.sg.<br>kill brutally | קַטֵּל | 2 m.pl. | קַטְּלוּ |
| 2 f.sg. | קַטְּלִי | 2 f.pl. | קַטֵּ֫לְנָה |

## PI'EL PARTICIPLE

| | | | |
|---|---|---|---|
| m.sg. killing brutally | מְקַטֵּל | m.pl. | מְקַטְּלִים |
| f.sg. | מְקַטְּלָה, מְקַטֶּ֫לֶת | f.pl. | מְקַטְּלוֹת |

## PI'EL INFINITIVES

| | | | |
|---|---|---|---|
| Absolute | קַטֹּל, קַטֵּל | Construct | קַטֵּל |

Notes:

In the Perfect the vowel Tsere is found only in the third masculine singular. Before vowel afformatives, the vowel beneath the second root-letter is volatilized. Before consonantal afformatives the vowel is a Pathach.

In the Imperfect a Tsere is used before the consonantal afformative נָה. (Occasionally a Pathach occurs before נָה.)

A prefixed מ is found in the Participle. With the exception of Qal and Niph'al, the Participles of the other stems have a prefixed מ. When the article comes before the Pi'el and Pu'al Participles, the dagesh forte is omitted. A methegh usually appears beside the vowel of the article to indicate that the syllable is not closed (הַֽמְשַׁמֵּר).

Sometimes when a vocal shewa appears under the second root-letter, the dagesh forte is omitted. A short horizontal line called raphe may appear over the letter that is doubled to indicate that the dagesh forte has been omitted. בִּקְשׁוּ is an example of the use of the raphe. However, the raphe itself usually is omitted (בִּקְּשׁוּ "they sought" becomes בִּקְשׁוּ).

The difference in translating a Qal and a Pi'el may be seen in the verb לָמַד "to learn" (לָמַד "he learned" לִמֵּד, or sometimes לִמַּד, "he taught").

## VOCABULARY

| | | | |
|---|---|---|---|
| he blessed | בָּרַךְ | he chose | בָּחַר |
| (Pi'el) | בֵּרֵךְ | friend | רֵ֫עַ |
| he sought | בִּקֵּשׁ | work, deed | מַעֲשֶׂה |
| he ceased, rested | שָׁבַת | appointed time, place, meeting | מוֹעֵד |
| he learned | לָמַד | camp | מַחֲנֶה |
| he taught (Pi'el) | לִמֵּד | outside | חוּץ |
| he stretched out, pitched | נָטָה | | |

## EXERCISE

(1) בֵּרֵךְ אֱלֹהִים אֶת־הַיּוֹם הַשְּׁבִיעִי וַיְקַדֵּשׁ אֹתוֹ כִּי בוֹ שָׁבַת מִכָּל־
מַעֲשֵׂהוּ אֲשֶׁר בָּרָא אֱלֹהִים׃ (2) זָכוֹר אֶת־יוֹם־הַשַּׁבָּת לְקַדֵּשׁ אֹתוֹ׃
(3) דִּבֶּר יהוה אֶל־מֹשֶׁה פָּנִים אֶל־פָּנִים כַּאֲשֶׁר יְדַבֵּר אִישׁ אֶל־
רֵעֵהוּ׃ (4) וְהָיָה כָּל־מְבַקֵּשׁ יהוה, יָצָא אֶל־אֹהֶל־מוֹעֵד אֲשֶׁר
מִחוּץ לַמַּחֲנֶה׃ (5) וַיֹּאמֶר יהוה אֶל־מֹשֶׁה דַּבֵּר אֶל־אַהֲרֹן[a] אָחִיךָ
(6) וְהִנֵּה אָנֹכִי הוֹלֵךְ הַיּוֹם בְּדֶרֶךְ־כָּל־הָאָרֶץ׃ (7) וִידַעְתֶּם בְּכָל־
לְבַבְכֶם וּבְכָל־נַפְשְׁכֶם כִּי לֹא נָפַל דָּבָר אֶחָד מִכֹּל הַדְּבָרִים הַטּוֹבִים
אֲשֶׁר דִּבֶּר יהוה אֱלֹהֵיכֶם עֲלֵיכֶם (8) וְלֹא־יִלְמְדוּ עוֹד מִלְחָמָה׃
(9) וַיִּהְיוּ בְנֵי־נֹחַ[b] הַיֹּצְאִים מִן־הַתֵּבָה[c] [d]שֵׁם וְחָם וָיָפֶת[d] וְחָם

[a]Aaron [b]Noah [c]the ark

[d-d]Shem and Ham and Japheth

הוּא אֲבִי־כְנָֽעַן׃

(1) Seek diligently the Lord your God, learn from him, and remember his word. (2) And the land was filled with the children (sons) of Israel. (3) The Lord was found by the ones seeking him. (4) They sanctified the tent of meeting outside the camp.

## LESSON 28

### PU'AL

Pu'al (פֻּעַל) is the intensive passive stem. Since it is intensive, the characteristic dagesh forte will appear in the second root-letter (קֻטַּל). The afformatives are exactly like Qal. A prefixed מ is found in the Participle.

### PU'AL PERFECT

| | | | |
|---|---|---|---|
| 3 m.sg. he was killed brutally | קֻטַּל | 3 c.pl. | קֻטְּלוּ |
| 3 f.sg. | קֻטְּלָה | | |
| 2 m.sg. | קֻטַּלְתָּ | 2 m.pl. | קֻטַּלְתֶּם |
| 2 f.sg. | קֻטַּלְתְּ | 2 f.pl. | קֻטַּלְתֶּן |
| 1 c.sg. | קֻטַּלְתִּי | 1 c.pl. | קֻטַּלְנוּ |

### PU'AL IMPERFECT

| | | | |
|---|---|---|---|
| 3 m.sg. he will be killed brutally | יְקֻטַּל | 3 m.pl. | יְקֻטְּלוּ |
| 3 f.sg. | תְּקֻטַּל | 3 f.pl. | תְּקֻטַּלְנָה |

| | | | |
|---|---|---|---|
| 2 m.sg. | תְּקֻטַּל | 2 m.pl. | תְּקֻטְּלוּ |
| 2 f.sg. | תְּקֻטְּלִי | 2 f.pl. | תְּקֻטַּלְנָה |
| 1 c.sg. | אֲקֻטַּל | 1 c.pl. | נְקֻטַּל |

Imperfect with Waw Consecutive
  and he was killed brutally — וַיְקֻטַּל

Cohortative
  let me be killed brutally — אֲקֻטְּלָה
  I will be killed brutally

## PU'AL IMPERATIVE

__________ __________

## PU'AL PARTICIPLE

| | | | |
|---|---|---|---|
| m.sg. being killed brutally | מְקֻטָּל | m.pl. | מְקֻטָּלִים |
| f.sg. | מְקֻטָּלָה, מְקֻטֶּלֶת | f.pl. | מְקֻטָּלוֹת |

## PU'AL INFINITIVES

| | | | |
|---|---|---|---|
| Absolute | קֻטֹּל | Construct | קֻטַּל |

## VOCABULARY

| | | | |
|---|---|---|---|
| to bear[a] | יָלַד | to praise | הָלַל |
| to begin, pollute | חָלַל | middle, midst | תָּוֶךְ |

---

[a]When the verb roots are given in Hebrew lexicons, the English Infinitive is given as the translation. From this point onward this procedure will be followed in the vocabularies.

| | | | |
|---|---|---|---|
| to multiply | רָבָה | midst of | תּוֹךְ־ |
| stone (f.) | אֶבֶן | iniquity | עָוֹן |
| blood | דָּם | then | אָז |

## EXERCISE

(1) וּלְשֵׁת[a] גַּם הוּא יֻלַּד בֵּן וַיִּקְרָא[b] אֶת־שְׁמוֹ אֱנוֹשׁ[c] אָז חָלַל
לִקְרֹא בְּשֵׁם־יהוָה׃ (2) רָבָה הָאָדָם עַל־פְּנֵי־הָאֲדָמָה וּבָנוֹת יֻלְּדוּ
לָהֶם (3) כִּפֵּר עֲוֹן־הָעָם וַיִּזְכְּרוּ אֶת־מַעֲשֵׂה־הָאֱלֹהִים (4) וְלָאָרֶץ
לֹא יְכֻפַּר לַדָּם אֲשֶׁר שֻׁפַּךְ בָּהּ (5) וְלֹא תְטַמֵּא אֶת־הָאָרֶץ אֲשֶׁר אַתֶּם
יֹשְׁבִים בָּהּ אֲשֶׁר אֲנִי שֹׁכֵן בְּתוֹכָהּ כִּי אֲנִי יהוה שֹׁכֵן בְּתוֹךְ־בְּנֵי־
יִשְׂרָאֵל׃ (6) יהוה יְגֻדַּל וּמְהֻלָּל מְאֹד בַּשָּׁמָיִם (7) וַיֹּאמֶר אֵלָיו
אַבְרָהָם הִשָּׁמֶר לְךָ פֶּן לֹא תִזְכֹּר יהוה אֱלֹהֶיךָ (8) יהוה הוּא
מְבֻקָּשׁ בְּכָל־הָעָם (9) לָמָּה תְכַבְּדוּ אֶת־לְבַבְכֶם כַּאֲשֶׁר כִּבֵּד פַּרְעֹה
לִבּוֹ (10) הַלְלוּ־יהוה כָּל־הָאָרֶץ הַלְלוּ אֹתוֹ וְכַבְּדוּ שְׁמוֹ כִּי
יְגֻדַּל מַעֲשֵׂהוּ בְּאֶרֶץ מִצְרָיִם׃

(1) The Lord was found because he was sought by the people.

## LESSON 29

## HITHPA'EL

The Hithpa'el is the reflexive stem and has the characteristic doubling of the second root-let-

---

[a] and to Seth

[b] 'Aleph is a quiescent letter; so the Pathach before it is lengthened to Qamets.

[c] Enosh

ter. It is similar in form to the Pi'el with the exception of the prefix הִתְ. In translation it is the reflexive of the Pi'el.

## HITHPA'EL PERFECT

he was great גָּדַל

| | | | |
|---|---|---|---|
| 3 m.sg. he made himself great, he magnified himself | הִתְגַּדֵּל | 3 c.pl. | הִתְגַּדְּלוּ |
| 3 f.sg. | הִתְגַּדְּלָה | | |
| 2 m.sg. | הִתְגַּדַּלְתָּ | 2 m.pl. | הִתְגַּדַּלְתֶּם |
| 2 f.sg. | הִתְגַּדַּלְתְּ | 2 f.pl. | הִתְגַּדַּלְתֶּן |
| 1 c.sg. | הִתְגַּדַּלְתִּי | 1 c.pl. | הִתְגַּדַּלְנוּ |

## HITHPA'EL IMPERFECT

| | | | |
|---|---|---|---|
| 3 m.sg. he will make himself great, magnify himself | יִתְגַּדֵּל | 3 m.pl. | יִתְגַּדְּלוּ |
| 3 f.sg. | תִּתְגַּדֵּל | 3 f.pl. | תִּתְגַּדֵּלְנָה |
| 2 m.sg. | תִּתְגַּדֵּל | 2 m.pl. | תִּתְגַּדְּלוּ |
| 2 f.sg. | תִּתְגַּדְּלִי | 2 f.pl. | תִּתְגַּדֵּלְנָה |
| 1 c.sg. | אֶתְגַּדֵּל | 1 c.pl. | נִתְגַּדֵּל |

Imperfect with Waw Consecutive
   and he made himself great       וַיִּתְגַּדֵּל

Cohortative
   let me make myself great, magnify myself     אֶתְגַּדְּלָה
   I will make myself great

## HITHPA'EL IMPERATIVE

| | | | |
|---|---|---|---|
| 2 m.sg. magnify yourself | הִתְגַּדֵּל | 2 m.pl. | הִתְגַּדְּלוּ |
| 2 f.sg. | הִתְגַּדְּלִי | 2 f.pl. | הִתְגַּדֵּלְנָה |

## HITHPA'EL PARTICIPLE

| | | | |
|---|---|---|---|
| m.sg. magnifying himself | מִתְגַּדֵּל | m.pl. | מִתְגַּדְּלִים |
| f.sg. | מִתְגַּדְּלָה, מִתְגַּדֶּלֶת | f.pl. | מִתְגַּדְּלוֹת |

## HITHPA'EL INFINITIVES

| | | | |
|---|---|---|---|
| Absolute | הִתְגַּדֵּל | Construct | הִתְגַּדֵּל |

Notes:

(1) When the first root-letter is ס, שׂ, or שׁ, the ת in the prefix changes places with the sibilant.

הִתְשַׁמֵּר becomes הִשְׁתַּמֵּר

An additional change takes place when the first root-letter is a צ. After transposing the צ and the ת, the letter ת changes to ט.

הִתְצַדֵּק becomes הִצְטַדֵּק

(2) When the first root-letter is one of the dentals (דטת), the ת of the prefix is assimilated.

הִתְטַהֵר becomes הִטַּהֵר

The Hithpa'el forms are easily recognizable. If the form has הִתְ־, יִתְ־, or מִתְ־, one can't "mith" it.

## VOCABULARY

| | | | |
|---|---|---|---|
| to hide | חָבָא | mouth | פֶּה |
| to go down | יָרַד | mother | אֵם |
| to prophesy | נָבָא | living, life | חַי |
| cloud | עָנָן | time | עֵת |
| article, vessel | כְּלִי | Laban | לָבָן |

## EXERCISE

(1) וַיִּשְׁמְעוּ אֶת־קוֹל־יהוה אֱלֹהִים מִתְהַלֵּךְ בַּגָּן לְרוּחַ־הַיּוֹם׃
(2) וַיִּתְחַבֵּא הָאָדָם וְאִשְׁתּוֹ מִפְּנֵי־יהוה אֱלֹהִים בְּתוֹךְ־עֵץ־הַגָּן׃
(3) קָרָא הָאָדָם שֵׁם־אִשְׁתּוֹ חַוָּה[a] כִּי הִיא הָיְתָה אֵם־כָּל־חָי׃
(4) וַיֹּאמֶר יהוה אֱלֹהִים הֵן הָאָדָם הָיָה כְּאַחַד מִמֶּנּוּ לָדַעַת[b]
טוֹב וָרָע וְעַתָּה פֶּן־יִשְׁלַח[c] יָדוֹ וְלָקַח גַּם מֵעֵץ־הַחַיִּים וְאָכַל
וָחַי[d] לְעֹלָם׃ (5) וַיֹּאמֶר שְׁמוּאֵל וְעַתָּה הִנֵּה הַמֶּלֶךְ מִתְהַלֵּךְ
לִפְנֵיכֶם (6) וַאֲנִי זָקַנְתִּי וּבָנַי הִנָּם אִתְּכֶם וַאֲנִי הִתְהַלַּכְתִּי
לִפְנֵיכֶם עַד הַיּוֹם הַזֶּה (7) יָרַד יהוה בֶּעָנָן וַיְדַבֵּר אֲלֵיהֶם
כִּי נָפְלָה הָרוּחַ עֲלֵיהֶם וַיִּתְנַבְּאוּ (8) וְגַם אִישׁ הָיָה מִתְנַבֵּא
בְּשֵׁם־יהוה וַיִּנָּבֵא עַל־הָעִיר הַזֹּאת וְעַל־הָאָרֶץ הַזֹּאת כְּכֹל דִּבְרֵי־
יִרְמְיָהוּ[e] (9) וַיֹּאמֶר יִרְמְיָהוּ, אֲדֹנָי יהוה הִנֵּה לֹא יָדַעְתִּי
דַּבֵּר כִּי נַעַר אָנֹכִי׃ (10) אֶהְיֶה תָמִים לְפָנָיו וָאֶשְׁתַּמְּרָה מֵעֲוֺנִי

---

[a] Eve [b] to know

[c] Qal Imperfect 3 m.sg. The guttural prefers a Pathach before it.

[d] Qal Perfect (shortened form) 3 m.sg. of חָיָה plus the Waw Consecutive

[e] Jeremiah

(1) I will keep myself from iniquity and I will seek God.  (2) Prophesy to the people.  (3) I will sanctify myself to the Lord who created me.  (4) He went to the priest to sanctify himself when he went to the temple.

## LESSON 30

## HIPH'IL

Hiph'il is the causative active stem.  The Perfect is formed by prefixing ה to the verb root.  Before vowel afformatives the long vowel (Chireq-Yodh) of the stem is retained and accented.  Before consonantal afformatives of the Perfect the pointing is exactly as in the Qal.  In the Imperfect the Chireq-Yodh of the stem is accented before the vowel afformatives.  Before the consonantal afformative נָה, the vowel of the stem changes to Tsere.

The Hiph'il has a shortened form that is used for the Jussive and with the Waw Consecutive.  The shortened form also will be used with אַל to express a mild prohibition.

Jussive
   let him cause to kill                                   יַקְטֵל

Imperfect with Waw Consecutive
   and he caused to kill                               וַיַּקְטֵל

Verb forms of the first person singular usually are written in the long form וָאַקְטִיל.

## HIPH'IL PERFECT

| | | | |
|---|---|---|---|
| 3 m.sg.<br>he caused to kill | הִקְטִיל | 3 c.pl. | הִקְטִילוּ |
| 3 f.sg. | הִקְטִילָה | | |
| 2 m.sg. | הִקְטַלְתָּ | 2 m.pl. | הִקְטַלְתֶּם |
| 2 f.sg. | הִקְטַלְתְּ | 2 f.pl. | הִקְטַלְתֶּן |
| 1 c.sg. | הִקְטַלְתִּי | 1 c.pl. | הִקְטַלְנוּ |

## HIPH'IL IMPERFECT

| | | | |
|---|---|---|---|
| 3 m.sg.<br>he will cause to kill | יַקְטִיל | 3 m.pl. | יַקְטִילוּ |
| 3 f.sg. | תַּקְטִיל | 3 f.pl. | תַּקְטֵלְנָה |
| 2 m.sg. | תַּקְטִיל | 2 m.pl. | תַּקְטִילוּ |
| 2 f.sg. | תַּקְטִילִי | 2 f.pl. | תַּקְטֵלְנָה |
| 1 c.sg. | אַקְטִיל | 1 c.pl. | נַקְטִיל |

| | |
|---|---|
| Cohortative<br>  let me cause to kill<br>  I <u>will</u> cause to kill | אַקְטִילָה |

## HIPH'IL IMPERATIVE

| | | | |
|---|---|---|---|
| 2 m.sg.<br>cause to kill | הַקְטֵל | 2 m.pl. | הַקְטִילוּ |
| 2 f.sg. | הַקְטִילִי | 2 f.pl. | הַקְטֵלְנָה |

## HIPH'IL PARTICIPLE

| | | | |
|---|---|---|---|
| m.sg.<br>causing to kill | מַקְטִיל | m.pl. | מַקְטִילִים |

| | | | |
|---|---|---|---|
| f.sg. | מַקְטִילָה | f.pl. | מַקְטִילוֹת |

## HIPH'IL INFINITIVES

| | | | |
|---|---|---|---|
| Absolute | הַקְטֵל | Construct | הַקְטִיל |

## VOCABULARY

| | | | |
|---|---|---|---|
| to sacrifice | זָבַח | opposite | נֶגֶד |
| to destroy | שָׁמַד | kingdom | מַמְלָכָה |
| to destroy | שָׁחַת | kingdom of | מַמְלֶכֶת־ |
| to stand, station oneself, take one's stand | יָצַב | toward, to meet (Infinitive Construct with לְ) | לִקְרַאת |
| to distinguish | בָּדַל | enemy | אֹיֵב |
| in order that, that | לְמַעַן | Beersheba | בְּאֵר שֶׁבַע |

## EXERCISE

(1) וְעַתָּה אִם־שָׁמוֹעַ[a] תִּשְׁמְעוּ בְּקֹלִי וּשְׁמַרְתֶּם אֶת־בְּרִיתִי וִהְיִיתֶם[b] לִי סְגֻלָּה[c] מִכָּל־הָעַמִּים כִּי־לִי כָּל־הָאָרֶץ: (2) וְאַתֶּם תִּהְיוּ־לִי מַמְלֶכֶת־כֹּהֲנִים וְגוֹי קָדוֹשׁ אֵלֶּה הַדְּבָרִים אֲשֶׁר תְּדַבֵּר אֶל־בְּנֵי־יִשְׂרָאֵל: (3) רָאָה אֱלֹהִים אֶת־הָאוֹר כִּי־טוֹב וַיַּבְדֵּל אֱלֹהִים בֵּין הָאוֹר וּבֵין הַחֹשֶׁךְ: (4) וַיֹּאמֶר שְׁמוּאֵל אֶל־כָּל־יִשְׂרָאֵל הִנֵּה שָׁמַעְתִּי בְקֹלְכֶם לְכֹל אֲשֶׁר אֲמַרְתֶּם לִי וָאַמְלִיךְ עֲלֵיכֶם מֶלֶךְ:

---

[a] furtive Pathach

[b] Qal Perfect 2 m.pl. plus the Waw Consecutive "then you will be"

[c] a special possession

(5) כִּי תִהְיוּ[a] בָּאָרֶץ כְּנַעַן וְזָבַחְתָּ בְּכָל־מָקוֹם אֲשֶׁר אַזְכִּיר אֶת־
שְׁמִי (6) הַשְׁמֵר אֶת־עַם־יִשְׂרָאֵל כֹּל הַדְּבָרִים אֲשֶׁר דִּבַּרְתִּי אֵלֶיךָ
בָּאָרֶץ מִצְרָיִם: (7) כַּבֵּד אֶת־אָבִיךָ וְאֶת־אִמֶּךָ לְמַעַן יִהְיֶה שָׁלוֹם
עַל־הָאֲדָמָה אֲשֶׁר־יהוה אֱלֹהֶיךָ נֹתֵן לָךְ[b]: (8) יָצָא מֹשֶׁה וְהָעָם
מִן־הַמַּחֲנֶה לִקְרַאת הָאֱלֹהִים וַיִּתְיַצְּבוּ נֶגֶד הָהָר: (9) וְהַר־סִינַי
עָשַׁן[c] כֻּלּוֹ[d] מִפְּנֵי־יהוה אֲשֶׁר יָרַד עָלָיו בָּאֵשׁ: (10) הִנֵּה
הִגְדַּלְתִּי שִׁמְךָ וָאַשְׁמִיד אֶת־אֹיְבֵי־יהוה מִן־עַל־הָאָרֶץ:

(1) In that day David caused to reign his son over Israel in his place. (2) I will indeed hide my face from you in that day. (3) He is distinguishing between the Hebrews and the Egyptians.

## LESSON 31

## HOPH'AL

The final stem of the strong verb is the causative passive. After placing the prefix to the verb root, the endings in the Perfect are the same as in Qal. The Imperfect endings are like stative verbs. Note the Pathach in the syllable before the consonantal afformative נָה. As a rule active stems take Tsere before נָה and passive stems take Pathach.

---

[a]Qal Imperfect 2 m.pl. "you will be"

[b]pausal form of לְךָ [c]it smoked

[d]כֹּל with suffix "all of it"

## HOPH'AL PERFECT

| | | | |
|---|---|---|---|
| 3 m.sg.<br>he was caused to kill | הָקְטַל | 3 c.pl. | הָקְטְלוּ |
| 3 f.sg. | הָקְטְלָה | | |
| 2 m.sg. | הָקְטַׁלְתָּ | 2 m.pl. | הָקְטַלְתֶּם |
| 2 f.sg. | הָקְטַלְתְּ | 2 f.pl. | הָקְטַלְתֶּן |
| 1 c.sg. | הָקְטַׁלְתִּי | 1 c.pl. | הָקְטַׁלְנוּ |

## HOPH'AL IMPERFECT

| | | | |
|---|---|---|---|
| 3 m.sg.<br>he will be caused to kill | יָקְטַל | 3 m.pl. | יָקְטְלוּ |
| 3 f.sg. | תָּקְטַל | 3 f.pl. | תָּקְטַׁלְנָה |
| 2 m.sg. | תָּקְטַל | 2 m.pl. | תָּקְטְלוּ |
| 2 f.sg. | תָּקְטְלִי | 2 f.pl. | תָּקְטַׁלְנָה |
| 1 c.sg. | אָקְטַל | 1 c.pl. | נָקְטַל |

Imperfect with Waw Consecutive
    and he was caused to kill        וַיָּקְטַל

Jussive
    let him be caused to kill        יָקְטַל

## HOPH'AL IMPERATIVE

_____    _____

## HOPH'AL PARTICIPLE

| | | | |
|---|---|---|---|
| m.sg. being caused to kill | מָקְטָל | m.pl. | מָקְטָלִים |
| f.sg. | מָקְטָלָה | f.pl. | מָקְטָלוֹת |

## HOPH'AL INFINITIVES

| | | | |
|---|---|---|---|
| Absolute | הָקְטֵל | Construct | הָקְטַל |

## SUMMARY OF THE STRONG VERB

| | | | |
|---|---|---|---|
| Simple Active | Qal | he killed | קָטַל |
| Simple Passive | Niph'al | he was killed | נִקְטַל |
| Intensive Active | Pi'el | he killed brutally | קִטֵּל |
| Intensive Passive | Pu'al | he was killed brutally | קֻטַּל |
| Intensive Reflexive | Hithpa'el | he killed himself | הִתְקַטֵּל |
| Causative Active | Hiph'il | he caused to kill | הִקְטִיל |
| Causative Passive | Hoph'al | he was caused to kill | הָקְטַל |

## VOCABULARY

| | | | |
|---|---|---|---|
| sacrifice | זֶבַח | vision, appearance | מַרְאֶה |
| God | אֵל | well, pit (f.) | בְּאֵר |
| to encamp | חָנָה | child, youth, boy | יֶלֶד |

| | | | |
|---|---|---|---|
| Dan | דָּן | girl | יַלְדָּה |
| boundary | גְּבוּל | offering, gift | מִנְחָה |

## EXERCISE

(1) וַיִּגְדַּל שְׁמוּאֵל הַנָּבִיא בַיהוָה וַיהוה הָיָה עִמּוֹ וְלֹא־נָפַל
מִכָּל־דְּבָרָיו אָרְצָה׃ (2) יָדַע כָּל־יִשְׂרָאֵל מִדָּן וְעַד־בְּאֵר־שָׁבַע
כִּי יהוה הָיָה עִם־שְׁמוּאֵל הַנָּבִיא׃ (3) הָעָם הַהֹלְכִים בַּחֹשֶׁךְ
רָאוּ[a] אוֹר גָּדוֹל יֹשְׁבֵי־אֶרֶץ־הַחֹשֶׁךְ הַגָּדוֹל, אוֹר נָגַהּ[b] עֲלֵיהֶם׃
(4) כִּי־יֶלֶד יֻלַּד־לָנוּ בֵּן [c]נִתַּן־לָנוּ[c]׃ (5) כִּי עָוֹן־בַּת־עַמִּי
הָשְׁבַּרְתִּי כִּי הַמִּנְחָה הָרָעָה הַזֹּאת מָשְׁבָּר לִבִּי׃ (6) וְעַתָּה יוֹשֵׁב־
יְרוּשָׁלַיִם וְאִישׁ־יְהוּדָה שִׁפְטוּ־נָא בֵּינִי וּבֵין אֱלֹהֵיכֶם׃
(7) קָרָא זֶה אֶל־זֶה וְאָמַר קָדוֹשׁ קָדוֹשׁ קָדוֹשׁ יהוה צְבָאוֹת
מְלֹאָה כָל־הָאָרֶץ עִם־כְּבוֹדוֹ׃ (8) הָלַךְ יִשְׂרָאֵל וְכָל־אֲשֶׁר־לוֹ
בְּאֵרָה־שָׁבַע׃ (9) שָׁם זָבַח זְבָחִים לֵאלֹהֵי־אָבִיו יִצְחָק׃
(10) וַיֹּאמֶר אֱלֹהִים לְיִשְׂרָאֵל בְּמַרְאֵה־הַלַּיְלָה וַיֹּאמֶר יַעֲקֹב
יַעֲקֹב וַיֹּאמֶר הִנֵּנִי׃ (11) וַיֹּאמֶר אָנֹכִי הָאֵל אֱלֹהֵי־אָבִיךָ
בְּמִצְרַיִם אָנֹכִי אַגְדִּיל שְׁמֶךָ׃ (12) אָנֹכִי אֶהְיֶה[d] עִמְּךָ וְשָׁמַרְתִּי
אֹתְךָ מִן־כָּל־רָעָה׃

(1) He went down from the land of his father to the land of Egypt. (2) Moses encamped in the wilderness and he remembered the God of his father.

---

[a] Qal Perfect 3 c.pl. of רָאָה

[b] Qal Perfect 3 m.sg. of נָגַהּ "to shine"

[c-c] Niph'al Perfect 3 m.sg. of נָתַן plus "to us"

[d] Qal Imperfect 1 c.sg. of הָיָה

## LESSON 32

## PRONOMINAL SUFFIXES

## WITH THE PERFECT

When a pronoun is the object of a verb, usually the pronoun is written as a suffix to the verb form. The pronoun may be written apart from the verb as a suffix to the sign of the definite object (אֹתִי, אֹתְךָ, etc.). This is a useful device for emphasizing the object; many times the suffixed form of את will precede the verb.

The pronominal suffixes of the verb are similar to those attached to nouns and prepositions. When the verb form ends in a consonant, a helping vowel is inserted with the suffixes. In the Perfects the helping vowel is Pathach or Qamets. Since the Hiph'il Perfect third masculine singular with the suffixes does not undergo any internal vowel changes, this form will serve to introduce the Perfect with suffixes. The verb root מָלַךְ will be used to illustrate the Hiph'il and שָׁמַר to illustrate the Qal.

### HIPH'IL PERFECT

he caused to reign, made king הִמְלִיךְ

| | | | |
|---|---|---|---|
| he caused me to reign (c.) | הִמְלִיכַ֫נִי | he caused us to reign (c.) | הִמְלִיכָ֫נוּ |
| he caused you to reign (m.) | הִמְלִיכְךָ | he caused you to reign (m.) | הִמְלִיכְכֶם |
| he caused you to reign (f.) | הִמְלִיכֵךְ | he caused you to reign (f.) | הִמְלִיכְכֶן |
| he caused him to reign (m.) | הִמְלִיכוֹ | he caused them to reign (m.) | הִמְלִיכָם |

| | | | |
|---|---|---|---|
| he caused her to reign (f.) | הִמְלִיכָהּ | he caused them to reign (f.) | הִמְלִיכָן |

There are vowel changes when the suffixes are attached to Qal Perfect third masculine singular.

| | | | |
|---|---|---|---|
| he kept me (c.) | [a] שְׁמָרַ֫נִי | he kept us (c.) | שְׁמָרָ֫נוּ |
| he kept you (m.) | שְׁמָרְךָ | he kept you (m.) | שְׁמַרְכֶם |
| he kept you (f.) | שְׁמָרֵךְ | he kept you (f.) | שְׁמַרְכֶן |
| he kept him (m.) | שְׁמָר֫וֹ | he kept them (m.) | שְׁמָרָם |
| | שְׁמָרָ֫הוּ | | |
| he kept her (f.) | שְׁמָרָהּ | he kept them (f.) | שְׁמָרָן |

When the verb form ends in a vowel, a helping vowel is not needed. Qal Perfect first common singular is a good illustration.

שָׁמַ֫רְתִּי   I have kept

| | | | |
|---|---|---|---|
| I have kept me (c.) | [b] (שְׁמַרְתִּ֫ינִי) | I have kept us (c.) | (שְׁמַרְתִּ֫ינוּ) |
| I have kept you (m.) | שְׁמַרְתִּ֫יךָ | I have kept you (m.) | שְׁמַרְתִּיכֶם |
| I have kept you (f.) | שְׁמַרְתִּיךְ | I have kept you (f.) | שְׁמַרְתִּיכֶן |

---

[a] Observe that in the open syllable before the accented syllable the short vowel is lengthened to Qamets "a." The Qamets in the open syllable two places from the accented syllable volatilizes.

[b] שְׁמַרְתִּ֫ינִי. The accent moves over when the suffix is added. The Qamets beneath the שׁ is left two places from the accented syllable; therefore it volatilizes. The forms in parentheses are not used. They are listed to complete the table.

| | | | |
|---|---|---|---|
| I have kept him (m.) | שְׁמַרְתִּיהוּ<br>שְׁמַרְתִּיו | I have kept them (m.) | שְׁמַרְתִּים |
| I have kept her (f.) | שְׁמַרְתִּיהָ | I have kept them (f.) | שְׁמַרְתִּין |

Other examples of suffixes with forms of the Perfect are as follows:

| | | |
|---|---|---|
| Qal Perfect 2 m.sg. | you have kept | שָׁמַרְתָּ |
| | you have kept me | שְׁמַרְתַּנִי |
| Qal Perfect 2 f.sg. | you have kept | שָׁמַרְתְּ |
| | you have kept me | שְׁמַרְתִּינִי<sup>a</sup> |
| Qal Perfect 3 c.pl. | they have kept | שָׁמְרוּ |
| | they have kept me | שְׁמָרוּנִי |
| Qal Perfect 2 m.pl. | you have kept | שְׁמַרְתֶּם |
| 2 f.pl. | you have kept | שְׁמַרְתֶּן |
| | you have kept me | שְׁמַרְתּוּנִי<sup>b</sup> |

Ordinarily the suffixes are found only with the active stems. An exception will be seen in the Niph'al Infinitive Construct.

---

<sup>a</sup>Note that this form is the same as first common singular with the suffixes. One distinguishes forms that are the same by the context.

<sup>b</sup>The second persons plural take a common form with the suffixes attached. The original forms were probably שְׁמַרְתּוּם and שְׁמַרְתּוּן; only the וּ survives with the suffixes.

## VOCABULARY

| | | | |
|---|---|---|---|
| sign | אוֹת | tablet | לֻ֫וּחַ |
| calf | עֵ֫גֶל | gold | זָהָב |
| trouble, distress, adversary | צָרָה | just as, as, when | כַּאֲשֶׁר |
| silver | כֶּ֫סֶף | to cast, throw | שָׁלַךְ |
| to clothe, put on | לָבַשׁ | to gather together | קָבַץ |

## EXERCISE

(1) וַיֹּ֫אמֶר כִּי־אֶהְיֶה[a] עִמָּךְ וְזֶה־לְּךָ הָאוֹת כִּי אָנֹכִי שְׁלַחְתִּיךָ׃
(2) וַיְדַבֵּר מֹשֶׁה אֶל־יהוה לֵאמֹר זְכֹר לְאַבְרָהָם לְיִצְחָק וּלְיִשְׂרָאֵל
עֲבָדֶ֫יךָ אֲשֶׁר נִשְׁבַּ֫עְתָּ לָהֶם בָּךְ וַתְּדַבֵּר אֲלֵיהֶם יִהְיֶה זַרְעֲכֶם כְּכוֹכְבֵי־
הַשָּׁמַ֫יִם וְכָל־הָאָ֫רֶץ הַזֹּאת יִשְׁמֹר זַרְעֲכֶם לְעֹלָם׃ (3) וַיְהִי כַּאֲשֶׁר
קָרַב אֶל־הַמַּחֲנֶה וַיַּרְא[b] אֶת־הָעֵ֫גֶל וַיַּשְׁלֵךְ מִיָּדָיו אֶת־הַלֻּחֹת וַיְשַׁבֵּר
אֹתָם תַּ֫חַת הָהָר׃ (4) וַיֹּ֫אמֶר מֹשֶׁה אֶל־הָאֱלֹהִים הִנֵּה אָנֹכִי בָא[c]
אֶל־בְּנֵי־יִשְׂרָאֵל וְאָמַרְתִּ֫י לָהֶם אֱלֹהֵי־אֲבוֹתֵיכֶם שְׁלָחַ֫נִי אֲלֵיכֶם
וְאָמְרוּ־לִי מַה־שְּׁמוֹ מָה אֲדַבֵּר אֲלֵיהֶם׃ (5) וַיֹּ֫אמֶר אֱלֹהִים אֶל־
מֹשֶׁה אֶהְיֶה אֲשֶׁר אֶהְיֶה וַיֹּ֫אמֶר כֹּה תֹאמַר[d] אֶל־בְּנֵי־יִשְׂרָאֵל אֶהְיֶה
שְׁלָחַ֫נִי אֲלֵיכֶם׃ (6) וַיֹּ֫אמֶר עוֹד אֱלֹהִים אֶל־מֹשֶׁה כֹּה־תֹאמַר
אֶל־בְּנֵי־יִשְׂרָאֵל יהוה אֱלֹהֵי־אֲבֹתֵיכֶם אֱלֹהֵי־אַבְרָהָם אֱלֹהֵי־יִצְחָק

---

[a] Qal Imperfect 1 c.sg. of הָיָה

[b] Qal Imperfect 3 m.sg. of רָאָה plus the Waw Consecutive

[c] Qal Active Participle m.sg. of בּוֹא "coming"

[d] Qal Imperfect 2 m.sg. of אָמַר

וֵאלֹהֵי־יַעֲקֹב שְׁלָחַנִי אֲלֵיכֶם זֶה־שְׁמִי לְעֹלָם וְזֶה זִכְרִי[a] לְדֹר וָדֹר: (7) הִשְׁמִירָנוּ יהוה מִכָּל־רָע: (8) זְכַרְנוּהוּ בְּיוֹם־הַצָּרָה

(1) The Lord hid me in his hand to keep me from evil.
(2) He has made me great (causative) in the earth which he created.

## LESSON 33

### PRONOMINAL SUFFIXES
### WITH THE IMPERFECT AND IMPERATIVE

#### QAL IMPERFECT

3 m.sg.

he will kill   יִקְטֹל

| | | | |
|---|---|---|---|
| 1 c.sg. he will kill me | יִקְטְלֵנִי | 1 c.pl. | יִקְטְלֵנוּ |
| 2 m.sg. | יִקְטָלְךָ | 2 m.pl. | יִקְטָלְכֶם |
| 2 f.sg. | יִקְטְלֵךְ | 2 f.pl. | יִקְטָלְכֶן |
| 3 m.sg. | יִקְטְלֵהוּ | 3 m.pl. | יִקְטְלֵם |
| 3 f.sg. | יִקְטְלָהּ | 3 f.pl. | יִקְטְלֵן |

#### QAL IMPERATIVE

2 m.sg.

kill   קְטֹל

| | | | |
|---|---|---|---|
| 1 c.sg. kill me | קָטְלֵנִי | 1 c.pl. | קָטְלֵנוּ |

---

[a] my remembrance

| | | | |
|---|---|---|---|
| 2 m.sg. | _____ | 2 m.pl. | _____ |
| 2 f.sg. | _____ | 2 f.pl. | _____ |
| 3 m.sg. | קָטְלֵהוּ | 3 m.pl. | קָטְלֵם |
| 3 f.sg. | קָטְלֶהָ | 3 f.pl. | _____ |

Notes:

(1) The Imperfect third masculine singular and Imperative second masculine singular end in a consonant; therefore, with the suffixes a helping vowel is needed. The helping vowel is a Tsere whereas it is a Pathach with a Perfect third masculine singular.

Imperfect יִקְטְלֵנִי Perfect קְטָלַנִי

(2) With the second masculine singular and second persons plural suffixes the Cholem of the Qal Imperfect is reduced to Qamets "o." With the other suffixes it volatilizes (becomes a shewa).

(3) The Imperative has the same helping vowel as the Imperfect. Apparently the form of the second masculine singular Imperative becomes קָטְלְ when the suffixes are attached.

Alternate forms of the Imperfect are found frequently, especially when the forms are in pause. These forms have a dagesh forte resulting from what has been called Nun Demonstrative or Energic. These forms are given in the following table.

| | | | |
|---|---|---|---|
| 1 c.sg. | יִקְטְלֶנִּי | 3 m.sg. | יִקְטְלֶנּוּ |
| 2 m.sg. | יִקְטְלֶךָּ | 3 f.sg. | יִקְטְלֶנָּה |

The other forms of the Imperfect and Imperative are recognizable when one is familiar with the preceding tables.

| | | |
|---|---|---|
| תִּקְטֹל | becomes | תִּקְטְלֵנִי |
| תִּקְטְלוּ | becomes | תִּקְטְלוּנִי |
| יְקַטֵּל | becomes | יְקַטְּלֵנִי |
| יַקְטִיל | becomes | יַקְטִילֵנִי |
| הַקְטֵל | becomes | הַקְטִילֵנִי |
| קַטְּלוּ | becomes | קַטְּלוּנִי |

VOCABULARY

| | | | |
|---|---|---|---|
| cattle, herd | בָּקָר | stranger, sojourner | גֵּר |
| inhabitant | יֹשֵׁב | rod, tribe | מַטֶּה |
| beast, cattle | בְּהֵמָה | serpent | נָחָשׁ |
| midst | קֶרֶב | garment | בֶּגֶד |
| sanctuary | מִקְדָּשׁ | to declare, tell | נָגַד |

EXERCISE

(1) וּבַיּוֹם הַשְּׁבִיעִי שַׁבָּת לַיהוה אֱלֹהֶיךָ לֹא תַעֲבֹד[a] אַתָּה וּבִנְךָ
וּבִתֶּךָ, עַבְדְּךָ וּבְהֶמְתֶּךָ וְגֵרְךָ אֲשֶׁר בִּשְׁעָרֶיךָ׃ (2) כִּי שֵׁשֶׁת־יָמִים
עָשָׂה יהוה אֶת־הַשָּׁמַיִם וְאֶת־הָאָרֶץ וְאֶת־הַיָּם וְאֶת־כָּל־אֲשֶׁר־בָּם
עַל־כֵּן בֵּרַךְ יהוה אֶת־יוֹם־הַשַּׁבָּת וַיְקַדְּשֵׁהוּ׃ (3) אַתָּה תִּשְׁמְרֵהוּ
[b]שָׁלוֹם שָׁלוֹם[b] כִּי בְךָ בָּטוּחַ[c]׃ (4) וַיֹּאמֶר מֹשֶׁה לֹא יִשְׁמְעוּ

---

[a]Qal Imperfect 2 m.sg. of עָבַד

[b-b]"peace, peace," i.e., "perfect peace"

[c]furtive Pathach

בְּקֹלִי כִּי יֹאמְרוּ[a] לֹא דִבֶּר אֵלֶיךָ יהוָה: (5) וַיֹּאמֶר אֵלָיו יהוה
מַזֶּה בְיָדֶךָ וַיֹּאמֶר מַטֶּה, וַיֹּאמֶר הַשְׁלִיכֵהוּ אַרְצָה וַיַּשְׁלִיכֵהוּ אַרְצָה
וַיְהִי[b] לְנָחָשׁ: (6) וַיֹּאמֶר הִנֵּה אָנֹכִי כֹּרֵת בְּרִית נֶגֶד כָּל־עַמְּךָ,
אֶפְקְדָךְ עִם־אֹתֹת אֲשֶׁר לֹא נִבְרְאוּ בְכָל־הָאָרֶץ וּבְכָל־הַגּוֹיִם וְרָאָה
כָל־הָעָם אֲשֶׁר־אַתָּה בְקִרְבּוֹ אֶת־מַעֲשֵׂה־יהוה כִּי־נוֹרָא[c] הוּא אֲשֶׁר
אֲנִי עֹשֶׂה עִמָּךְ: (7) הִשָּׁמֶר לְךָ פֶּן־תִּכְרֹת בְּרִית לְיֹשֵׁב־הָאָרֶץ אֲשֶׁר
אַתָּה בָּא[d] עָלֶיהָ פֶּן יִהְיֶה לְמוֹקֵשׁ[e] בְּקִרְבֶּךָ: (8) שָׁמְרֵנִי יהוה
וְלַמְּדֵנִי דְרָכֶיךָ (9) וַיְדַבֵּר[b] מֹשֶׁה לִפְנֵי־יהוה לֵאמֹר הֵן בְּנֵי־
יִשְׂרָאֵל לֹא שָׁמְעוּ אֵלַי וְלֹא יִשְׁמָעֵנִי פַּרְעֹה:

(1) The Lord will keep you from all evil. (2) Remember me, O Lord, and send me not from your presence. (3) God will judge us and he will visit us with his blessing.

# LESSON 34

## PRONOMINAL SUFFIXES WITH THE INFINITIVE CONSTRUCT

### QAL INFINITIVE CONSTRUCT

to keep שְׁמֹר

| | | | |
|---|---|---|---|
| 1 c.sg. my keeping (literally, "to keep of me") | שָׁמְרִי | 1 c.pl. | שָׁמְרֵנוּ |

---

[a] Qal Imperfect 3 m.pl. "they will say"

[b] The dagesh forte often is omitted.

[c] awesome [d] Participle [e] for a snare

| | | | |
|---|---|---|---|
| 2 m.sg. | שָׁמְרְךָ | 2 m.pl. | שְׁמָרְכֶם |
| 2 f.sg. | שָׁמְרֵךְ | 2 f.pl. | שְׁמָרְכֶן |
| 3 m.sg. | שָׁמְרוֹ | 3 m.pl. | שָׁמְרָם |
| 3 f.sg. | שָׁמְרָהּ | 3 f.pl. | שָׁמְרָן |

The translation in the above table illustrates the pronouns used as subject of the Infinitive. The first common singular and the second masculine singular have special forms when the suffixes are to be translated as objects.

| | | | |
|---|---|---|---|
| 1 c.sg. keeping me (literally, "to keep me") | שָׁמְרֵ֫נִי | 2 m.sg. keeping you | שְׁמָרְךָ |

One discerns from the context whether the other forms are to be translated as subjective or objective. שָׁמְרוֹ may mean "his keeping" or "keeping him," etc.

The pronominal suffixes are found on the passive and reflexive Infinitives Construct.

A temporal clause often is expressed in Hebrew by use of the Infinitive Construct and a preposition.

(in to keep of him) = when he kept בְּשָׁמְרוֹ

(as to keep of me) = when I kept כְּשָׁמְרִי

In these two examples the suffixes are used subjectively.

Often the Infinitive Construct with the preposition לְ is used to express purpose.

to visit me לְפָקְדֵ֫נִי

to keep you לְשָׁמְרְךָ

The familiar לֵאמֹר is another example. We usually translate it as "saying." Strictly, it means "to say" or "for the purpose of saying."

The student first should translate every construction literally; then a smooth translation may be made.

## VOCABULARY

| | | | |
|---|---|---|---|
| to open (the eyes) | פָּקַח | tribe, rod | שֵׁבֶט |
| to refuse | מָאֵן | first-born | בְּכוֹר |
| first, former, chief | רִאשׁוֹן | to sell | מָכַר |
| to drink | שָׁתָה | Rehoboam | רְחַבְעָם |
| lord, master | אָדוֹן | service | עֲבֹדָה |

## EXERCISE

(1) בְּשָׁמְעוֹ אֶת־דִּבְרֵי־הַנָּבִיא, וַיִּקְרָא בְקוֹל גָּדוֹל, נִמְכַּר בִּידֵי־
אֹיְבֵינוּ (2) כִּי יֹדֵעַ[a] אֱלֹהִים כִּי בְּיוֹם אֲכָלְכֶם מִמֶּנּוּ וְנִפְקְחוּ
עֵינֵיכֶם וִהְיִיתֶם כֵּאלֹהִים יֹדְעֵי־טוֹב וָרָע: (3) הִנֵּה אָנֹכִי שֹׁלֵחַ[a]
מַלְאָךְ לְפָנֶיךָ לִשְׁמָרְךָ בַּדָּרֶךְ: (4) וַיֹּאמֶר יהוה אֶל־מֹשֶׁה כְּרֹת שְׁנֵי־
לֻחֹת־אֲבָנִים כָּרִאשֹׁנִים וְכָתַבְתִּי עַל־הַלֻּחֹת אֶת־הַדְּבָרִים אֲשֶׁר הָיוּ[b]
עַל־הַלֻּחֹת הָרִאשֹׁנִים אֲשֶׁר שִׁבַּרְתָּ: (5) וְאָמַרְתָּ אֶל־פַּרְעֹה כֹּה אָמַר
יהוה, בְּנִי בְכֹרִי יִשְׂרָאֵל: (6) וַיְדַבֵּר אֶל־פַּרְעֹה לֵאמֹר וַתְּמָאֵן[c]
לְשַׁלְּחוֹ הִנֵּה אָנֹכִי הֹרֵג אֶת־בִּנְךָ בְּכֹרֶךָ: (7) וְיוֹסֵף בֶּן־שְׁלֹשִׁים
שָׁנָה בְּעָמְדוֹ לִפְנֵי־פַרְעֹה מֶלֶךְ־מִצְרָיִם: (8) וַיֹּאמֶר יהוה אֶל־
מֹשֶׁה כְּתֹב אֶת־הַדְּבָרִים הָאֵלֶּה כִּי כָּרַתִּי אִתְּךָ בְּרִית וְאֶת־יִשְׂרָאֵל:

---

[a] furtive Pathach [b] Qal Perfect 3 c.pl. of הָיָה

[c] Pi'el Imperfect 2 m.sg. of מָאֵן "and (if) you refuse"

(9) וַיְהִי־שָׁם עִם־יהוה אַרְבָּעִים יוֹם וְאַרְבָּעִים לַיְלָה, לֶחֶם לֹא
אָכַל וּמַיִם לֹא שָׁתָה וַיִּכְתֹּב עַל־הַלֻּחֹת אֵת דִּבְרֵי־הַבְּרִית, עֲשֶׂרֶת־
הַדְּבָרִים: (10) וּרְחַבְעָם בֶּן־שְׁלֹמֹה מָלַךְ בִּיהוּדָה בֶּן־אַרְבָּעִים וְאַחַת
שָׁנָה רְחַבְעָם בְּמָלְכוֹ, וּשְׁבַע עֶשְׂרֵה שָׁנָה מָלַךְ בִּירוּשָׁלַיִם הָעִיר אֲשֶׁר־
בָּחַר יהוה לִשְׁמֹר אֶת־שְׁמוֹ שָׁם מִכֹּל שִׁבְטֵי־יִשְׂרָאֵל:

(1) The Lord chose to honor me and to sanctify me.

## LESSON 35

## THE WEAK VERBS

### PE GUTTURAL VERBS

Verbs that differ from the regular verb in that they have one or more weak letters (gutturals, the quiescent letters, or נ) are called weak verbs. To designate the types of weak verbs grammarians have employed the verb פָּעַל ("to do, to make"). It has been observed already that פָּעַל was used in the names of all of the stems of the regular verb with the exception of Qal.

The first root-letter of a weak verb is called פ, the second ע, and the third ל. עָזַב is a Pe Guttural verb; it has a guttural letter in the פ position. בָּחַר has a guttural letter in the ע position; so it is called an 'Ayin Guttural verb. שָׁמַע is an example of the Lamedh Guttural verb; it has a guttural in the ל position.

The student should master the strong verb. Memorization of the weak verbs then becomes unnecessary. One writes the weak verb according to the pattern of the strong verb; changes in pointing due

to the peculiarities of the weak letters then may
be worked out.

## PE GUTTURAL VERBS

Guttural letters have three peculiarities: they refuse dagesh forte; they take a composite shewa; and they prefer "a" class vowels.

The following brief procedure will aid the student in making adjustments in pointing due to the presence of a guttural letter in the Pe position.

(1) Does the first letter of the verb root have a dagesh forte?

In the regular verb a dagesh forte in the first root-letter is found only in certain forms of the Niph'al. In each case the guttural letter rejects the dagesh forte, and the vowel of the prefix is lengthened to Tsere.

(2) Is there a shewa beneath the first letter?

Ordinarily the composite shewa beneath the guttural in the Pe position will be Chateph Pathach, and the vowel before it will become the corresponding short vowel (יַעֲזֹב).
Exceptions:

(a) Niph'al Perfect and Participle and Hiph'il Perfect will take Chateph Seghol with the corresponding short vowel beneath the prefixed letter.

        Niph'al Perfect 3 m.sg.    נֶעֱזַב

        Niph'al Participle m.sg.    נֶעֱזָב

        Hiph'il Perfect 3 m.sg.    הֶעֱמִיד

(b) The Hoph'al takes the "o" class composite shewa with the corresponding short vowel beneath the letter of the prefix (הָעֳמַד).

## QAL PERFECT

| | | | |
|---|---|---|---|
| 3 m.sg.<br>he forsook<br>he has forsaken | עָזַב | 3 c.pl. | עָזְבוּ |
| 3 f.sg. | עָזְבָה | | |
| 2 m.sg. | עָזַ֫בְתָּ | 2 m.pl. | עֲזַבְתֶּם |
| 2 f.sg. | עָזַבְתְּ | 2 f.pl. | עֲזַבְתֶּן |
| 1 c.sg. | עָזַ֫בְתִּי | 1 c.pl. | עָזַ֫בְנוּ |

## QAL IMPERFECT

| | | | |
|---|---|---|---|
| 3 m.sg.<br>he will forsake | יַעֲזֹב | 3 m.pl. | יַעַזְבוּ |
| 3 f.sg. | תַּעֲזֹב | 3 f.pl. | תַּעֲזֹ֫בְנָה |
| 2 m.sg. | תַּעֲזֹב | 2 m.pl. | תַּעַזְבוּ |
| 2 f.sg. | תַּעַזְבִי | 2 f.pl. | תַּעֲזֹ֫בְנָה |
| 1 c.sg. | אֶעֱזֹב | 1 c.pl. | נַעֲזֹב |

| | |
|---|---|
| Cohortative<br>let me forsake | אֶעֶזְבָה |
| let us forsake | נַעַזְבָה |

## QAL IMPERATIVE

| | | | |
|---|---|---|---|
| 2 m.sg.<br>forsake | עֲזֹב | 2 m.pl. | עִזְבוּ |
| 2 f.sg. | עִזְבִי | 2 f.pl. | עֲזֹ֫בְנָה |

## QAL ACTIVE PARTICIPLE

| | |
|---|---|
| m.sg.<br>forsaking | עֹזֵב |

## QAL PASSIVE PARTICIPLE

| | |
|---|---|
| m.sg. forsaken | עָזוּב |
| f.sg. | עֲזוּבָה |
| | etc. |

## QAL INFINITIVES

| | | | |
|---|---|---|---|
| Absolute | עָזוֹב | Construct | עֲזֹב |
| | | With ל | לַעֲזֹב |
| | | With suffix | עָזְבִי |

There are only two places in the Perfect that differ from the regular verb. Observe the composite shewa (ֲ) in the second persons plural.

The Imperfect has a composite shewa (ֲ) instead of a simple shewa preceded by the corresponding short vowel in the prefix. One other adjustment is made in the Imperfect in the forms that have vowel afformatives (2 f.sg., 3 m.pl., and 2 m.pl.).

2 m.pl. תַּעַזְבוּ Two vocal shewas come together in the middle of the word. The rule is that the composite shewa becomes the corresponding short vowel.

Sometimes the composite shewa in the Qal will be Chateph Seghol preceded by the corresponding short vowel. The verb חָזַק "he was strong" is a good example. The Qal Imperfect is written יֶחֱזַק because of the sharp guttural ח.

## NIPH'AL PERFECT

| | | | | |
|---|---|---|---|---|
| 3 m.sg. he has been forsaken | נֶעֱזַב | 3 c.pl. | | נֶעֶזְבוּ |
| 3 f.sg. | נֶעֶזְבָה | | | |
| 2 m.sg. | נֶעֱזַ֫בְתָּ | 2 m.pl. | | נֶעֱזַבְתֶּם |
| 2 f.sg. | נֶעֱזַבְתְּ | 2 f.pl. | | נֶעֱזַבְתֶּן |
| 1 c.sg. | נֶעֱזַ֫בְתִּי | 1 c.pl. | | נֶעֱזַ֫בְנוּ |

## NIPH'AL IMPERFECT

| | | | | |
|---|---|---|---|---|
| 3 m.sg. he will be forsaken | יֵעָזֵב | 3 m.pl. | | יֵעָזְבוּ |
| 3 f.sg. | תֵּעָזֵב | 3 f.pl. | | תֵּעָזַ֫בְנָה |
| 2 m.sg. | תֵּעָזֵב | 2 m.pl. | | תֵּעָזְבוּ |
| 2 f.sg. | תֵּעָזְבִי | 2 f.pl. | | תֵּעָזַ֫בְנָה |
| 1 c.sg. | אֵעָזֵב | 1 c.pl. | | נֵעָזֵב |

## NIPH'AL IMPERATIVE

| | | | | |
|---|---|---|---|---|
| 2 m.sg. be forsaken | הֵעָזֵב | 2 m.pl. | | הֵעָזְבוּ |
| 2 f.sg. | הֵעָזְבִי | 2 f.pl. | | הֵעָזַ֫בְנָה |

## NIPH'AL PARTICIPLE

| | |
|---|---|
| m.sg. being forsaken | נֶעֱזָב |
| f.sg. | נֶעֱזָבָה |

etc.

## NIPH'AL INFINITIVES

| | | | |
|---|---|---|---|
| Absolute | נֵעָזֹב | Construct | הֵעָזֵב |
| | | With suffix | הֵעָזְבִי |

Observe the additional adjustment in the Niph'al Perfect before the vowel afformatives (3 f.sg. and 3 c.pl.):

| | | | |
|---|---|---|---|
| 3 f.sg. | נֶעֶזְבָה | 3 c.pl. | נֶעֶזְבוּ |

## HIPH'IL PERFECT

| | | | |
|---|---|---|---|
| 3 m.sg.<br>he caused<br>to stand | הֶעֱמִיד | 3 c.pl. | הֶעֱמִידוּ |
| 3 f.sg. | הֶעֱמִידָה | | |
| 2 m.sg. | הֶעֱמַדְתָּ | 2 m.pl. | הֶעֱמַדְתֶּם |
| 2 f.sg. | הֶעֱמַדְתְּ | 2 f.pl. | הֶעֱמַדְתֶּן |
| 1 c.sg. | הֶעֱמַדְתִּי | 1 c.pl. | הֶעֱמַדְנוּ |

## HIPH'IL IMPERFECT

| | | | |
|---|---|---|---|
| 3 m.sg.<br>he will cause<br>to stand | יַעֲמִיד | 3 m.pl. | יַעֲמִידוּ |
| 3 f.sg. | תַּעֲמִיד | 3 f.pl. | תַּעֲמֵדְנָה |
| 2 m.sg. | תַּעֲמִיד | 2 m.pl. | תַּעֲמִידוּ |
| 2 f.sg. | תַּעֲמִידִי | 2 f.pl. | תַּעֲמֵדְנָה |
| 1 c.sg. | אַעֲמִיד | 1 c.pl. | נַעֲמִיד |

Cohortative
let me cause to stand — אַעֲמִידָה

## HIPH'IL IMPERATIVE

| | | | |
|---|---|---|---|
| 2 m.sg.<br>cause to stand | הַעֲמֵד | 2 m.pl. | הַעֲמִ֫ידוּ |
| 2 f.sg. | הַעֲמִ֫ידִי | 2 f.pl. | הַעֲמֵ֫דְנָה |

## HIPH'IL PARTICIPLE

| | |
|---|---|
| m.sg.<br>causing<br>to stand | מַעֲמִיד |

## HIPH'IL INFINITIVES

| | | | |
|---|---|---|---|
| Absolute | הַעֲמֵד | Construct | הַעֲמִיד |

The intensive stems are regular.

## HOPH'AL PERFECT

| | | | |
|---|---|---|---|
| 3 m.sg.<br>he was caused<br>to stand | הָעֳמַד | 3 c.pl. | הָעָמְדוּ |
| 3 f.sg. | הָעָמְדָה | | |
| 2 m.sg. | הָעֳמַ֫דְתָּ | 2 m.pl. | הָעֳמַדְתֶּם |
| 2 f.sg. | הָעֳמַדְתְּ | 2 f.pl. | הָעֳמַדְתֶּן |
| 1 c.sg. | הָעֳמַ֫דְתִּי | 1 c.pl. | הָעֳמַ֫דְנוּ |

## HOPH'AL IMPERFECT

| | | | |
|---|---|---|---|
| 3 m.sg.<br>he will be<br>caused to stand | יָעֳמַד | 3 m.pl. | יָעָמְדוּ |
| 3 f.sg. | תָּעֳמַד | 3 f.pl. | תָּעֳמַ֫דְנָה |

| | | | |
|---|---|---|---|
| 2 m.sg. | תָּעֳמַד | 2 m.pl. | תָּעָמְדוּ |
| 2 f.sg. | תָּעָמְדִי | 2 f.pl. | תָּעֳמַדְנָה |
| 1 c.sg. | אָעֳמַד | 1 c.pl. | נָעֳמַד |

HOPH'AL PARTICIPLE

| | |
|---|---|
| m.sg. being caused to stand | מָעֳמָד |

HOPH'AL INFINITIVES

| | | | |
|---|---|---|---|
| Absolute | הָעֳמֵד | Construct | הָעֳמַד |

VOCABULARY

| | | | |
|---|---|---|---|
| to abandon, forsake | עָזַב | to be wise, prudent | שָׂכַל |
| to gather | אָסַף | over, beyond | עֵ֫בֶר |
| to be strong | חָזַק | wicked | רָשָׁע |
| testimony (f.) | עֵדוּת | Levi | לֵוִי |
| throne | כִּסֵּא | statute | חֹק |
| river | נָהָר | statute (f.) | חֻקָּה |

EXERCISE

(1) עַתָּה עִבְדוּ אֶת־יהוה בְּתָמִים וּבֶאֱמֶת וְעִזְבוּ אֶת־אֱלֹהִים אֲשֶׁר
עָבְדוּ אֲבוֹתֵיכֶם בְּעֵ֫בֶר הַנָּהָר וּבְמִצְרַ֫יִם וְעִבְדוּ אֶת־יהוָה׃ (2) וְאִם
רַע בְּעֵינֵיכֶם לַעֲבֹד אֶת־יהוה בַּחֲרוּ[a] לָכֶם הַיּוֹם אֶת־מִי תַעֲבְדוּ אִם

---

[a]Qal Imperative 2 m.pl. of בָּחַר "to choose," 'Ayin Guttural verb

אֶת־אֱלֹהִים אֲשֶׁר־עָבְדוּ אֲבוֹתֵיכֶם אֲשֶׁר בְּעֵבֶר הַנָּהָר וְאִם אֶת־אֱלֹהֵי־
הָאֱמֹרִי$^a$ אֲשֶׁר אַתֶּם יֹשְׁבִים בְּאַרְצָם וְאָנֹכִי וּבֵיתִי נַעֲבֹד אֶת־יהוה:
(3) וַיַּעֲמֹד מֹשֶׁה בְּשַׁעַר־הַמַּחֲנֶה וַיֹּאמֶר מִי לַיהוה אֵלָי וַיֵּאָסְפוּ
אֵלָיו כָּל־בְּנֵי־לֵוִי:   (4) וַיִּקְרְבוּ יְמֵי־דָוִד וַיְדַבֵּר אֶל־שְׁלֹמֹה
בְנוֹ לֵאמֹר אָנֹכִי הֹלֵךְ בְּדֶרֶךְ־כָּל־הָאָרֶץ וְחָזַקְתָּ וְהָיִיתָ$^b$ לְאִישׁ:
(5) וְשָׁמַרְתָּ אֶת־דְּבַר־יהוה אֱלֹהֶיךָ לִשְׁמֹר חֻקֹּתָיו וּמִצְוֹתָיו וּמִשְׁפָּטָיו
וְעֵדְוֹתָיו כַּכָּתוּב בְּתוֹרַת־מֹשֶׁה לְמַעַן תַּשְׂכִּיל בְּכָל־אֲשֶׁר תַּעֲשֶׂה$^c$:
(6) לְמַעַן יָעֲמִיד יהוה אֶת־דְּבָרוֹ אֲשֶׁר דִּבֶּר עָלַי לֵאמֹר אִם־יִשְׁמְרוּ
בָנֶיךָ אֶת־דַּרְכָּם לָלֶכֶת$^d$ לְפָנַי בֶּאֱמֶת בְּכָל־לְבָבָם וּבְכָל־נַפְשָׁם לֹא־
יִכָּרֵת לְךָ אִישׁ מֵעַל כִּסֵּא־יִשְׂרָאֵל:   (7) וּמֹשֶׁה בֶּן־שְׁמֹנִים שָׁנָה
וְאַהֲרֹן בֶּן־שָׁלֹשׁ וּשְׁמֹנִים שָׁנָה בְּדַבְּרָם אֶל־פַּרְעֹה:   (8) וַיֶּחֱזַק לֵב־
פַּרְעֹה וְלֹא שָׁמַע אֲלֵיהֶם כַּאֲשֶׁר דִּבֶּר יהוה:

(1) Pharaoh saw that the children of Israel went out from his land and he hardened (made strong) his heart and he pursued after them. (2) And he left all which he had and he crossed over to the land of Canaan.

## LESSON 36

### PE 'ALEPH VERBS

The Pe 'Aleph verb is actually a Pe Guttural verb that varies in pointing because the א becomes

---

$^a$the Amorites

$^b$Qal Perfect 2 m.sg. of הָיָה plus the Waw Consecutive

$^c$This is a doubly weak verb, having a guttural letter in the first and last positions. Qal Imperfect 2 m.sg. of עָשָׂה

$^d$Qal Infinitive Construct of הָלַךְ

quiescent in the Qal Imperfect. The five verbs that fall into this classification are אָמַר, אָבָה, אָפָה, אָכַל, and אָבַד. A mnemonic sentence for recalling these five verbs is: "I say, be willing to bake and eat or perish."

## QAL PERFECT

| | | | |
|---|---|---|---|
| 3 m.sg.<br>he ate<br>he has eaten | אָכַל | 3 c.pl. | אָֽכְלוּ |
| 3 f.sg. | אָֽכְלָה | | |
| 2 m.sg. | אָכַ֫לְתָּ | 2 m.pl. | אֲכַלְתֶּם |
| 2 f.sg. | אָכַלְתְּ | 2 f.pl. | אֲכַלְתֶּן |
| 1 c.sg. | אָכַ֫לְתִּי | 1 c.pl. | אָכַ֫לְנוּ |

## QAL IMPERFECT

| | | | |
|---|---|---|---|
| 3 m.sg.<br>he will eat | יֹאכַל | 3 m.pl. | יֹאכְלוּ |
| 3 f.sg. | תֹּאכַל | 3 f.pl. | תֹּאכַ֫לְנָה |
| 2 m.sg. | תֹּאכַל | 2 m.pl. | תֹּאכְלוּ |
| 2 f.sg. | תֹּאכְלִי | 2 f.pl. | תֹּאכַ֫לְנָה |
| 1 c.sg. | אֹכַל [אֹ(א)כַל] | 1 c.pl. | נֹאכַל |

Cohortative
let me eat — אֹכְלָה

## QAL IMPERATIVE

| | | | |
|---|---|---|---|
| 2 m.sg.<br>eat | אֱכֹל | 2 m.pl. | אִכְלוּ |
| 2 f.sg. | אִכְלִי | 2 f.pl. | אֱכֹ֫לְנָה |

## QAL ACTIVE PARTICIPLE

m.sg.          אֹכֵל
  eating

## QAL PASSIVE PARTICIPLE

m.sg.          אָכוּל
  being eaten

## QAL INFINITIVES

Absolute    אָכוֹל    Construct    אֱכֹל

    The Qal Perfect follows the pattern of the Pe Guttural verbs, but the Imperfect is written יֹאכַל instead of יֶאֱכֹל. A few verbs are found written both ways. (אָחַז "to grasp" is a good example.)

    Note that the Imperative second masculine singular and the Infinitive Construct are pointed אֱכֹל. The א often takes a Chateph Seghol as may be seen in the word אֱלֹהִים. In the Infinitive Construct of אָמַר with a ל, the א becomes quiescent לֵאמֹר (instead of לֶאֱמֹר). We noted this previously in the pointing of the preposition and the conjunction with the word אֱלֹהִים.

    The Qal Imperfect יֹאכַל often is written יֹאכֵל when it is in pause.

    The verb אָמַר in the Qal Imperfect with the Waw Consecutive is written וַיֹּאמֶר. Before direct discourse this verb is written וַיֹּאמַר.

## VOCABULARY

to perish      אָבַד      Benjamin      בִּנְיָמִן

| | | | |
|---|---|---|---|
| to be left, remain | יָתַר | rest, remainder | יֶ֫תֶר |
| to be willing | אָבָה | Jeremiah | יִרְמְיָ֫הוּ |
| to bake | אָפָה | wise | חָכָם |
| womb, belly (f.) | בֶּ֫טֶן | Eden | עֵ֫דֶן |

## EXERCISE

(1) וְהַנָּחָשׁ הָיָה עָרוּם[a] מִכֹּל חַיַּת־הַשָּׂדֶה אֲשֶׁר עָשָׂה יהוה אֱלֹהִ֑ים
וַיֹּ֫אמֶר אֶל־הָֽאִשָּׁה, [b]אַף כִּי־אָמַר[b] אֱלֹהִים לֹא תֹאכְלוּ מִכֹּל עֵץ־הַגָּֽן׃
(2) וַתֹּ֫אמֶר הָֽאִשָּׁה אֶל־הַנָּחָשׁ מִפְּרִי־עֵץ־הַגָּן נֹאכֵֽל׃ (3) וּמִפְּרִי־
הָעֵץ אֲשֶׁר בְּתוֹךְ־הַגָּן אָמַר אֱלֹהִים לֹא תֹאכְלוּ מִמֶּ֫נּוּ׃ (4) וַיִּקְרָא
יהוה אֱלֹהִים אֶל־הָֽאָדָם וַיֹּ֫אמֶר לוֹ אַיֶּ֫כָּה[c]׃ (5) וְאָֽסַפְתָּ֫ אֶת־
זִקְנֵי־יִשְׂרָאֵל וְאָמַרְתָּ֫ אֲלֵיהֶם יהוה אֱלֹהֵי־אֲבֹתֵיכֶם שְׁלָחַ֫נִי אֱלֹהֵי־
אַבְרָהָם יִצְחָק וְיַעֲקֹב לֵאמֹר פָּקֹד פָּקַ֫דְתִּי אֶתְכֶֽם׃ (6) [d]וְיֶ֫תֶר־דִּבְרֵי־
שְׁלֹמֹה[d] וְכָל־אֲשֶׁר עָשָׂה וְחָכְמָתוֹ הֲלֹא־הֵם כְּתֻבִים עַל־סֵ֫פֶר דִּבְרֵי־
שְׁלֹמֹֽה׃ (7) וְהַיָּמִים אֲשֶׁר מָלַךְ שְׁלֹמֹה בִירוּשָׁלַ֫יִם עַל־כָּל־יִשְׂרָאֵל
אַרְבָּעִים שָׁנָֽה׃ (8) וַיִּשְׁכַּב שְׁלֹמֹה עִם־אֲבֹתָיו וַיִּקָּבֵר בְּעִיר־דָּוִד
אָבִ֑יו וַיִּמְלֹךְ רְחַבְעָם בְּנוֹ תַּחְתָּֽיו׃ (9) דִּבְרֵי־יִרְמְיָ֫הוּ מִן־
הַכֹּהֲנִים אֲשֶׁר בַּעֲנָתוֹת[e] בְּאֶ֫רֶץ־בִּנְיָמִֽן׃ (10) אֲשֶׁר הָיָה דְבַר־
יהוה אֵלָיו בִּימֵי־יֹאשִׁיָּ֫הוּ[f] מֶ֫לֶךְ־יְהוּדָ֑ה בִּשְׁלֹשׁ־עֶשְׂרֵה שָׁנָה לְמָלְכוֹ׃
(11) וַיְהִי דְבַר־יהוה אֵלַי לֵאמֹר בַּבֶּ֫טֶן יְדַעְתִּ֫יךָ וּבַבֶּ֫טֶן הִקְדַּשְׁתִּ֫יךָ
נָבִיא לַגּוֹיִם (12) וָאֹמַר, אֲדֹנָי יהוה הִנֵּה לֹא־יָדַ֫עְתִּי דַבֵּ֑ר כִּי־
נַ֫עַר אָנֹֽכִי׃ (13) וַיֹּ֫אמֶר יהוה אֵלַי אַל־תֹּאמַר נַ֫עַר אָנֹֽכִי׃

---

[a] subtle, crafty [b-b] Has he really said?

[c] Where (are) you?

[d-d] and the rest of the acts of Solomon

[e] in Anathoth [f] Josiah

(1) Say to my people that the Lord (is) God. (2) You will not eat fruit from the tree and you will not say, "I will not serve the Lord God." (3) And I said in my heart that I will serve the God.

## LESSON 37

## PE NUN VERBS

A verb with a נ in the Pe position is classified as weak because the נ with a silent shewa beneath it will assimilate into the following letter. Assimilation will take place in the Qal Imperfect, Niph'al Perfect and Participle, and in all the forms of Hiph'il and Hoph'al. To write the Qal of נָפַל write it exactly as you would write the Qal of קָטַל; cancel the נ every time there is a silent shewa beneath it, and place a dagesh forte in the following letter. The Qal Perfect is regular. The Imperfect is יִנְפֹּל = יִפֹּל.

### QAL PERFECT

3 m.sg. נָפַל
he fell
he has fallen

(Regular)

### QAL IMPERFECT

| | | | |
|---|---|---|---|
| 3 m.sg.<br>he will fall | יִפֹּל | 3 m.pl. | יִפְּלוּ |
| 3 f.sg. | תִּפֹּל | 3 f.pl. | תִּפֹּלְנָה |
| 2 m.sg. | תִּפֹּל | 2 m.pl. | תִּפְּלוּ |
| 2 f.sg. | תִּפְּלִי | 2 f.pl. | תִּפֹּלְנָה |

| | | | |
|---|---|---|---|
| 1 c.sg. | אֶפֹּל | 1 c.pl. | נִפֹּל |

Cohortative

| | |
|---|---|
| let me fall | אֶפְּלָה |
| let us fall | נִפְּלָה |

QAL IMPERATIVE

| | | | |
|---|---|---|---|
| 2 m.sg.<br>fall | נְפֹל | 2 m.pl. | נִפְלוּ |
| 2 f.sg. | נִפְלִי | 2 f.pl. | נְפֹ֫לְנָה |

QAL ACTIVE PARTICIPLE

| | |
|---|---|
| m.sg.<br>falling | נֹפֵל |

QAL INFINITIVES

| | | | |
|---|---|---|---|
| Absolute | נָפוֹל | Construct | נְפֹל |
| | | With ל | לִנְפֹל |
| | | With suffix | נָפְלִי |

The verb נָגַשׁ "to draw near" has other peculiarities.

QAL PERFECT

3 m.sg. (נָגַשׁ)
he drew near
he has drawn near

(Not used in Qal Perfect but is displaced by Niph'al)

## QAL IMPERFECT

| | | | |
|---|---|---|---|
| 3 m.sg.<br>he will draw near | יִגַּשׁ | 3 m.pl. | יִגְּשׁוּ |
| 3 f.sg. | תִּגַּשׁ | 3 f.pl. | תִּגַּשְׁנָה |
| 2 m.sg. | תִּגַּשׁ | 2 m.pl. | תִּגְּשׁוּ |
| 2 f.sg. | תִּגְּשִׁי | 2 f.pl. | תִּגַּשְׁנָה |
| 1 c.sg. | אֶגַּשׁ | 1 c.pl. | נִגַּשׁ |

Cohortative

| | |
|---|---|
| let me draw near | אֶגְּשָׁה |
| let us draw near | נִגְּשָׁה |

## QAL IMPERATIVE

| | | | |
|---|---|---|---|
| 2 m.sg.<br>draw near | גַּשׁ | 2 m.pl. | גְּשׁוּ |
| 2 f.sg. | גְּשִׁי | 2 f.pl. | גַּשְׁנָה |

## QAL ACTIVE PARTICIPLE

m.sg. (נֹגֵשׁ)
drawing near

(Not used)

## QAL INFINITIVES

| | | | |
|---|---|---|---|
| Absolute | נָגוֹשׁ | Construct | גֶּשֶׁת |
| | | With ל | לָגֶשֶׁת |
| | | With suffix | גִּשְׁתִּי |

Note that the second vowel in the Imperfect is "a" instead of "o" and that in the Imperative the נ drops out. The Infinitive Construct is a segholate form ending in ת; when the preposition is placed before it, the vowel beneath the preposition is Qamets since it immediately precedes the tone syllable.

## NIPH'AL PERFECT

| | | | |
|---|---|---|---|
| 3 m.sg.<br>he drew near<br>he has drawn near | נִגַּשׁ | 3 c.pl. | נִגְּשׁוּ |
| 3 f.sg. | נִגְּשָׁה | | |
| 2 m.sg. | נִגַּשְׁתָּ | 2 m.pl. | נִגַּשְׁתֶּם |
| 2 f.sg. | נִגַּשְׁתְּ | 2 f.pl. | נִגַּשְׁתֶּן |
| 1 c.sg. | נִגַּשְׁתִּי | 1 c.pl. | נִגַּשְׁנוּ |

## NIPH'AL IMPERFECT

3 m.sg. יִנָּגֵשׁ
he will draw near

(Regular)

## NIPH'AL IMPERATIVE

2 m.sg. הִנָּגֵשׁ
draw near

(Regular)

## NIPH'AL PARTICIPLE

m.sg. נִגָּשׁ
drawing near

## NIPH'AL INFINITIVE

(Regular) הִנָּגֵשׁ

The Niph'al Perfect and Participle of נִגַּשׁ are used instead of Qal. They may be translated with a reflexive meaning "he drew himself near" and "drawing himself near." Another verb of this type is נִצַּל meaning "he was delivered" or "he escaped"; literally, "he got himself off."

## HIPH'IL PERFECT

| | | | |
|---|---|---|---|
| 3 m.sg.<br>he brought near<br>he has brought near | הִגִּישׁ | 3 c.pl. | הִגִּישׁוּ<br>etc. |
| 3 f.sg. | הִגִּישָׁה | | |
| 2 m.sg. | הִגַּשְׁתָּ | | |
| | etc. | | |

## HIPH'IL IMPERFECT

| | |
|---|---|
| 3 m.sg.<br>he will<br>bring near | יַגִּישׁ |
| 3 f.sg. | תַּגִּישׁ |
| 2 m.sg. | תַּגִּישׁ |
| 2 f.sg. | תַּגִּישִׁי |
| 1 c.sg. | אַגִּישׁ |
| | etc. |

Imperfect with Waw Consecutive
and he brought near וַיַּגֵּשׁ

Jussive
let him bring near — יַגֵּשׁ

Cohortative
let me bring near — אַגִּ֫ישָׁה

## HIPH'IL IMPERATIVE

| | |
|---|---|
| 2 m.sg.<br>bring near | הַגֵּשׁ |
| (emphatic) | הַגִּ֫ישָׁה |
| 2 f.sg. | הַגִּ֫ישִׁי |
| | etc. |

## HIPH'IL PARTICIPLE

| | | | |
|---|---|---|---|
| m.sg.<br>bringing near | מַגִּישׁ | m.pl. | מַגִּישִׁים |
| f.sg. | מַגִּישָׁה | f.pl. | מַגִּישׁוֹת |

## HIPH'IL INFINITIVES

| | | | |
|---|---|---|---|
| Absolute | הַגֵּשׁ | Construct | הַגִּישׁ |

## HOPH'AL PERFECT

| | |
|---|---|
| 3 m.sg.<br>he was brought near | הֻגַּשׁ |
| 3 f.sg. | הֻגְּשָׁה |
| 2 m.sg. | הֻגַּ֫שְׁתָּ |
| | etc. |

## HOPH'AL IMPERFECT

3 m.sg. — he will be brought near — יֻגַּשׁ

3 f.sg. — תֻּגַּשׁ

etc.

Imperfect with Waw Consecutive
and he was brought near — וַיֻּגַּשׁ

Jussive
let him be brought near — יֻגַּשׁ

## HOPH'AL IMPERATIVE

____________ ____________

## HOPH'AL PARTICIPLE

m.sg. — being brought near — מֻגָּשׁ

## HOPH'AL INFINITIVES

Absolute הֻגֵּשׁ Construct הֻגַּשׁ

When the doubling takes place in the Hoph'al, the Qamets becomes a Qibbuts (יָנְפַּל becomes יֻפַּל). This type of inflection may be seen in the use of כֹּל "all" when the suffixes are attached (כָּלוֹ becomes כֻּלוֹ).

In verbs having a medial guttural letter the נ, although in the Pe position, does not assimilate.

## VOCABULARY

| to plant | נָטַע | burnt offering | עֹלָה ,עוֹלָה |
| --- | --- | --- | --- |
| to break down, destroy | נָתַץ | oracle, utterance | נְאֻם |
| to journey | נָסַע | congregation | עֵדָה |
| to deliver | נָצַל | falsehood, lie | שֶׁקֶר |

## EXERCISE

(1) וּמִפְּרִי־הָעֵץ אֲשֶׁר בְּתוֹךְ־הַגָּן אָמַר אֱלֹהִים לֹא תֹאכְלוּ מִמֶּנּוּ וְלֹא תִגְּעוּ: (2) וַתִּפֹּל אֵשׁ־יהוה וַתֹּאכַל אֶת־הָעֹלָה וְאֶת־הָעֵצִים וְאֶת־הָאֲבָנִים וְאֶת־הֶעָפָר: (3) וַיַּרְא[a] כָּל־הָעָם וַיִּפְּלוּ עַל־פְּנֵיהֶם וַיֹּאמְרוּ, יהוה הוּא הָאֱלֹהִים יהוה הוּא הָאֱלֹהִים: (4) וַיְהִי אַחֲרֵי־הַדְּבָרִים הָאֵלֶּה וַיֻּגַּד לְאַבְרָהָם לֵאמֹר הִנֵּה יָלְדָה מִלְכָּה[b] גַם־הִיא בָּנִים לְנָחוֹר[c] אָחִיךָ: (5) אַל־תִּירָא[d] מִפְּנֵיהֶם כִּי־אִתְּךָ אֲנִי לְהַצִּלֶךָ נְאֻם־יהוה: (6) וַיִּשְׁלַח[e] יהוה אֶת־יָדוֹ וַיִּגַּע עַל־פִּי וַיֹּאמֶר יהוה אֵלַי הִנֵּה אָנֹכִי נָתַן דְּבָרַי בְּפִיךָ: (7) הִפְקַדְתִּיךָ הַיּוֹם הַזֶּה עַל־הַגּוֹיִם וְעַל־הַמַּמְלָכוֹת לִנְתוֹץ וּלְהַאֲבִיד וְלִנְטוֹעַ: (8) הַדָּבָר אֲשֶׁר הָיָה אֶל־יִרְמְיָהוּ מֵאֵת יהוה לֵאמֹר עֲמֹד בְּשַׁעַר־בֵּית־יהוה וְתִדַּבֵּר שָׁם אֶת־הַדָּבָר הַזֶּה וְאָמַרְתָּ, שִׁמְעוּ דְבַר־יהוה כָּל־יְהוּדָה הָעֹמְדִים בַּשְּׁעָרִים הָאֵלֶּה: (9) כֹּה־אָמַר יהוה־צְבָאוֹת אֱלֹהֵי־יִשְׂרָאֵל, שְׁמֹר אֶת־דִּבְרֵי־יהוה וָאֶשְׁפְּכָה אֶתְכֶם בַּמָּקוֹם הַזֶּה:

---

[a] Qal Imperfect 3 m.sg. of רָאָה plus the Waw Consecutive

[b] Milcah [c] to Nahor

[d] Qal Imperfect 2 m.sg. of יָרֵא "to fear"

[e] Terminal gutturals take a Pathach before them.

(10) אַל־תִּבְטְחוּ לָכֶם אֶל־דִּבְרֵי־הַשֶּׁקֶר לֵאמֹר הֵיכַל־יהוה הֵיכַל־
יהוה הֵיכַל־יהוה הֵמָּה׃ (11) לָכֵן אֱמֹר לְבֵית־יִשְׂרָאֵל, כֹּה אָמַר
אֲדֹנָי יהוה לֹא לְמַעַנְכֶם אֲנִי עֹשֶׂה בֵּית־יִשְׂרָאֵל כִּי אִם־לְשֵׁם־קָדְשִׁי
אֲשֶׁר חִלַּלְתֶּם בַּגּוֹיִם׃ (12) וְקִדַּשְׁתִּי אֶת־שְׁמִי הַגָּדוֹל הַמְחֻלָּל בַּגּוֹיִם
אֲשֶׁר יְשַׁבְתֶּם בְּתוֹכָם וְיָדְעוּ הַגּוֹיִם כִּי־אֲנִי יהוה נְאֻם אֲדֹנָי יהוה
בְּהִקָּדְשִׁי בָכֶם לְעֵינֵיהֶם׃

(1) And he journeyed from the land of his fathers and he made a covenant with the Lord. (2) The Lord went out to deliver his people from all evil.

## LESSON 38

## PE NUN VERBS

## SPECIAL FORMS OF נָתַן AND לָקַח

### QAL PERFECT OF נָתַן

| | | | |
|---|---|---|---|
| 3 m.sg.<br>he gave<br>he has given | נָתַן | 3 c.pl. | נָתְנוּ |
| 3 f.sg. | נָתְנָה | | |
| 2 m.sg. | נָתַתָּ | 2 m.pl. | נְתַתֶּם |
| 2 f.sg. | נָתַתְּ | 2 f.pl. | נְתַתֶּן |
| 1 c.sg. | נָתַתִּי | 1 c.pl. | נָתַנּוּ |

### QAL IMPERFECT

| | | | |
|---|---|---|---|
| 3 m.sg.<br>he will give | יִתֵּן | 3 m.pl. | יִתְּנוּ |
| 3 f.sg. | תִּתֵּן | 3 f.pl. | תִּתֵּנָּה |

| | | | |
|---|---|---|---|
| 2 m.sg. | תִּתֵּן | 2 m.pl. | תִּתְּנוּ |
| 2 f.sg. | תִּתְּנִי | 2 f.pl. | תִּתֵּנָּה |
| 1 c.sg. | אֶתֵּן | 1 c.pl. | נִתֵּן |

### QAL IMPERATIVE

| | | | |
|---|---|---|---|
| 2 m.sg. give | תֵּן | 2 m.pl. | תְּנוּ |
| 2 f.sg. | תְּנִי | 2 f.pl. | תֵּנָּה |

### QAL ACTIVE PARTICIPLE

| | |
|---|---|
| m.sg. giving | נֹתֵן |
| f.sg. | נֹתֶנֶת |
| | etc. |

### QAL PASSIVE PARTICIPLE

| | |
|---|---|
| m.sg. being given | נָתוּן |
| f.sg. | נְתוּנָה |
| | etc. |

### QAL INFINITIVES

| | | | |
|---|---|---|---|
| Absolute | נָתוֹן | Construct | תֵּת |
| | | With לְ | לָתֵת |
| | | With suffix | תִּתִּי |

The principle of assimilation of a Nun when it

has a silent shewa beneath it operates with the second Nun as well as the first in נָתַן. נָתַ֫נְתָּ in the Perfect becomes נָתַ֫תָּ, etc. The second vowel in the Imperfect and Imperative becomes Tsere. The Nun disappears in the Imperative just as we observed with נָגַשׁ. The Infinitive Construct is תֵּת (originally תֶּ֫נֶת, a segholate form). When the pronominal suffixes are attached to the Infinitive Construct the form is תִּתִּי; the dagesh in the second Taw is dagesh forte.

## QAL PERFECT OF לָקַח

| | |
|---|---|
| 3 m.sg.<br>he took<br>he has taken | לָקַח |

(Regular)

## QAL IMPERFECT

| | | | |
|---|---|---|---|
| 3 m.sg.<br>he will take | יִקַּח | 3 m.pl. | יִקְחוּ |
| 3 f.sg. | תִּקַּח | 3 f.pl. | תִּקַּ֫חְנָה |
| 2 m.sg. | תִּקַּח | 2 m.pl. | תִּקְחוּ |
| 2 f.sg. | תִּקְחִי | 2 f.pl. | תִּקַּ֫חְנָה |
| 1 c.sg. | אֶקַּח | 1 c.pl. | נִקַּח |

## QAL IMPERATIVE

| | | | |
|---|---|---|---|
| 2 m.sg.<br>take | קַח | 2 m.pl. | קְחוּ |
| 2 f.sg. | קְחִי | 2 f.pl. | קַ֫חְנָה |

## QAL ACTIVE PARTICIPLE

| | |
|---|---|
| m.sg. taking | לֹקֵחַ |
| f.sg. | לֹקַחַת |
| | etc. |

## QAL PASSIVE PARTICIPLE

| | |
|---|---|
| m.sg. being taken | לָקוּחַ |
| f.sg. | לְקוּחָה |
| | etc. |

## QAL INFINITIVES

| | | | |
|---|---|---|---|
| Absolute | לָקוֹחַ | Construct | קַחַת |
| | | With ל | לָקַחַת |
| | | With suffix | קַחְתִּי |

לָקַח is similar to a Pe Nun verb in that the ל assimilates when it has a simple shewa beneath it. יִלְקַח becomes יִקַּח (יִלְקַח). Note that because of the guttural letter, the second vowel of the Imperfect is Pathach instead of Cholem. The terminal guttural in the Participles and in the Infinitive Absolute has a furtive Pathach beneath it. Observe the two Pathachs in the active Participle feminine singular instead of two Seghols. The Infinitive Construct likewise has two Pathachs because of the guttural letter.

Sometimes assimilated forms of the Qal Imperfect are found without the dagesh forte (יִקְחוּ for

יִקְחוּ).

## NIPH'AL OF נָתַן AND לָקַח

Assimilation in the Niph'al only takes place in the Perfect and Participle. נִנְתַּן becomes נִתַּן, etc. in the Perfect. The Participle נִנְתָּן becomes נִתָּן. The other forms are regular. Assimilation does not take place in the Niph'al of לָקַח. However, the vowel before the terminal guttural in the Imperfect, Imperative, and Infinitive Construct becomes Pathach instead of Tsere. There is a furtive Pathach beneath the final guttural in the Infinitive Absolute.

| | | | |
|---|---|---|---|
| Imperfect | יִלָּקַח | Infinitive Absolute | הִלָּקֹחַ |
| Imperative | הִלָּקַח | | |
| Participle | נִלְקָח | Infinitive Construct | הִלָּקַח |

לָקַח is found in the Pu'al Perfect and is written regularly. לָקַח and נָתַן are found in the Hoph'al Imperfect and are written in assimilated forms (יֻקַּח and יֻתַּן). Observe the Qibbuts instead of the Qamets "o" beneath the Yodh.

## VOCABULARY

| | | | |
|---|---|---|---|
| to engrave, carve | פָּסַל | much, many, abounding in | רַב |
| to rise early | שָׁכַם | flesh | בָּשָׂר |
| food | מַאֲכָל | abundance | רֹב |
| desire, delight | תַּאֲוָה | to cleave, split | בָּקַע |

| | | | |
|---|---|---|---|
| covenant love, steadfast love, kindness | חֶ֫סֶד | new moon, month | חֹ֫דֶשׁ |

## EXERCISE

(1) וְנָתַתִּי לָכֶם לֵב חָדָשׁ וְר֫וּחַ חֲדָשָׁה אֶתֵּן בְּקִרְבְּכֶם וַהֲסִרֹתִי אֶת־
לֵב־הָ֫אֶבֶן מִבְּשַׂרְכֶם וְנָתַתִּי לָכֶם לֵב־בָּשָׂר וְאֶת־רוּחִי אֶתֵּן בְּקִרְבְּכֶם׃
(2) כִּי זֹאת הַבְּרִית אֲשֶׁר אֶכְרֹת אֶת־בֵּית־יִשְׂרָאֵל אַחֲרֵי־הַיָּמִים הָהֵם
נְאֻם־יהוה וְנָתַתִּי אֶת־תּוֹרָתִי בְּקִרְבָּם וְעַל־לִבָּם אֶכְתֲּבֶנָּה וְהָיִיתִי
לָהֶם לֵאלֹהִים וְהֵ֫מָּה יִהְיוּ־לִי לְעָם׃ (3) וַיִּקָּ֫חֵנִי יהוה מֵאַחֲרֵי־
הַצֹּאן וַיֹּ֫אמֶר אֵלַי יהוה הִנָּבֵא אֶל־עַמִּי יִשְׂרָאֵל׃ (4) וַיֶּאֱסֹף
יְהוֹשֻׁ֫עַ אֶת־כָּל־שִׁבְטֵי־יִשְׂרָאֵל שְׁכֶ֫מָה וַיִּקְרָא לְזִקְנֵי־יִשְׂרָאֵל וּלְרָאשָׁיו
וּלְשֹׁפְטָיו וַיִּתְיַצְּבוּ לִפְנֵי־הָאֱלֹהִים׃ (5) וַיֹּ֫אמֶר יְהוֹשֻׁ֫עַ אֶל־כָּל־
הָעָם, כֹּה־אָמַר יהוה אֱלֹהֵי־יִשְׂרָאֵל בְּעֵ֫בֶר הַנָּהָר יָשְׁבוּ אֲבוֹתֵיכֶם
מֵעוֹלָם וַיַּעַבְדוּ אֱלֹהִים אֲחֵרִים׃ (6) וָאֶקַּח אֶת־אֲבִיכֶם אֶת־אַבְרָהָם
מֵעֵ֫בֶר הַנָּהָר וָאֶתֵּן אֹתוֹ בְּכָל־אֶ֫רֶץ כְּנָ֫עַן וָאֶתֶּן־לוֹ אֶת־יִצְחָק׃
(7) וָאֶתֵּן לְיִצְחָק אֶת־יַעֲקֹב וְאֶת־עֵשָׂו וָאֶתֵּן לְעֵשָׂו אֶת־הַר־שֵׂעִיר[a]
וְיַעֲקֹב וּבָנָיו יָרְדוּ מִצְרָיְמָה׃ (8) וַיִּפְסֹל שְׁנֵי־לֻחֹת־אֲבָנִים
כָּרִאשֹׁנִים וַיַּשְׁכֵּם מֹשֶׁה בַבֹּ֫קֶר וַיִּקַּח בְּיָדוֹ שְׁנֵי־לֻחֹת־אֲבָנִים׃
(9) וַיֵּ֫רֶד[b] יהוה בֶּעָנָן וַיִּתְיַצֵּב עִמּוֹ שָׁם וַיִּקְרָא בְשֵׁם־יהוה׃
(10) וַיַּעֲבֹר יהוה עַל־פָּנָיו וַיִּקְרָא, יהוה יהוה אֵל רַב־חֶ֫סֶד
וֶאֱמֶת׃ (11) וַתֵּ֫רֶא[c] הָאִשָּׁה כִּי טוֹב הָעֵץ לְמַאֲכָל וְכִי תַאֲוָה־הוּא

---

[a]Seir

[b]Qal Imperfect 3 m.sg. of יָרַד plus the Waw Consecutive

[c]Qal Imperfect 3 f.sg. of רָאָה plus the Waw Consecutive

לָעֵינַ֫יִם וְנֶחְמָד[a] הָעֵץ לְהַשְׂכִּיל וַתִּקַּח מִפִּרְיוֹ וַתֹּאכַל וַתִּתֵּן גַּם־
לְאִישָׁהּ עִמָּהּ וַיֹּאכַל׃ (12) וַיֹּ֫אמֶר הָאָדָם הָאִשָּׁה אֲשֶׁר נָתַ֫תָּ לִי
הִיא נָֽתְנָה־לִי מִן־הָעֵץ וָאֹכֵל׃

(1) The woman gave the fruit to the man and he took the fruit from her hand. (2) Give kindness to all the people and give steadfast love and truth to God. (3) The spirit of God fell upon Saul and he prophesied before all the people of Israel.

## LESSON 39

## PE YODH AND PE WAW VERBS

Pe Yodh and Pe Waw verbs are pointed the same in the Qal Perfect. The following table of יָטַב "to be good" will illustrate the pointing of the Pe Yodh verbs.

### QAL PERFECT

| | |
|---|---|
| 3 m.sg.<br>he was good<br><br>(Regular) | יָטַב[b] |

### QAL IMPERFECT

| | | | |
|---|---|---|---|
| 3 m.sg.<br>he will be good | יִיטַב | 3 m.pl. | יִיטְבוּ |
| 3 f.sg. | תִּיטַב | 3 f.pl. | תִּיטַ֫בְנָה |

---

[a]Niph'al Participle m.sg. of חָמַד "to desire"

[b]The Qal of יָטַב is not used in the Perfect. The verb טוֹב "to be good" which we shall study later is used in the Qal Perfect, Participle, and Infinitive.

| | | | |
|---|---|---|---|
| 2 m.sg. | תִּיטַב | 2 m.pl. | תִּיטְבוּ |
| 2 f.sg. | תִּיטְבִי | 2 f.pl. | תִּיטַבְנָה |
| 1 c.sg. | אִיטַב | 1 c.pl. | נִיטַב |

Imperfect with Waw Consecutive
and he was good — וַיִּיטַב

Cohortative
let me be good — אִיטְבָה

Verbs of the Pe Yodh type have Chireq-Yodh in the Qal Imperfect and the final vowel is Pathach. יִיְטַב becomes יִיטַב because the second Yodh quiesces when preceded by Chireq.

## HIPH'IL PERFECT

| | | | |
|---|---|---|---|
| 3 m.sg. he caused to do good | הֵיטִיב | 3 c.pl. | הֵיטִיבוּ |
| 3 f.sg. | הֵיטִיבָה | | |
| 2 m.sg. | הֵיטַבְתָּ | 2 m.pl. | הֵיטַבְתֶּם |
| 2 f.sg. | הֵיטַבְתְּ | 2 f.pl. | הֵיטַבְתֶּן |
| 1 c.sg. | הֵיטַבְתִּי | 1 c.pl. | הֵיטַבְנוּ |

## HIPH'IL IMPERFECT

| | | | |
|---|---|---|---|
| 3 m.sg. he will (cause to) do good | יֵיטִיב | 3 m.pl. | יֵיטִיבוּ |
| 3 f.sg. | תֵּיטִיב | 3 f.pl. | תֵּיטַבְנָה |
| 2 m.sg. | תֵּיטִיב | 2 m.pl. | תֵּיטִיבוּ |
| 2 f.sg. | תֵּיטִיבִי | 2 f.pl. | תֵּיטַבְנָה |
| 1 c.sg. | אֵיטִיב | 1 c.pl. | נֵיטִיב |

Imperfect with Waw Consecutive
  and he caused to do good         וַיֵּיטֶב

Jussive
  let him (cause to) do good         יֵיטֵב

Cohortative
  let me (cause to) do good         אֵיטִיבָה

## HIPH'IL IMPERATIVE

| | | | |
|---|---|---|---|
| 2 m.sg. do good | הֵיטֵב | 2 m.pl. | הֵיטִיבוּ |
| (emphatic) | הֵיטִיבָה | | |
| 2 f.sg. | הֵיטִיבִי | 2 f.pl. | הֵיטַבְנָה |

## HIPH'IL PARTICIPLE

m.sg.         מֵיטִיב
  doing good

## HIPH'IL INFINITIVES

Absolute       הֵיטֵב     Construct     הֵיטִיב

    The Yodh of the verb root is retained throughout the Hiph'il. This Yodh quiesces with the Tsere of the prefixes.

    Pe Waw verbs were written originally with a Waw in the Pe position (וָשַׁב became יָשַׁב). The original Waw returns in many forms. A table of יָשַׁב "to sit" or "to dwell" will illustrate this type of verb.

## QAL PERFECT

| | | | |
|---|---|---|---|
| 3 m.sg.<br>he dwelled | יָשַׁב | | |

(Regular)

## QAL IMPERFECT

| | | | |
|---|---|---|---|
| 3 m.sg.<br>he will dwell | יֵשֵׁב[a] | 3 m.pl. | יֵשְׁבוּ |
| 3 f.sg. | תֵּשֵׁב | 3 f.pl. | תֵּשַׁ֫בְנָה |
| 2 m.sg. | תֵּשֵׁב | 2 m.pl. | תֵּשְׁבוּ |
| 2 f.sg. | תֵּשְׁבִי | 2 f.pl. | תֵּשַׁ֫בְנָה |
| 1 c.sg. | אֵשֵׁב | 1 c.pl. | נֵשֵׁב |

| | |
|---|---|
| Imperfect with Waw Consecutive<br>and he dwelled | וַיֵּ֫שֶׁב |
| Cohortative<br>let me dwell | אֵשְׁבָה |

## QAL IMPERATIVE

| | | | |
|---|---|---|---|
| 2 m.sg.<br>dwell | שֵׁב | 2 m.pl. | שְׁבוּ |
| 2 f.sg. | שְׁבִי | 2 f.pl. | שֵׁ֫בְנָה |

## QAL ACTIVE PARTICIPLE

| | | | |
|---|---|---|---|
| m.sg.<br>dwelling | יֹשֵׁב | | |

---

[a]The verb הָלַךְ is pointed regularly in the Qal Perfect, Participle, and Infinitive Absolute, but in the Imperfect, Imperative, Infinitive Construct, and in all of the Hiph'il stem the pointing follows the pattern of the Pe Waw verb.

## QAL INFINITIVES

Absolute  יָשׁוֹב   Construct  שֶׁ֫בֶת

In the Qal Imperfect of יָשַׁב the initial root-letter is dropped, and the resultant form is יֵשֵׁב. The Infinitive Construct is a segholate form; therefore, when the ל is prefixed, the pointing is לָשֶׁ֫בֶת. When suffixes are added, the form is שִׁבְתִּי.

## NIPH'AL PERFECT

| | | | |
|---|---|---|---|
| 3 m.sg. | נוֹשַׁב | 3 c.pl. | נוֹשְׁבוּ |
| | he was inhabited | | |
| 3 f.sg. | נוֹשְׁבָה | | |
| 2 m.sg. | נוֹשַׁ֫בְתָּ | 2 m.pl. | נוֹשַׁבְתֶּם |
| 2 f.sg. | נוֹשַׁבְתְּ | 2 f.pl. | נוֹשַׁבְתֶּן |
| 1 c.sg. | נוֹשַׁ֫בְתִּי | 1 c.pl. | נוֹשַׁ֫בְנוּ |

## NIPH'AL IMPERFECT

3 m.sg.  יִוָּשֵׁב
  he will be
  inhabited    etc.

Imperfect with Waw Consecutive
  and he was inhabited     וַיִּוָּשֵׁב

Jussive
  let him be inhabited     יִוָּשֵׁב

Cohortative
  let me be inhabited      אִוָּשְׁבָה

### NIPH'AL IMPERATIVE

2 m.sg.  הִוָּשֵׁב
  be inhabited
             etc.

### NIPH'AL PARTICIPLE

m.sg.  נוֹשָׁב
  being inhabited

f.sg.  נוֹשָׁבָה
             etc.

### NIPH'AL INFINITIVE

being inhabited,  הִוָּשֵׁב
to be inhabited

In the Niph'al the Waw returns. With the exception of the Perfect and the Participle, in which the Waw is quiescent, the Waw returns as a consonant and the forms are written regularly.

### HIPH'IL PERFECT

| | | | |
|---|---|---|---|
| 3 m.sg.<br>he caused to dwell | הוֹשִׁיב | 3 c.pl. | הוֹשִׁיבוּ |
| 3 f.sg. | הוֹשִׁיבָה | | |
| 2 m.sg. | הוֹשַׁבְתָּ | 2 m.pl. | הוֹשַׁבְתֶּם |
| 2 f.sg. | הוֹשַׁבְתְּ | 2 f.pl. | הוֹשַׁבְתֶּן |
| 1 c.sg. | הוֹשַׁבְתִּי | 1 c.pl. | הוֹשַׁבְנוּ |

## HIPH'IL IMPERFECT

| | | | |
|---|---|---|---|
| 3 m.sg. he will cause to dwell | יוֹשִׁיב | 3 m.pl. | יוֹשִׁ֫יבוּ |
| 3 f.sg. | תּוֹשִׁיב | 3 f.pl. | תּוֹשֵׁ֫בְנָה |
| 2 m.sg. | תּוֹשִׁיב | 2 m.pl. | תּוֹשִׁ֫יבוּ |
| 2 f.sg. | תּוֹשִׁ֫יבִי | 2 f.pl. | תּוֹשֵׁ֫בְנָה |
| 1 c.sg. | אוֹשִׁיב | 1 c.pl. | נוֹשִׁיב |

Imperfect with Waw Consecutive
and he caused to dwell — וַיּ֫וֹשֶׁב

Jussive
let him cause to dwell — יוֹשֵׁב

Cohortative
let me cause to dwell — אוֹשִׁ֫יבָה

## HIPH'IL IMPERATIVE

2 m.sg. הוֹשֵׁב
cause to dwell
etc.

## HIPH'IL PARTICIPLE

m.sg. מוֹשִׁיב
causing to dwell

## HIPH'IL INFINITIVES

| | | | |
|---|---|---|---|
| Absolute | הוֹשֵׁב | Construct | הוֹשִׁיב |

The original Waw is quiescent throughout the Hiph'il.

## HOPH'AL PERFECT

| | |
|---|---|
| 3 m.sg. he was made to dwell | הוּשַׁב etc. |

## HOPH'AL IMPERFECT

| | |
|---|---|
| 3 m.sg. he will be made to dwell | יוּשַׁב etc. |

## HOPH'AL PARTICIPLE

| | |
|---|---|
| m.sg. being made to dwell | מוּשָׁב |

## HOPH'AL INFINITIVE

הוּשַׁב

The Hoph'al retains the original Waw which quiesces into a Shureq.

There are a few verbs that behave like a Pe Yodh verb in some stems and like a Pe Waw verb in others. The Imperfect of יָרַשׁ "to inherit" (a Pe Waw verb) is written יִירַשׁ as though it were a Pe Yodh verb.

## VOCABULARY

| | | | |
|---|---|---|---|
| to deliver, save | יָשַׁע | innocent | נָקִי |
| to be good | יָטַב | fatherless, orphan | יָתוֹם |
| to inherit | נָחַל | family | מִשְׁפָּחָה |

| | | | |
|---|---|---|---|
| to be strong, courageous | אָמֵץ | to possess, inherit | יָרַשׁ |
| to oppress | עָשַׁק | inheritance | נַחֲלָה |

## EXERCISE

(1) וַיֵּלֶךְ מֹשֶׁה וַיְדַבֵּר אֶת־הַדְּבָרִים הָאֵלֶּה אֶל־כָּל־יִשְׂרָאֵל׃
(2) וַיֹּאמֶר אֲלֵיהֶם בֶּן־מֵאָה וְעֶשְׂרִים שָׁנָה אָנֹכִי הַיּוֹם, לֹא־אוּכַל
עוֹד [a]לָצֵאת וְלָבוֹא[a] וַיהוה אָמַר אֵלַי לֹא תַעֲבֹר אֶת־הַיַּרְדֵּן הַזֶּה׃
(3) יהוה אֱלֹהֶיךָ הוּא עֹבֵר לְפָנֶיךָ הוּא־יַשְׁמִיד אֶת־הַגּוֹיִם הָאֵלֶּה
מִלְּפָנֶיךָ וִירִשְׁתָּם וִיהוֹשֻׁעַ הוּא עֹבֵר לְפָנֶיךָ כַּאֲשֶׁר דִּבֶּר יהוה׃
(4) וְעָשָׂה יהוה לָהֶם כַּאֲשֶׁר עָשָׂה [b]לְסִיחוֹן וּלְעוֹג[b] מַלְכֵי־הָאֱמֹרִי[c]
וּלְאַרְצָם אֲשֶׁר הִשְׁמִיד אֹתָם׃ (5) חִזְקוּ וְאִמְצוּ אַל־תִּירְאוּ מִפְּנֵיהֶם
כִּי יהוה אֱלֹהֵיכֶם הוּא הַהֹלֵךְ עִמְּכֶם, לֹא יַעַזְבְכֶם׃ (6) וַיִּקְרָא מֹשֶׁה
לִיהוֹשֻׁעַ וַיֹּאמֶר אֵלָיו לְעֵינֵי־כָל־יִשְׂרָאֵל חֲזַק וֶאֱמָץ כִּי אַתָּה תָּבִיא[d]
אֶת־הָעָם הַזֶּה אֶל־הָאָרֶץ אֲשֶׁר נִשְׁבַּע יהוה לַאֲבֹתָם לָתֵת לָהֶם וְאַתָּה
תַּנְחִילֶנָּה אוֹתָם׃ (7) יהוה הוּא הַהֹלֵךְ לְפָנֶיךָ הוּא יִהְיֶה עִמָּךְ
לֹא יַעַזְבֶךָּ׃ (8) כִּי אִם־הֵיטֵב תֵּיטִיבוּ אֶת־דַּרְכֵיכֶם אִם בַּקֵּשׁ
תְּבַקְּשׁוּ מִשְׁפָּט בֵּין אִישׁ וּבֵין רֵעֵהוּ, גֵּר יָתוֹם וְאַלְמָנָה[e] אַל־
תַּעַשְׁקוּ וְדָם־נָקִי אַל־תִּשְׁפְּכוּ בַּמָּקוֹם הַזֶּה וְאַחֲרֵי־אֱלֹהִים אֲחֵרִים
לֹא תֵלְכוּ לְרַע לָכֶם וְשִׁכַּנְתִּי אֶתְכֶם בַּמָּקוֹם הַזֶּה בָּאָרֶץ אֲשֶׁר נָתַתִּי
לַאֲבוֹתֵיכֶם לְמִן־עוֹלָם וְעַד־עוֹלָם׃ (9) וַיֵּרֶד יהוה עַל־הַר־
סִינַי אֶל־רֹאשׁ־הָהָר וַיִּקְרָא יהוה לְמֹשֶׁה מֵרֹאשׁ־הָהָר׃ (10) וַיֹּאמְרוּ

---

[a-a]Qal Infinitives Construct from יָצָא and בּוֹא "to go out and to come in"

[b-b]to Sihon and to Og [c]the Amorites

[d]you will cause to come (lead) [e]and a widow

אֵלָיו [a]עֲשֵׂה־לָּנוּ[a] אֱלֹהִים אֲשֶׁר יֵלְכוּ לְפָנֵינוּ כִּי־זֶה מֹשֶׁה הָאִישׁ
אֲשֶׁר שִׁלְּחָנוּ מֵאֶרֶץ־מִצְרַיִם לֹא יָדַעְנוּ מֶה־הָיָה לוֹ׃

(1) Cause to do good and you will inherit the good land. (2) And Abraham went down to Egypt and he said unto his wife, "Say now that you (are) my sister in order that it will be well to me."

## LESSON 40

## 'AYIN GUTTURAL VERBS

Thus far, we have considered verbs that have a weak letter in the Pe position. Now we will study verbs that have a weak letter in the 'Ayin position.

גָּאַל is an 'Ayin Guttural verb that has two meanings: (1) "to redeem" and (2) "to defile, to pollute." Since גָּאַל meaning "to redeem" is found only in the Qal and Niph'al, the root meaning "to defile" which is found in other stems has been selected for the following table.

### QAL PERFECT

| | | | |
|---|---|---|---|
| 3 m.sg.<br>he defiled | גָּאַל | 3 c.pl. | גָּאֲלוּ<br>etc. |
| 3 f.sg. | גָּאֲלָה<br>etc. | | |

### QAL IMPERFECT

| | | | |
|---|---|---|---|
| 3 m.sg.<br>he will defile | יִגְאַל | 3 m.pl. | יִגְאֲלוּ |

---

[a-a]Qal Imperative 2 m.sg. of עָשָׂה plus "for us"

| | | | |
|---|---|---|---|
| 2 f.sg. | תִּגְאֲלִי | 2 m.pl. | תִּגְאֲלוּ |
| | etc. | | etc. |

## QAL IMPERATIVE

| | | | |
|---|---|---|---|
| 2 m.sg.<br>defile | גְּאַל | 2 m.pl. | גַּאֲלוּ |
| 2 f.sg. | גַּאֲלִי | 2 f.pl. | גְּאַ֫לְנָה |

## QAL ACTIVE PARTICIPLE

| | |
|---|---|
| m.sg.<br>defiling | גֹּאֵל |

## QAL PASSIVE PARTICIPLE

| | |
|---|---|
| m.sg.<br>being defiled | גָּאוּל |

## QAL INFINITIVES

| | | | |
|---|---|---|---|
| Absolute | גָּאוֹל | Construct | גְּאֹל |

A guttural letter will take a composite shewa. Note the Chateph Pathach in the forms in which the regular verb has a simple vocal shewa. In the Imperative second feminine singular and second masculine plural the corresponding short vowel is used before the Chateph Pathach.

Another peculiarity of a guttural letter is the preference for "a" class vowels. The Imperfect and Imperative have a Pathach beneath the guttural. Note, however, that the Cholem is retained in the Infinitives.

## NIPH'AL PERFECT

3 m.sg.     נִגְאַל
   he was defiled

(Regular except that composite shewa is used in forms that have a simple vocal shewa)

## NIPH'AL IMPERFECT

3 m.sg.     יִגָּאֵל
   he will
   be defiled

(Regular with the above exception)

## NIPH'AL IMPERATIVE

2 m.sg.     הִגָּאֵל
   be defiled

(Regular with the above exception)

## NIPH'AL PARTICIPLE

m.sg.     נִגְאָל
   being defiled

## NIPH'AL INFINITIVES

Absolute    נִגְאֹל    Construct    הִגָּאֵל

     A guttural letter will not take a dagesh forte. Since the Pi'el, Pu'al, and Hithpa'el have a characteristic dagesh forte in the middle letter of the root, adjustments must be made in these stems.

## PI'EL PERFECT

| | | | |
|---|---|---|---|
| 3 m.sg.<br>he utterly<br>defiled | גֵּאֵל | 3 c.pl. | גֵּאֲלוּ |
| 3 f.sg. | גֵּאֲלָה | | |
| 2 m.sg. | גֵּאַ֫לְתָּ | 2 m.pl. | גֵּאַלְתֶּם |
| 2 f.sg. | גֵּאַלְתְּ | 2 f.pl. | גֵּאַלְתֶּן |
| 1 c.sg. | גֵּאַ֫לְתִּי | 1 c.pl. | גֵּאַ֫לְנוּ |

## PI'EL IMPERFECT

| | | | |
|---|---|---|---|
| 3 m.sg.<br>he will<br>utterly defile | יְגָאֵל | 3 m.pl. | יְגָאֲלוּ |
| 3 f.sg. | תְּגָאֵל | 3 f.pl. | תְּגָאַ֫לְנָה |
| 2 m.sg. | תְּגָאֵל | 2 m.pl. | תְּגָאֲלוּ |
| 2 f.sg. | תְּגָאֲלִי | 2 f.pl. | תְּגָאַ֫לְנָה |
| 1 c.sg. | אֲגָאֵל | 1 c.pl. | נְגָאֵל |

| | |
|---|---|
| Imperfect with Waw Consecutive<br>and he utterly defiled | וַיְגָ֫אֶל |
| Jussive<br>let him utterly defile | יְגָאֵל |
| Cohortative<br>let me utterly defile | אֲגָאֲלָה |

## PI'EL IMPERATIVE

| | | | |
|---|---|---|---|
| 2 m.sg.<br>utterly defile | גָּאֵל | 2 m.pl. | גָּאֲלוּ |
| 2 f.sg. | גָּאֲלִי | 2 f.pl. | גָּאַ֫לְנָה |

## PI'EL PARTICIPLE

| | | | |
|---|---|---|---|
| m.sg.<br>utterly defiling | מְגָאֵל | m.pl. | מְגָאֲלִים |
| f.sg. | מְגָאֶ֫לֶת | f.pl. | מְגָאֲלוֹת |

## PI'EL INFINITIVES

| | | | |
|---|---|---|---|
| Absolute | גָּאֵל | Construct | גָּאֵל |

When a guttural is found in the 'Ayin position, the dagesh forte is rejected and the preceding vowel is lengthened. The Chireq becomes Tsere and the Pathach becomes a Qamets. When the middle root-letter is ה, ח, and sometimes ע, the preceding vowel usually is not lengthened since these letters are said to be doubled by implication.

## PU'AL PERFECT

| | | | |
|---|---|---|---|
| 3 m.sg.<br>he was defiled | גֹּאַל | 3 c.pl. | גֹּאֲלוּ |
| 3 f.sg. | גֹּאֲלָה | | |
| 2 m.sg. | גֹּאַ֫לְתָּ | 2 m.pl. | גֹּאַלְתֶּם |
| 2 f.sg. | גֹּאַלְתְּ | 2 f.pl. | גֹּאַלְתֶּן |
| 1 c.sg. | גֹּאַ֫לְתִּי | 1 c.pl. | גֹּאַ֫לְנוּ |

## PU'AL IMPERFECT

| | | | |
|---|---|---|---|
| 3 m.sg.<br>he will<br>be defiled | יְגֹאַל | 3 m.pl. | יְגֹאֲלוּ |
| 3 f.sg. | תְּגֹאַל | 3 f.pl. | תְּגֹאַ֫לְנָה |

| | | | |
|---|---|---|---|
| 2 m.sg. | תְּגֹאַל | 2 m.pl. | תְּגֹאֲלוּ |
| 2 f.sg. | תְּגֹאֲלִי | 2 f.pl. | תְּגֹאַלְנָה |
| 1 c.sg. | אֲגֹאַל | 1 c.pl. | נְגֹאַל |

Imperfect with Waw Consecutive
and he was defiled — וַיְגֹאַל

Jussive
let him be defiled — יְגֹאַל

PU'AL IMPERATIVE

__________ __________

PU'AL PARTICIPLE

m.sg. מְגֹאָל
being defiled

PU'AL INFINITIVES

| | | | |
|---|---|---|---|
| Absolute | גֹּאַל | Construct | גֹּאַל |

The Pu'al normally has a Qibbuts under the first root-letter. When this letter is lengthened, it becomes a Cholem. גֻּאַל becomes גֹּאַל and יְגֻאַל becomes יְגֹאַל. This is similar to what we observed in the Hoph'al of the Pe Nun verb. הָגַּשׁ became הֻגַּשׁ when the Nun was assimilated.

HITHPA'EL PERFECT

| | | | |
|---|---|---|---|
| 3 m.sg. he has made himself defiled, he has defiled himself | הִתְגָּאֵל | 3 c.pl. | הִתְגָּאֲלוּ |

| | | | |
|---|---|---|---|
| 3 f.sg. | הִתְגָּאֲלָה | | |
| 2 m.sg. | הִתְגָּאַ֫לְתָּ | 2 m.pl. | הִתְגָּאַלְתֶּם |
| 2 f.sg. | הִתְגָּאַלְתְּ | 2 f.pl. | הִתְגָּאַלְתֶּן |
| 1 c.sg. | הִתְגָּאַ֫לְתִּי | 1 c.pl. | הִתְגָּאַ֫לְנוּ |

## HITHPA'EL IMPERFECT

| | | | |
|---|---|---|---|
| 3 m.sg.<br>he will make<br>himself defiled, he<br>will defile himself | יִתְגָּאֵל | 3 m.pl. | יִתְגָּאֲלוּ |
| 3 f.sg. | תִּתְגָּאֵל | 3 f.pl. | תִּתְגָּאַ֫לְנָה |
| 2 m.sg. | תִּתְגָּאֵל | 2 m.pl. | תִּתְגָּאֲלוּ |
| 2 f.sg. | תִּתְגָּאֲלִי | 2 f.pl. | תִּתְגָּאַ֫לְנָה |
| 1 c.sg. | אֶתְגָּאֵל | 1 c.pl. | נִתְגָּאֵל |

Imperfect with Waw Consecutive
and he defiled himself     וַיִּתְגָּ֫אֵל

Jussive
let him defile himself     יִתְגָּאֵל

Cohortative
let me defile myself     אֶתְגָּאֲלָה

## HITHPA'EL IMPERATIVE

| | | | |
|---|---|---|---|
| 2 m.sg.<br>defile yourself | הִתְגָּאֵל | 2 m.pl. | הִתְגָּאֲלוּ |
| 2 f.sg. | הִתְגָּאֲלִי | 2 f.pl. | הִתְגָּאַ֫לְנָה |

## HITHPA'EL PARTICIPLE

| | | | |
|---|---|---|---|
| m.sg.<br>defiling himself | מִתְגָּאֵל | m.pl. | מִתְגָּאֲלִים |
| f.sg. | מִתְגָּאֲלָה | f.pl. | מִתְגָּאֲלוֹת |

## HITHPA'EL INFINITIVES

| Absolute | הִתְגָּאֵל | Construct | הִתְגָּאֵל |

### HIPH'IL PERFECT

3 m.sg.    הִגְאִיל
he caused
to defile

(Regular)

### HOPH'AL PERFECT

3 m.sg.    הָגְאַל
he was caused
to defile

(Regular except for the composite shewa beneath the 'Aleph in the forms that take a shewa beneath the second letter of the root)

## VOCABULARY

| to add | יָסַף | sin (f.) | חַטָּאת |
| to seek | דָּרַשׁ | sand | חוֹל |
| to ask | שָׁאַל | lip, shore | שָׂפָה |
| to be left, remain | שָׁאַר | Sheol, grave, pit (f.) | שְׁאוֹל |
| to drive out | גָּרַשׁ | naked | עָרוֹם, עֵירֹם |
| river, Nile | יְאֹר | Jericho | יְרִיחוֹ |
| ark | אֲרוֹן | the ark | הָאָרוֹן |

EXERCISE

(1) וַיֹּאמֶר הָעָם חָלִילָה[a] לָּנוּ מֵעֲזֹב אֶת־יְהוָה לַעֲבֹד אֱלֹהִים
אֲחֵרִים׃ (2) כִּי יהוה אֱלֹהֵינוּ הוּא גָּאַל אֹתָנוּ וְאֶת־אֲבוֹתֵינוּ
מֵאֶרֶץ־מִצְרַיִם מִבֵּית־עֲבָדִים וַאֲשֶׁר עָשָׂה לְעֵינֵינוּ אֶת־הָאֹתוֹת
הַגְּדֹלוֹת הָאֵלֶּה וַיִּשְׁמְרֵנוּ בְּכָל־הַדֶּרֶךְ אֲשֶׁר הָלַכְנוּ בָהּ וּבְכֹל הָעַמִּים
אֲשֶׁר עָבַרְנוּ בְּקִרְבָּם׃ (3) וַיְגָרֶשׁ יהוה אֶת־כָּל־הָעַמִּים וְאֶת־הָאֱמֹרִי
יֹשֵׁב הָאָרֶץ מִפָּנֵינוּ גַּם־אֲנַחְנוּ נַעֲבֹד אֶת־יהוה כִּי־הוּא אֱלֹהֵינוּ׃

(4) וַיְדַבֵּר יהוה אֶל־מֹשֶׁה לֵאמֹר, דַּבֵּר אֶל־אַהֲרֹן וְאֶל־בָּנָיו
לֵאמֹר, כֹּה תְבָרְכוּ אֶת־בְּנֵי־יִשְׂרָאֵל לֵאמֹר לָהֶם, יְבָרֶכְךָ יהוה
וְיִשְׁמְרֶךָ, יָאֵר[b] יהוה פָּנָיו אֵלֶיךָ, יִתֵּן יהוה פָּנָיו אֵלֶיךָ וְיִתֵּן
לְךָ שָׁלוֹם׃ (5) וְנָתַתִּי אֶת־שְׁמִי עַל־בְּנֵי־יִשְׂרָאֵל וַאֲנִי אֲבָרְכֵם׃

(6) וַיֹּאמֶר הָאָדָם אֶת־קֹלְךָ שָׁמַעְתִּי בַּגָּן וָאֵחָבֵא כִּי־עֵירֹם אָנֹכִי׃

(7) כִּי־בָרֵךְ אֲבָרֶכְךָ וְהַגְדֵּל אַגְדִּיל אֶת־זַרְעֲךָ כְּכוֹכְבֵי־הַשָּׁמַיִם
וְכַחוֹל אֲשֶׁר עַל־שְׂפַת־הַיָּם וְיִרַשׁ זַרְעֲךָ אֵת שַׁעַר־אֹיְבָיו׃

(8) וְהִתְבָּרְכוּ בְזַרְעֲךָ כֹּל גּוֹיֵי־הָאָרֶץ כִּי שָׁמַעְתָּ בְּקֹלִי׃

(9) וַיֹּאמֶר יהוה אֶל־מֹשֶׁה כָּבֵד פַּרְעֹה לִבּוֹ, מֵאֵן לְשַׁלַּח[c] הָעָם׃

(10) לֵךְ אֶל־פַּרְעֹה בַּבֹּקֶר, הִנֵּה הוּא יֹצֵא הַמַּיְמָה וְנִצַּבְתָּ לִקְרָאתוֹ
עַל־שְׂפַת־הַיְאֹר וְהַמַּטֶּה תִּקַּח בְּיָדֶךָ׃ (11) וְאָמַרְתָּ אֵלָיו, יהוה
אֱלֹהֵי־הָעִבְרִים שְׁלָחַנִי אֵלֶיךָ לֵאמֹר, שַׁלַּח[c] אֶת־עַמִּי וְיַעַבְדֻנִי
בַּמִּדְבָּר וְהִנֵּה לֹא־שָׁמַעְתָּ עַד־כֹּה׃

---

[a] an exclamation meaning "far be it"

[b] Hiph'il Imperfect 3 m.sg. Jussive form of אור "to become light," in Hiph'il "to cause to shine"

[c] Terminal gutturals take a Pathach before them.

(1) Bless me also, my father. (2) The temple of the Lord will be defiled by the sin of the people. (3) The Lord drove out the man from the garden to till (serve) the ground from which he was taken. (4) Bless the Lord, O my soul, and all which (is) within me, bless his holy name.

## LESSON 41

### 'AYIN YODH VERBS

In this lesson we deal with a Yodh in the 'Ayin position that quiesces.[a] The medial Yodh is not quiescent in all verbs. הָיָה "to be" and חָיָה "to live" are examples of verbs in which the medial Yodh remains a consonant. We shall study these verbs later.

Since the Yodh disappears in the Qal Perfect third masculine singular, the root of an 'Ayin Yodh verb is the Infinitive Construct. This form, which has the Yodh, is the one given in the lexicons.

The following table of בִּין "to understand" or "to discern" will illustrate the characteristics of the 'Ayin Yodh verb.

בִּין   This is the form of the Qal Infinitive Construct.

QAL PERFECT

| 3 m.sg. he understood he discerned | בָּן | 3 c.pl. | בָּנוּ |
|---|---|---|---|
| 3 f.sg. | בָּנָה | | |

---

[a] Some grammarians refer to 'Ayin Yodh and 'Ayin Waw verbs as hollow verbs because the middle letter of the root ceases to function as a consonant. It disappears or becomes quiescent.

| | | | |
|---|---|---|---|
| 2 m.sg. | בַּ֫נְתָּ, בִּינ֫וֹתָ[a] | 2 m.pl. | בַּנְתֶּם |
| 2 f.sg. | בַּנְתְּ | 2 f.pl. | בַּנְתֶּן |
| 1 c.sg. | בַּ֫נְתִּי, בִּינ֫וֹתִי[a] | 1 c.pl. | (for בַּ֫נְנוּ) בַּ֫נּוּ |

QAL IMPERFECT

| | | | |
|---|---|---|---|
| 3 m.sg.<br>he will<br>understand | יָבִין | 3 m.pl. | יָבִ֫ינוּ |
| 3 f.sg. | תָּבִין | 3 f.pl. | תְּבִינֶ֫ינָה |
| 2 m.sg. | תָּבִין | 2 m.pl. | תָּבִ֫ינוּ |
| 2 f.sg. | תָּבִ֫ינִי | 2 f.pl. | תְּבִינֶ֫ינָה |
| 1 c.sg. | אָבִין | 1 c.pl. | נָבִין |

Imperfect with Waw Consecutive
and he understood — וַיָּ֫בֶן

Jussive
let him understand — יָבֵן

QAL IMPERATIVE

| | | | |
|---|---|---|---|
| 2 m.sg.<br>understand | בִּין | 2 m.pl. | בִּ֫ינוּ |
| 2 f.sg. | בִּ֫ינִי | 2 f.pl. | (for בֵּ֫נְנָה) בֵּ֫נָּה |

QAL ACTIVE PARTICIPLE

m.sg.
understanding — בָּן

---

[a]The alternate form with a helping vowel occasionally is found in the first and second persons.

## QAL PASSIVE PARTICIPLE

m.sg.        (בּוּן, בִּין)
  being
  understood

## QAL INFINITIVES

Absolute        בִּין        Construct        בִּין

Notes to the Qal:

(1) The Qal Perfect third masculine singular may have been originally בָּיַן. The Yodh and the vowel beneath it disappeared.

(2) Observe that the Qal Active Participle masculine singular is the same form as the Qal Perfect third masculine singular. These are distinguished by the context. The Qal Active Participle feminine singular differs from the Qal Perfect third feminine singular in that the Participle has the accent on the final syllable.

    Active Participle f.sg.        בָּנָה

    Perfect 3 f.sg.        בָּ֫נָה

(3) The vowel of the root is retained in the Imperfect.

    Qal Infinitive Construct (root)        בִּין

    Qal Imperfect 3 m.sg.        יָבִין

(4) The vowel of the preformative in the Imperfect is Qamets. Probably the original vowel was Pathach.

(5) Two forms of the Imperfect (2 f.pl. and 3 f.pl.) have a helping vowel before the conso-

nantal afformative נָה. These forms also may be written תְּבִינֶ֫נָה with the second Yodh dropped.

## NIPH'AL PERFECT

| | | | |
|---|---|---|---|
| 3 m.sg. he was discerning, intelligent | נָבוֹן | 3 c.pl. | נָבֹ֫ונוּ |
| 3 f.sg. | נָבֹ֫ונָה | | |
| 2 m.sg. | נְבוּנֹ֫תָ | 2 m.pl. | נְבוֹנֹתֶם |
| 2 f.sg. | נְבוּנֹת | 2 f.pl. | נְבוֹנֹתֶן |
| 1 c.sg. | נְבוּנֹ֫תִי | 1 c.pl. | נְבוּנֹ֫נוּ |

## NIPH'AL IMPERFECT

| | | | |
|---|---|---|---|
| 3 m.sg. he will be discerning | יִבּוֹן | 3 m.pl. | יִבֹּ֫ונוּ |
| 3 f.sg. | תִּבּוֹן | 3 f.pl. | _____ |
| 2 m.sg. | תִּבּוֹן | 2 m.pl. | תִּבֹּ֫ונוּ |
| 2 f.sg. | תִּבֹּ֫ונִי | 2 f.pl. | _____ |
| 1 c.sg. | אֶבּוֹן | 1 c.pl. | נִבּוֹן |

## NIPH'AL IMPERATIVE

| | | | |
|---|---|---|---|
| 2 m.sg. be discerning | הִבּוֹן | 2 m.pl. | הִבֹּ֫ונוּ |
| 2 f.sg. | הִבֹּ֫ונִי | 2 f.pl. | _____ |

## NIPH'AL PARTICIPLE

m.sg. נָבוֹן
being discerning

f.sg. נְבוֹנָה

etc.

## NIPH'AL INFINITIVE

הִבּוֹן

Notes to the Niph'al:

(1) Before vowel afformatives the vowel of the stem is accented.

(2) Before consonantal afformatives a helping vowel is inserted which receives the accent. When this occurs, the Cholem in the stem is changed to Shureq for euphony. Observe that תֶם and תֶן are accented just as in the regular verb; so the Cholem in the stem remains unchanged.

(3) The dagesh forte in the בּ compensates for the assimilated נ of the Niph'al.

## PI'EL = POLEL

Perfect בּוֹנֵן
3 m.sg.
he watched over, guarded

Imperfect יְבוֹנֵן
3 m.sg.
he will watch over

Imperative בּוֹנֵן
2 m.sg.
watch over

Participle     מְבוֹנֵן
m.sg.
   watching over

In the intensive stems of 'Ayin Yodh and 'Ayin Waw verbs the third letter of the root is repeated.

### POLEL PERFECT

3 m.sg.     בּוֹנֵן
   he watched over

### POLAL PERFECT

3 m.sg.     בּוֹנַן

### HITHPOLEL PERFECT

3 m.sg.     הִתְבּוֹנֵן
   he considered

The verb בִּין is not used in the Polal. It is listed to complete the table.

### HIPH'IL PERFECT

| | | | |
|---|---|---|---|
| 3 m.sg.<br>  he caused<br>  to discern | הֵבִין | 3 c.pl. | הֵבִינוּ |
| 3 f.sg. | הֵבִינָה | | |
| 2 m.sg. | הֲבִינֹתָ | 2 m.pl. | הֲבִינֹתֶם |
| 2 f.sg. | הֲבִינֹת | 2 f.pl. | הֲבִינֹתֶן |
| 1 c.sg. | הֲבִינֹתִי | 1 c.pl. | הֲבִינֹנוּ |

## HIPH'IL IMPERFECT

| | | | |
|---|---|---|---|
| 3 m.sg.<br>he will cause<br>to discern | יָבִין | 3 m.pl. | יָבִ֫ינוּ |
| 3 f.sg. | תָּבִין | 3 f.pl. | תְּבִינֶ֫ינָה |
| 2 m.sg. | תָּבִין | 2 m.pl. | תָּבִ֫ינוּ |
| 2 f.sg. | תָּבִ֫ינִי | 2 f.pl. | תְּבִינֶ֫ינָה |
| 1 c.sg. | אָבִין | 1 c.pl. | נָבִין |

| | |
|---|---|
| Imperfect with Waw Consecutive<br>and he caused to discern | וַיָּ֫בֶן |
| Jussive<br>let him cause to discern | יָבֵן |

## HIPH'IL IMPERATIVE

| | | | |
|---|---|---|---|
| 2 m.sg.<br>cause to discern | הָבֵן | 2 m.pl. | הָבִ֫ינוּ |
| 2 f.sg. | הָבִ֫ינִי | 2 f.pl. | הֲבִינֶ֫ינָה |

## HIPH'IL PARTICIPLE

| | |
|---|---|
| m.sg.<br>causing to<br>discern | מֵבִין |

## HIPH'IL INFINITIVES

| | | | |
|---|---|---|---|
| Absolute | הָבֵן | Construct | הָבִין |

The Hiph'il Imperfect of an 'Ayin Yodh verb is written exactly like the Qal Imperfect. Whether the causative form is used must be determined by the context.

## VOCABULARY

| | | | |
|---|---|---|---|
| to set, place | שִׂים | ear (f.) | אֹ֫זֶן |
| to strive, contend | רִיב | to listen, give ear | אָזַן |
| ox | שׁוֹר | ears (dual) | אָזְנַ֫יִם |
| to form | יָצַר | transgression | פֶּ֫שַׁע |
| to understand, perceive, discern | בִּין | to transgress, rebel | פָּשַׁע |
| master, Baal | בַּ֫עַל | number | מִסְפָּר |
| thigh (f.) | יָרֵךְ | donkey, ass | חֲמוֹר |

## EXERCISE

(1) שִׁמְעוּ שָׁמַ֫יִם וְהַאֲזִ֫ינִי אֶ֫רֶץ, כִּי יהוה דִּבֵּר בָּנִים גִּדַּ֫לְתִּי
וְהֵם פָּשְׁעוּ בִי׃ (2) יָדְעוּ שׁוֹר וַחֲמוֹר בְּעָלָיו יִשְׂרָאֵל לֹא יָדַע,
עַמִּי לֹא הִתְבּוֹנָן׃ (3) וַיָּ֫רֶב יַעֲקֹב בְּלָבָן וַיֹּ֫אמֶר לְלָבָן מַה־
פִּשְׁעִי וּמַה־חַטָּאתִי׃ (4) וַיֹּ֫אמֶר יהוה אֵלַי מָה־אַתָּה רֹאֶה, עָמוֹס,
וָאֹמַר אֲנָךְ[a] וַיֹּ֫אמֶר אֲדֹנָי הִנְנִי שָׂם אֲנָךְ בְּקֶ֫רֶב־עַמִּי יִשְׂרָאֵל לֹא־
אוֹסִיף עוֹד עֲבוֹר לוֹ׃ (5) וַיִּטַּע יהוה אֱלֹהִים גַּן־בְּעֵ֫דֶן מִקֶּדֶם
וַיָּ֫שֶׂם שָׁם אֶת־הָאָדָם אֲשֶׁר יָצָר׃ (6) וְאַבְרָהָם זָקֵן בָּא בַּיָּמִים
וַיהוה בֵּרַךְ אֶת־אַבְרָהָם בַּכֹּל׃ (7) וַיֹּ֫אמֶר אַבְרָהָם אֶל־עַבְדּוֹ זְקַן־
בֵּיתוֹ הַמֹּשֵׁל בְּכָל־אֲשֶׁר־לוֹ, שִׂים־נָא יָדְךָ תַּ֫חַת יְרֵכִי׃ (8) וְאַשְׁבִּ֫יעֲךָ
בַּיהוה אֱלֹהֵי־הַשָּׁמַ֫יִם וֵאלֹהֵי־הָאָ֫רֶץ אֲשֶׁר לֹא־תִקַּח אִשָּׁה לִבְנִי מִבְּנוֹת־
הַכְּנַעֲנִי אֲשֶׁר אָנֹכִי יוֹשֵׁב בְּקִרְבּוֹ׃ (9) כִּי אֶל־אַרְצִי וְאֶל־מוֹלַדְתִּי[b]
תֵּלֵךְ וְלָקַחְתָּ אִשָּׁה לִבְנִי לְיִצְחָק׃ (10) יהוה אֱלֹהֵי־הַשָּׁמַ֫יִם אֲשֶׁר
לְקָחַ֫נִי מִבֵּית־אָבִי וּמֵאֶ֫רֶץ־מוֹלַדְתִּי וַאֲשֶׁר דִּבֶּר־לִי וַאֲשֶׁר

---

[a] a plumb line [b] my kindred

נִשְׁבַּע־לִי לֵאמֹר, לְזַרְעֲךָ אֶתֵּן אֶת־הָאָרֶץ הַזֹּאת הוּא יִשְׁלַח[a] מַלְאָכוֹ
לְפָנֶיךָ וְלָקַחְתָּ אִשָּׁה לִבְנִי מִשָּׁם׃ (11) וַיָּשֶׂם הָעֶבֶד אֶת־יָדוֹ תַּחַת
יֶרֶךְ־אַבְרָהָם אֲדֹנָיו וַיִּשָּׁבַע[a] לוֹ עַל־הַדָּבָר הַזֶּה׃ (12) בִּשְׁנַת־אַחַת
לְמָלְכוֹ אֲנִי דָּנִיֵּאל[b] בִּינֹתִי בַּסְּפָרִים מִסְפַּר־הַשָּׁנִים אֲשֶׁר הָיָה דְבַר־
יהוה אֶל־יִרְמְיָה הַנָּבִיא לְמַלֵּא יְמֵי־יְרוּשָׁלַיִם, שִׁבְעִים שָׁנָה׃

(1) Put your trust in the Lord and he will give you peace. (2) And Abraham contended with the kings of the East.

## LESSON 42

## 'AYIN WAW VERBS

'Ayin Waw verbs behave in the same way as 'Ayin Yodh verbs. The Waw either disappears or becomes quiescent. Some verbs with a ו as the middle letter do not fall into this category. In the verbs צָוָה "to command" and גָּוַע "to expire" the Waw retains its consonantal force. The root-form of 'Ayin Waw verbs is the Qal Infinitive Construct.

We have noted three types of the stative verb. Verbs like גָּדַל have Pathach as the second vowel in the Qal Perfect third masculine singular. Other stative verbs, such as כָּבֵד and קָטֹן, have Tsere or Cholem as the second vowel. What is found in the 'Ayin Waw verb corresponds to these three types. The root קוּם (Qal Infinitive Construct) probably was written

---

[a] A Lamedh Guttural verb takes a Pathach. This will be noted later.

[b] Daniel

originally as קָוַם in the Perfect third masculine singular. This verb represents the "a" type. The Waw disappeared and the form became קָם. The Qal Perfect third masculine singular of מוּת is written מֵת and represents the "e" type. Finally, the Qal Perfect third masculine singular of בּוֹשׁ is בּוֹשׁ and represents the "o" type.

The following table is given to illustrate the 'Ayin Waw verbs of the "a" type.

קוּם root-form, Qal Infinitive Construct

QAL PERFECT

| | | | |
|---|---|---|---|
| 3 m.sg.<br>he arose | קָם | 3 c.pl. | קָ֫מוּ |
| 3 f.sg. | קָ֫מָה | | |
| 2 m.sg. | קַ֫מְתָּ | 2 m.pl. | קַמְתֶּם |
| 2 f.sg. | קַמְתְּ | 2 f.pl. | קַמְתֶּן |
| 1 c.sg. | קַ֫מְתִּי | 1 c.pl. | קַ֫מְנוּ |

QAL IMPERFECT

| | | | |
|---|---|---|---|
| 3 m.sg.<br>he will arise | יָקוּם | 3 m.pl. | יָקֻ֫ומוּ |
| 3 f.sg. | תָּקוּם | 3 f.pl. | תְּקוּמֶ֫ינָה |
| 2 m.sg. | תָּקוּם | 2 m.pl. | תָּקֻ֫ומוּ |
| 2 f.sg. | תָּקֻ֫ומִי | 2 f.pl. | תְּקוּמֶ֫ינָה |
| 1 c.sg. | אָקוּם | 1 c.pl. | נָקוּם |

Imperfect with Waw Consecutive
and he arose — וַיָּ֫קָם[a]

Jussive
let him arise — יָקֹם

QAL IMPERATIVE

| | | | |
|---|---|---|---|
| 2 m.sg.<br>arise | קוּם[b] | 2 m.pl. | ק֫וּמוּ |
| 2 f.sg. | ק֫וּמִי | 2 f.pl. | ק֫מְנָה |

QAL ACTIVE PARTICIPLE

| | |
|---|---|
| m.sg.<br>arising | קָם |

QAL INFINITIVES

| | | | |
|---|---|---|---|
| Absolute | קוֹם | Construct | קוּם |
| | | With ל | לָקוּם |

Notes on the Qal:

(1) The Qal Perfect is pointed exactly like the Perfect of בִּין.

(2) The Waw is quiescent in the Imperfect, Imperative, and the Infinitives.

(3) Note the Seghol Yodh which is accented before נָה in the Imperfect. Sometimes the forms are written with an accented Seghol omitting the Yodh.

---

[a] The accent moves toward the Waw Consecutive leaving קָם as a closed syllable unaccented. Therefore the vowel in this syllable is "o."

[b] The emphatic Imperative is written ק֫וּמָה.

(4) The preformative of the Imperfect is יָ just as we observed in the Imperfect of בִּין.

## NIPH'AL

The verb קוּם is not used in the Niph'al. However, 'Ayin Waw verbs found in the Niph'al are pointed exactly like the Niph'al of בִּין. A synopsis of the verb כּוּן "to be prepared" will serve to illustrate the Niph'al of an 'Ayin Waw verb.

| | |
|---|---|
| Perfect<br>3 m.sg.<br>he was prepared | נָכוֹן |
| Imperfect<br>3 m.sg.<br>he will be prepared | יִכּוֹן |
| Imperative<br>2 m.sg.<br>be prepared | הִכּוֹן |
| Participle<br>m.sg.<br>being prepared | נָכוֹן |
| Infinitive | הִכּוֹן |

The intensive stems usually have a reduplication of the final root-letter just as we observed in the study of the 'Ayin Yodh verbs.

## POLEL

| | | | |
|---|---|---|---|
| Perfect | קוֹמֵם | Infinitive Absolute | קוֹמֵם |

| | | | |
|---|---|---|---|
| Imperfect | יְקוֹמֵם | | |
| Imperative | קוֹמֵם | Infinitive Construct | קוֹמֵם |
| Active Participle | מְקוֹמֵם | | |

## POLAL

| | | | |
|---|---|---|---|
| Perfect | קוֹמַם | Infinitive Absolute | קוֹמַם |
| Imperfect | יְקוֹמַם | | |
| Imperative | _____ | Infinitive Construct | קוֹמַם |
| Passive Participle | מְקוֹמָם | | |

## HITHPOLEL

| | | | |
|---|---|---|---|
| Perfect | הִתְקוֹמֵם | Infinitive Absolute | הִתְקוֹמֵם |
| Imperfect | יִתְקוֹמֵם | | |
| Imperative | הִתְקוֹמֵם | Infinitive Construct | הִתְקוֹמֵם |
| Active Participle | מִתְקוֹמֵם | | |

## HIPH'IL PERFECT

| | | | |
|---|---|---|---|
| 3 m.sg. he caused to raise | הֵקִים[a] | 3 c.pl. | הֵקִ֫ימוּ |
| 3 f.sg. | הֵקִ֫ימָה | | |
| 2 m.sg. | הֲקִימ֫וֹתָ | 2 m.pl. | הֲקִימוֹתֶם |
| 2 f.sg. | הֲקִימוֹת | 2 f.pl. | הֲקִימוֹתֶן |

---

[a]הִקְוִים becomes הֵקִים. The Waw disappears and the Chireq is lengthened to Tsere.

| | | | |
|---|---|---|---|
| 1 c.sg. | הֲקִימוֹתִי | 1 c.pl. | הֲקִימוֹנוּ |

## HIPH'IL IMPERFECT

| | | | |
|---|---|---|---|
| 3 m.sg. he will cause to raise | יָקִים | 3 m.pl. | יָקִימוּ |
| 3 f.sg. | תָּקִים | 3 f.pl. | תְּקִימֶינָה |
| 2 m.sg. | תָּקִים | 2 m.pl. | תָּקִימוּ |
| 2 f.sg. | תָּקִימִי | 2 f.pl. | תְּקִימֶינָה |
| 1 c.sg. | אָקִים | 1 c.pl. | נָקִים |

Imperfect with Waw Consecutive
and he caused to raise — וַיָּקֶם[a]

Jussive
let him cause to raise — יָקֵם

## HIPH'IL IMPERATIVE

| | | | |
|---|---|---|---|
| 2 m.sg. cause to raise | הָקֵם | 2 m.pl. | הָקִימוּ |
| 2 f.sg. | הָקִימִי | 2 f.pl. | הֲקִימֶינָה |

## HIPH'IL PARTICIPLE

m.sg. מֵקִים
causing to raise

## HIPH'IL INFINITIVES

| | | | |
|---|---|---|---|
| Absolute | הָקֵם | Construct | הָקִים |

---

[a]When the accent moves over, קֶם is a closed syllable unaccented and must have a short vowel.

## HOPH'AL PERFECT

| | | | |
|---|---|---|---|
| 3 m.sg.<br>he was raised<br>(literally, "he<br>was caused to<br>raise") | הוּקַם[a] | 3 c.pl. | הוּקְמוּ |
| 3 f.sg. | הוּקְמָה | | |
| 2 m.sg. | הוּקַ֫מְתָּ | 2 m.pl. | הוּקַמְתֶּם |
| 2 f.sg. | הוּקַמְתְּ | 2 f.pl. | הוּקַמְתֶּן |
| 1 c.sg. | הוּקַ֫מְתִּי | 1 c.pl. | הוּקַ֫מְנוּ |

## HOPH'AL IMPERFECT

| | | | |
|---|---|---|---|
| 3 m.sg.<br>he will<br>be raised | יוּקַם | 3 m.pl. | יוּקְמוּ |
| 3 f.sg. | תּוּקַם | 3 f.pl. | תּוּקַ֫מְנָה |
| 2 m.sg. | תּוּקַם | 2 m.pl. | תּוּקְמוּ |
| 2 f.sg. | תּוּקְמִי | 2 f.pl. | תּוּקַ֫מְנָה |
| 1 c.sg. | אוּקַם | 1 c.pl. | נוּקַם |

## HOPH'AL PARTICIPLE

| | |
|---|---|
| m.sg.<br>being raised | מוּקָם |

## HOPH'AL INFINITIVE

הוּקַם

The "e" and "o" types of the 'Ayin Waw verbs

---

[a] הֻקְוַם became הוּקַם. The original vowel of the prefix was probably Qibbuts.

differ from קוּם in the Qal stem.

## QAL PERFECT

| | | | |
|---|---|---|---|
| 3 m.sg.<br>he died | מֵת | 3 c.pl. | מֵתוּ |
| 3 f.sg. | מֵתָה | | |
| 2 m.sg. | מַתָּה[a] | 2 m.pl. | מַתֶּם |
| 2 f.sg. | מַתְּ | 2 f.pl. | מַתֶּן |
| 1 c.sg. | מַתִּי | 1 c.pl. | מַתְנוּ |

## QAL IMPERFECT

3 m.sg. יָמוּת
he will die

(Written the same as קוּם)

Imperfect with Waw Consecutive
and he died וַיָּמָת

Jussive
let him die יָמֹת

## QAL IMPERATIVE

2 m.sg. מוּת
die

etc.

## QAL ACTIVE PARTICIPLE

m.sg. מֵת
dying

---

[a]Before the consonantal afformatives with the exception of first common plural, the ת of the root-form is assimilated. מַתְתָּ becomes מַתָּה and מַתְתְּ becomes מַתְּ.

## QAL INFINITIVES

| | | | |
|---|---|---|---|
| Absolute | מוֹת | Construct | מוּת |

## QAL PERFECT

| | | | |
|---|---|---|---|
| 3 m.sg.<br>he was ashamed | בּוֹשׁ | 3 c.pl. | בּ֫וֹשׁוּ |
| 3 f.sg. | בּ֫וֹשָׁה | | |
| 2 m.sg. | בֹּ֫שְׁתָּ | 2 m.pl. | בָּשְׁתֶּם |
| 2 f.sg. | בֹּשְׁתְּ | 2 f.pl. | בָּשְׁתֶּן |
| 1 c.sg. | בֹּ֫שְׁתִּי | 1 c.pl. | בֹּ֫שְׁנוּ |

## QAL IMPERFECT

| | |
|---|---|
| 3 m.sg.<br>he will<br>be ashamed | יֵבוֹשׁ<br>etc. |

## QAL IMPERATIVE

| | | | |
|---|---|---|---|
| 2 m.sg.<br>be ashamed | בּוֹשׁ | 2 m.pl. | בּ֫וֹשׁוּ |
| 2 f.sg. | בּ֫וֹשִׁי | 2 f.pl. | בּ֫וֹשְׁנָה |

## QAL PARTICIPLE

| | |
|---|---|
| m.sg.<br>being ashamed | בּוֹשׁ |

## QAL INFINITIVE

בּוֹשׁ

The forms of the Hiph'il and Hoph'al follow the pointing of קוּם.

## VOCABULARY

| to rise, stand | קוּם | to sojourn | גּוּר |
| to turn, return | שׁוּב | to lodge | לוּן, לִין |
| to prepare | כּוּן | bird, fowl | עוֹף |
| to be high | רוּם | grave | קֶבֶר |
| to be ashamed | בּוֹשׁ | to meet, encounter, entreat | פָּגַע |
| ark | תֵּבָה | | |

## EXERCISE

(1) וַיְהִי בִּשְׁפֹט הַשֹּׁפְטִים וַיְהִי רָעָב בָּאָרֶץ וַיֵּלֶךְ אִישׁ מִבֵּית־לֶחֶם יְהוּדָה לָגוּר בִּשְׂדֵה־מוֹאָב הוּא וְאִשְׁתּוֹ וּשְׁנֵי־בָנָיו: (2) וְשֵׁם־הָאִישׁ אֱלִימֶלֶךְ$^a$ וְשֵׁם־אִשְׁתּוֹ נָעֳמִי$^b$ וַיָּבֹאוּ שְׂדֵה־מוֹאָב וַיִּהְיוּ־שָׁם: (3) וַיָּמָת אֱלִימֶלֶךְ אִישׁ־נָעֳמִי וַתִּשָּׁאֵר הִיא וּשְׁנֵי־בָנֶיהָ: (4) וַיִּשְׂאוּ לָהֶם נָשִׁים שֵׁם־הָאַחַת עָרְפָּה$^c$ וְשֵׁם־הַשֵּׁנִית רוּת וַיֵּשְׁבוּ שָׁם כְּעֶשֶׂר שָׁנִים: (5) וַיָּמוּתוּ גַם־שְׁנֵיהֶם וַתִּשָּׁאֵר הָאִשָּׁה מִשְּׁנֵי־יְלָדֶיהָ וּמֵאִישָׁהּ: (6) וַתָּקָם הִיא וַתָּשָׁב מִשְּׂדֵה־מוֹאָב כִּי שָׁמְעָה בִּשְׂדֵה־מוֹאָב כִּי־פָקַד יהוה אֶת־עַמּוֹ לָתֵת לָהֶם לָחֶם: (7) וַתֵּצֵא מִן־הַמָּקוֹם אֲשֶׁר הָיְתָה־שָּׁמָּה וּשְׁתֵּי־כַלֹּתֶיהָ$^d$ עִמָּהּ וַתֵּלַכְנָה בַדֶּרֶךְ לָשׁוּב אֶל־אֶרֶץ־יְהוּדָה: (8) וַתֹּאמֶר רוּת $^e$אַל־תִּפְגְּעִי־בִי$^e$ לְעָזְבֵךְ

---

$^a$Elimelech  $^b$Naomi  $^c$Orpah

$^d$her daughters-in-law

$^{e-e}$"do not entreat me" Qal Imperfect 2 f.sg. of פָּגַע

לָשׁוּב מֵאַחֲרָיִךְ כִּי אֶל־אֲשֶׁר תֵּלְכִי אֵלֵךְ, וּבַאֲשֶׁר תָּלִינִי אָלִין,
עַמֵּךְ עַמִּי וֵאלֹהַיִךְ אֱלֹהָי, בַּאֲשֶׁר תָּמוּתִי אָמוּת וְשָׁם אֶקָּבֵר:
(9) וַיֹּאמֶר אֱלֹהִים אֶל־נֹחַ וְאֶל־בָּנָיו אִתּוֹ לֵאמֹר, וַאֲנִי הִנְנִי
מֵקִים אֶת־בְּרִיתִי אִתְּכֶם וְאֶת־זַרְעֲכֶם אַחֲרֵיכֶם וְאֵת כָּל־נֶפֶשׁ הַחַיָּה
אֲשֶׁר אִתְּכֶם בָּעוֹף וּבַבְּהֵמָה וּבְכָל־חַיַּת־הָאָרֶץ אִתְּכֶם מִכֹּל יֹצְאֵי־הַתֵּבָה
לְכֹל חַיַּת־הָאָרֶץ: (10) וַהֲקִמֹתִי אֶת־בְּרִיתִי אִתְּכֶם וְלֹא־יִכָּרֵת
כָּל־בָּשָׂר עוֹד מִמֵּי־הַמַּבּוּל וְלֹא־יִהְיֶה עוֹד מַבּוּל לְשַׁחֵת הָאָרֶץ:
(11) וַיֹּאמֶר אֱלֹהִים אֶל־נֹחַ זֹאת אוֹת־הַבְּרִית אֲשֶׁר הֲקִמֹתִי בֵּינִי
וּבֵין־כָּל־בָּשָׂר אֲשֶׁר עַל־הָאָרֶץ: (12) אֶת־קַשְׁתִּי[a] נָתַתִּי בֶּעָנָן
וְהָיְתָה לְאוֹת־בְּרִית בֵּינִי וּבֵין־הָאָרֶץ:

(1) God established his covenant with Noah and he returned unto the Lord. (2) Joseph died and all his generation and a new king arose over Egypt who did not know Joseph. (3) Turn everyone from your wicked way and be ashamed for your wickedness.

## LESSON 43

## DOUBLE 'AYIN VERBS

A double 'Ayin verb is one in which there is a gemination of the root-letter in the 'Ayin position.

### QAL PERFECT

| | | | |
|---|---|---|---|
| 3 m.sg. he turned, went round | סָבַב, סַב | 3 c.pl. | סָבְבוּ, סַבּוּ |
| 3 f.sg. | סָבְבָה, סַבָּה | | |

[a] my bow

| | | | |
|---|---|---|---|
| 2 m.sg. | סַבּ֫וֹתָ | 2 m.pl. | סַבּוֹתֶם |
| 2 f.sg. | סַבּוֹת | 2 f.pl. | סַבּוֹתֶן |
| 1 c.sg. | סַבּ֫וֹתִי | 1 c.pl. | סַבּ֫וֹנוּ |

QAL IMPERFECT

| | | | |
|---|---|---|---|
| 3 m.sg.<br>he will turn,<br>go round | יִסֹּב, יָסֹב | 3 m.pl. | יִסְּבוּ, יָס֫בּוּ |
| 3 f.sg. | תִּסֹּב, תָּסֹב | 3 f.pl. | תִּסֹּ֫בְנָה, תְּסֻבֶּ֫ינָה |
| 2 m.sg. | תִּסֹּב, תָּסֹב | 2 m.pl. | תִּסְּבוּ, תָּס֫בּוּ |
| 2 f.sg. | תִּסְּבִי, תָּס֫בִּי | 2 f.pl. | תִּסֹּ֫בְנָה, תְּסֻבֶּ֫ינָה |
| 1 c.sg. | אֶסֹּב, אָסֹב | 1 c.pl. | נִסֹּב, נָסֹב |

QAL IMPERATIVE

| | | | |
|---|---|---|---|
| 2 m.sg.<br>turn, go round | סֹב | 2 m.pl. | ס֫בּוּ |
| 2 f.sg. | ס֫בִּי | 2 f.pl. | סֻבֶּ֫ינָה |

QAL ACTIVE PARTICIPLE

| | |
|---|---|
| m.sg.<br>turning | סֹבֵב |

QAL PASSIVE PARTICIPLE

| | |
|---|---|
| m.sg.<br>being turned | סָבוּב |

QAL INFINITIVES

| | | | |
|---|---|---|---|
| Absolute | סָבוֹב | Construct | סֹב |

The uncontracted form of the Qal Perfect third masculine singular is the root-form found in a lexicon.

Observe what takes place in the contracted form of the Perfect third feminine singular. The second root-letter is assimilated into the third root-letter. The vowel beneath the second root-letter was a Pathach in the root-form סָבַב; the Pathach volatilized when the vocalic afformative was added. The Pathach returns as the vowel beneath the first root-letter after the assimilation, and the closed syllable is accented.

סָבְבָה = סַבָּה

Before the consonantal afformatives of the Perfect the helping vowel is וֹ and receives the accent except in the second persons plural.

The Qal Imperfect is written two ways. Note the steps that take place when one begins with the Imperfect written in the regular manner יִסְבֹּב. Cancel the ב in the 'Ayin position and the vowel beneath the first root-letter just as we did in the Perfect. A dagesh forte is not needed in this form since the remaining ב closes the syllable. The original vowel (Pathach) of the preformative is lengthened to Qamets just as we observed in the study of the 'Ayin Yodh and 'Ayin Waw verbs.

יִסְבֹּב = יָסֹב

Before afformatives in the Imperfect and Imperative a dagesh forte compensative is found in the remaining ב. The accent does not go over on the afformative; it remains on the stem. The helping vowel before נָה is Seghol Yodh and the Cholem becomes a Qibbuts before the doubled letter in the second and third persons feminine of the plural.

In the alternate form of the Imperfect (יִסֹּב) there is a metathesis of the gemination. It is written as though the form were סָסַב. Write the Qal Imperfect regularly using the root סָסַב. Cancel the first ס, just as we did with the נ in the Pe Nun verb, and place a dagesh forte in the following letter.

יִ~~סְ~~סֹּב

תִּ~~סְ~~סֹּב

etc.

## NIPH'AL PERFECT

| | | | |
|---|---|---|---|
| 3 m.sg. he surrounded | נָסַב | 3 c.pl. | נָסַ֫בּוּ |
| 3 f.sg. | נָסַ֫בָּה | | |
| 2 m.sg. | נְסַבּ֫וֹתָ | 2 m.pl. | נְסַבּוֹתֶם |
| 2 f.sg. | נְסַבּוֹת | 2 f.pl. | נְסַבּוֹתֶן |
| 1 c.sg. | נְסַבּ֫וֹתִי | 1 c.pl. | נְסַבּ֫וֹנוּ |

## NIPH'AL IMPERFECT

| | | | |
|---|---|---|---|
| 3 m.sg. he will surround | יִסַּב | 3 m.pl. | יִסַּ֫בּוּ |
| 3 f.sg. | תִּסַּב | 3 f.pl. | תִּסַּבֶּ֫ינָה |
| 2 m.sg. | תִּסַּב | 2 m.pl. | תִּסַּ֫בּוּ |
| 2 f.sg. | תִּסַּ֫בִּי | 2 f.pl. | תִּסַּבֶּ֫ינָה |
| 1 c.sg. | אֶסַּב | 1 c.pl. | נִסַּב |

## NIPH'AL IMPERATIVE

| | | | |
|---|---|---|---|
| 2 m.sg.<br>surround | הִסַּב | 2 m.pl. | הִסַּ֫בּוּ |
| 2 f.sg. | הִסַּ֫בִּי | 2 f.pl. | הִסַּבֶּ֫ינָה |

## NIPH'AL PARTICIPLE

| | |
|---|---|
| m.sg.<br>surrounding | נָסָב |

## NIPH'AL INFINITIVES

| | | | |
|---|---|---|---|
| Absolute | הִסּוֹב | Construct | הִסַּב |

The changes in pointing in the Niph'al may be worked out following the same principles that were employed to explain the Qal stem.

## HIPH'IL PERFECT

| | | | |
|---|---|---|---|
| 3 m.sg.<br>he caused to<br>turn, surround | הֵסֵב | 3 c.pl. | הֵ֫סֵבּוּ |
| 3 f.sg. | הֵ֫סֵבָּה | | |
| 2 m.sg. | הֲסִבּ֫וֹתָ | 2 m.pl. | הֲסִבּוֹתֶם |
| 2 f.sg. | הֲסִבּוֹת | 2 f.pl. | הֲסִבּוֹתֶן |
| 1 c.sg. | הֲסִבּ֫וֹתִי | 1 c.pl. | הֲסִבּ֫וֹנוּ |

## HIPH'IL IMPERFECT

| | | | |
|---|---|---|---|
| 3 m.sg.<br>he will cause<br>to turn, surround | יָסֵב, יַסֵּב | 3 m.pl. | יָ֫סֵבּוּ, יַ֫סֵּבּוּ |

| | | | |
|---|---|---|---|
| 3 f.sg. | תָּסֵב | 3 f.pl. | תְּסִבֶּינָה |
| 2 m.sg. | תָּסֵב | 2 m.pl. | תָּסֵבּוּ |
| 2 f.sg. | תָּסֵבִּי | 2 f.pl. | תְּסִבֶּינָה |
| 1 c.sg. | אָסֵב | 1 c.pl. | נָסֵב |

Imperfect with Waw Consecutive
and he caused to turn — וַיָּסֶב

Jussive
let him cause to turn — יָסֵב

## HIPH'IL IMPERATIVE

| | | | |
|---|---|---|---|
| 2 m.sg. cause to turn | הָסֵב | 2 m.pl. | הָסֵבּוּ |
| 2 f.sg. | הָסֵבִּי | 2 f.pl. | הֲסִבֶּינָה |

## HIPH'IL PARTICIPLE

m.sg. מֵסֵב
causing to turn

## HIPH'IL INFINITIVE

הָסֵב

## VOCABULARY

| | | | |
|---|---|---|---|
| to turn, surround | סָבַב | door (f.) | דֶּלֶת |
| to pray | פָּלַל | around | סָבִיב |
| to be light, despised | קָלַל | ram's horn, Jubilee | יוֹבֵל |
| dry land | יַבָּשָׁה, יַבֶּשֶׁת | time (f.) | פַּעַם |
| trumpet | שׁוֹפָר | bosom | חֵיק |

שֶׁ֫לֶג snow רַק only

## EXERCISE

(1) וַיֹּ֫אמֶר יהוה אֶל־יְהוֹשֻׁ֫עַ, נָתַ֫תִּי בְיָֽדְךָ אֶת־יְרִיחוֹ וְאֶת־מַלְכָּהּ
וְסָֽבְבוּ אֶת־הָעִיר כָּל־אַנְשֵׁי־הַמִּלְחָמָה פַּ֫עַם אֶחָת, כֹּה הֲסִבּ֫וֹתָ אֶת־כָּל־אַנְשֵׁי־
הַמִּלְחָמָה שֵׁ֫שֶׁת־יָמִים׃ (2) וְשִׁבְעָה כֹּהֲנִים יִשְׂאוּ שִׁבְעָה שׁוֹפְרוֹת־
הַיּוֹבְלִים לִפְנֵי־הָֽאָרוֹן וּבַיּוֹם הַשְּׁבִיעִי תָּסֹ֫בּוּ אֶת־הָעִיר שֶׁ֫בַע
פְּעָמִים׃ (3) וַיִּקְרָא[a] יְהוֹשֻׁ֫עַ בֶּן־נוּן אֶל־הַכֹּהֲנִים וַיֹּ֫אמֶר אֲלֵיהֶם
שְׂאוּ אֶת־אֲרוֹן־הַבְּרִית וְשִׁבְעָה כֹהֲנִים יִשְׂאוּ שִׁבְעָה שׁוֹפְרוֹת־יוֹבְלִים
לִפְנֵי־אֲרוֹן־יהוה׃ (4) וַיֹּ֫אמֶר אֶל־הָעָם עִבְרוּ וְסֹ֫בּוּ אֶת־הָעִיר
וְאִישׁ־הַמִּלְחָמָה יַעֲבֹר לִפְנֵי־אֲרוֹן־יהוה׃ (5) וַיָּסֹ֫בּוּ אֶת־הָעִיר
פַּ֫עַם אַחַת וַיָּשֻׁ֫בוּ אֶל־הַמַּחֲנֶה כֹּה סַבּוּ שֵׁ֫שֶׁת־יָמִים׃ (6) וַיְהִי בַּיּוֹם
הַשְּׁבִיעִי וַיַּשְׁכִּ֫ימוּ וַיָּסֹ֫בּוּ אֶת־הָעִיר כַּמִּשְׁפָּט הַזֶּה שֶׁ֫בַע פְּעָמִים רַק
בַּיּוֹם הַהוּא סָֽבְבוּ אֶת־הָעִיר שֶׁ֫בַע פְּעָמִים׃ (7) וַיֹּ֫אמֶר יְהוֹשֻׁ֫עַ אֶל־
הָעָם נָתַן יהוה לָכֶם אֶת־הָעִיר וְהָֽיְתָה הָעִיר חֵ֫רֶם[b] הִיא וְכָל־אֲשֶׁר
בָּהּ לַיהוה, כֹּל כֶּ֫סֶף וְזָהָב וְכֹל אֲשֶׁר בָּעִיר לַיהוה׃ (8) וַיֹּ֫אמֶר
יהוה אֶל־מֹשֶׁה עוֹד שְׁלַח־נָא יָֽדְךָ בְּחֵיקֶ֫ךָ וַיִּשְׁלַח יָדוֹ בְּחֵיקוֹ
וַיּוֹצִאָהּ וְהִנֵּה יָדוֹ מְצֹרַ֫עַת[c] כַּשָּׁ֫לֶג׃ (9) וַיֹּ֫אמֶר הָשֵׁב יָֽדְךָ אֶל־
חֵיקֶ֫ךָ וַיָּ֫שֶׁב יָדוֹ אֶל־חֵיקוֹ וַיּוֹצִאָהּ מֵחֵיקוֹ וְהִנֵּה שָׁ֫בָה כִּבְשָׂרוֹ׃
(10) וְהָיָה אִם־לֹא יַאֲמִ֫ינוּ לָךְ וְלֹא יִשְׁמְעוּ לְקוֹל־הָאוֹת הָרִאשׁוֹן
וְהֶֽאֱמִ֫ינוּ לְקוֹל־הָאוֹת הָאַחֲרוֹן׃ (11) וְהָיָה אִם־לֹא יַאֲמִ֫ינוּ גַּם
לִשְׁנֵי־הָאֹתוֹת הָאֵ֫לֶּה וְלֹא יִשְׁמְעוּ לְקוֹלֶ֫ךָ וְלָקַחְתָּ מִמֵּימֵי־הַיְאֹר וְשָׁפַכְתָּ

---

[a] Qal Imperfect 3 m.sg. of קָרָא plus the Waw Consecutive

[b] a devoted thing

[c] "leprous" Pu'al Participle f.sg. of צָרַע

הַיַּבָּשָׁה וְהָיוּ הַמַּ֫יִם אֲשֶׁר תִּקַּח מִן־הַיְאֹר וְהָיוּ לְדָם בַּיַּבָּֽשֶׁת׃

# LESSON 44

## LAMEDH GUTTURAL VERBS

Verbs with ה, ח, or ע as the third root-letter are classified as Lamedh Guttural verbs. Verb roots ending in א or ה have special forms.

Two simple rules apply when writing the paradigms of a Lamedh Guttural verb.

(1) Remember the neighborhood law: every terminal guttural must have an "a" sound before it.

A terminal guttural that is preceded by an unchangeably long vowel will take a furtive Pathach beneath it. (The Tsere in the Infinitives Absolute and in the Participles is considered long.)

(2) The Imperfects and Imperatives take a Pathach in the syllable before נָה.

### QAL PERFECT

| | |
|---|---|
| 3 m.sg.<br>he heard<br><br>(Regular) | שָׁמַע |

### QAL IMPERFECT

| | | | |
|---|---|---|---|
| 3 m.sg.<br>he will hear | יִשְׁמַע | 3 m.pl. | יִשְׁמְעוּ |
| 3 f.sg. | תִּשְׁמַע | 3 f.pl. | תִּשְׁמַ֫עְנָה |
| 2 m.sg. | תִּשְׁמַע | 2 m.pl. | תִּשְׁמְעוּ |
| 2 f.sg. | תִּשְׁמְעִי | 2 f.pl. | תִּשְׁמַ֫עְנָה |

| | | | |
|---|---|---|---|
| 1 c.sg. | אֶשְׁמַע | 1 c.pl. | נִשְׁמַע |

Imperfect with Suffix
  he will hear me      יִשְׁמָעֵ֫נִי

Cohortative
  let me hear      אֶשְׁמְעָה

## QAL IMPERATIVE

| | | | |
|---|---|---|---|
| 2 m.sg.<br>  hear | שְׁמַע | 2 m.pl. | שִׁמְעוּ |
| 2 f.sg. | שִׁמְעִי | 2 f.pl. | שְׁמַ֫עְנָה |

Imperative (2 m.sg.) with Suffix
  hear me      שְׁמָעֵ֫נִי

## QAL ACTIVE PARTICIPLE

| | |
|---|---|
| m.sg.<br>  hearing | שֹׁמֵ֫עַ |
| f.sg. | שֹׁמַ֫עַת |
| | etc. |

## QAL PASSIVE PARTICIPLE

| | |
|---|---|
| m.sg.<br>  being heard | שָׁמ֫וּעַ |

## QAL INFINITIVES

| | | | |
|---|---|---|---|
| Absolute | שָׁמ֫וֹעַ | Construct | שְׁמֹ֫עַ |

## NIPH'AL PERFECT

| | |
|---|---|
| 3 m.sg.<br>he was heard | נִשְׁמַע |

(Regular)

## NIPH'AL IMPERFECT

| | | | |
|---|---|---|---|
| 3 m.sg.<br>he will<br>be heard | יִשָּׁמַע | 3 m.pl. | יִשָּׁמְעוּ |
| 3 f.sg. | תִּשָּׁמַע | 3 f.pl. | תִּשָּׁמַ֫עְנָה |
| 2 m.sg. | תִּשָּׁמַע | 2 m.pl. | תִּשָּׁמְעוּ |
| 2 f.sg. | תִּשָּׁמְעִי | 2 f.pl. | תִּשָּׁמַ֫עְנָה |
| 1 c.sg. | אֶשָּׁמַע | 1 c.pl. | נִשָּׁמַע |

## NIPH'AL IMPERATIVE

| | | | |
|---|---|---|---|
| 2 m.sg.<br>be heard | הִשָּׁמַע | 2 m.pl. | הִשָּׁמְעוּ |
| 2 f.sg. | הִשָּׁמְעִי | 2 f.pl. | הִשָּׁמַ֫עְנָה |

## NIPH'AL PARTICIPLE

| | |
|---|---|
| m.sg.<br>being heard | נִשְׁמָע |

## NIPH'AL INFINITIVES

| | | | |
|---|---|---|---|
| Absolute | נִשְׁמֹ֫עַ | Construct | הִשָּׁמַע |

The verb בָּקַע "to divide" will be used for the Pi'el and Hithpa'el tables.

## PI'EL SYNOPSIS

Perfect          בִּקַּע
3 m.sg.
  he split

Imperfect       יְבַקַּע
3 m.sg.
  he will split

Imperative      בַּקַּע
2 m.sg.
  split

Participle      מְבַקֵּעַ
m.sg.
  splitting

Infinitives
  Absolute       בַּקֵּעַ

   Construct      בַּקַּע

## PU'AL

(Regular)

## HITHPA'EL SYNOPSIS

Perfect          הִתְבַּקַּע
3 m.sg.
  he (himself) split

Imperfect       יִתְבַּקַּע
3 m.sg.
  he (himself)
  will split

Imperative      הִתְבַּקַּע
2 m.sg.
  split (yourself)

Participle      מִתְבַּקֵּעַ
m.sg.
  splitting (himself)

Infinitives

| | |
|---|---|
| Absolute | הִתְבַּקֵּעַ |
| Construct | הִתְבַּקֵּעַ |

HIPH'IL PERFECT

| | |
|---|---|
| 3 m.sg. he caused to hear | הִשְׁמִיעַ |

(Regular except 3 m.sg.)

HIPH'IL IMPERFECT

| | | | |
|---|---|---|---|
| 3 m.sg. he will cause to hear | יַשְׁמִיעַ | 3 m.pl. | יַשְׁמִיעוּ |
| 3 f.sg. | תַּשְׁמִיעַ | 3 f.pl. | תַּשְׁמַעְנָה |
| 2 m.sg. | תַּשְׁמִיעַ | 2 m.pl. | תַּשְׁמִיעוּ |
| 2 f.sg. | תַּשְׁמִיעִי | 2 f.pl. | תַּשְׁמַעְנָה |
| 1 c.sg. | אַשְׁמִיעַ | 1 c.pl. | נַשְׁמִיעַ |

Imperfect with Waw Consecutive
and he caused to hear — וַיַּשְׁמַע

Jussive
let him cause to hear — יַשְׁמַע

HIPH'IL IMPERATIVE

| | | | |
|---|---|---|---|
| 2 m.sg. cause to hear | הַשְׁמַע | 2 m.pl. | הַשְׁמִיעוּ |
| 2 f.sg. | הַשְׁמִיעִי | 2 f.pl. | הַשְׁמַעְנָה |

## HIPH'IL PARTICIPLE

| | |
|---|---|
| m.sg. causing to hear | מַשְׁמִיעַ |

## HIPH'IL INFINITIVES

| | | | |
|---|---|---|---|
| Absolute | הַשְׁמֵעַ | Construct | הַשְׁמִיעַ |

## HOPH'AL

(Regular)

## VOCABULARY

| | | | |
|---|---|---|---|
| to seize | אָחַז | hand, palm (f.) | כַּף |
| to burn incense | קָטַר | high place | בָּמָה |
| to sprout | צָמַח | ram | אַיִל |
| to throw, shoot | יָרָה | strength | חַיִל |
| to instruct, teach (Hiph'il) | הוֹרָה | nose, anger | אַף |
| to breathe, blow | נָפַח | wherefore, why | מַדּוּעַ |

## EXERCISE

(1) וַיֹּאמֶר יהוה אֶל־מֹשֶׁה שְׁלַח יָדְךָ וֶאֱחֹז אֶת־הַנָּחָשׁ וַיִּשְׁלַח יָדוֹ
וַיַּחֲזֶק בּוֹ וַיְהִי לְמַטֶּה בְּכַפּוֹ׃ (2) וַיֹּאמֶר הֲלֹא אַהֲרֹן אָחִיךָ
הַלֵּוִי, יָדַעְתִּי כִּי דַבֵּר יְדַבֵּר הוּא וְגַם הִנֵּה־הוּא יֹצֵא לִקְרָאתֶךָ׃
(3) וְדִבַּרְתָּ אֵלָיו וְשַׂמְתָּ אֶת־הַדְּבָרִים בְּפִיו וְאָנֹכִי אֶהְיֶה עִם־
פִּיךָ וְעִם־פִּיהוּ׃ (4) וְדִבֶּר־הוּא לְךָ אֶל־הָעָם וְהָיָה הוּא יִהְיֶה־

לְךָ לְפֶה וְאַתָּה תִּהְיֶה־לּוֹ לֵאלֹהִים׃ (5) וַיֹּאמֶר יהוה אֶל־מֹשֶׁה
נְתַתִּיךָ אֱלֹהִים לְפַרְעֹה וְאַהֲרֹן אָחִיךָ יִהְיֶה נְבִיאֶךָ׃ (6) אַתָּה
תְדַבֵּר אֵת כָּל־אֲשֶׁר אֹמַר לְךָ וְאַהֲרֹן אָחִיךָ יְדַבֵּר אֶל־פַּרְעֹה וְשִׁלַּח
אֶת־בְּנֵי־יִשְׂרָאֵל מֵאַרְצוֹ׃ (7) וְלֹא־יִשְׁמַע אֲלֵיכֶם פַּרְעֹה וְנָתַתִּי
אֶת־יָדִי בְּמִצְרָיִם וְהוֹצֵאתִי[a] אֶת־צִבְאֹתַי אֶת־עַמִּי בְנֵי־יִשְׂרָאֵל
מֵאֶרֶץ־מִצְרַיִם בִּשְׁפָטִים גְּדֹלִים׃ (8) וְיָדְעוּ כָל־מִצְרַיִם כִּי
אֲנִי יהוה הַשֹּׁלֵחַ אֶת־יָדִי עַל־מִצְרָיִם וְהוֹצֵאתִי אֶת־בְּנֵי־יִשְׂרָאֵל
מִתּוֹכָם׃ (9) וַיֶּאֱהַב שְׁלֹמֹה אֶת־יהוה לָלֶכֶת בְּחֻקּוֹת־דָּוִד אָבִיו
רַק בַּבָּמוֹת הוּא מְזַבֵּחַ וּמַקְטִיר׃ (10) וַיֵּלֶךְ גִּבְעֹנָה[b] לִזְבֹּחַ שָׁם,
כִּי הִיא הַבָּמָה הַגְּדוֹלָה׃ (11) וְעַתָּה שְׁמַע דְּבַר־יהוה אַתָּה אֹמֵר
לֹא תִנָּבֵא עַל־יִשְׂרָאֵל׃ (12) וַיִּיצֶר יהוה אֱלֹהִים אֶת־הָאָדָם עָפָר
מִן־הָאֲדָמָה וַיִּפַּח בְּאַפָּיו [c]נִשְׁמַת־חַיִּים[c] וַיְהִי הָאָדָם לְנֶפֶשׁ חַיָּה׃
(13) וַיַּצְמַח יהוה אֱלֹהִים מִן־הָאֲדָמָה כָּל־עֵץ נֶחְמָד[d] לְמַרְאֶה
וְטוֹב לְמַאֲכָל וְעֵץ־הַחַיִּים בְּתוֹךְ־הַגָּן וְעֵץ־הַדַּעַת טוֹב וָרָע׃
(14) וַיִּשְׁמַע יְהוֹשֻׁעַ אֶת־קוֹל־הָעָם וַיֹּאמֶר אֶל־מֹשֶׁה קוֹל־מִלְחָמָה
בַּמַּחֲנֶה׃

## LESSON 45

## LAMEDH 'ALEPH VERBS

An 'Aleph in the Lamedh position becomes quiescent at the end of a syllable.

---

[a]Hiph'il Perfect 1 c.sg. of יָצָא plus the Waw Consecutive

[b]toward Gibeon   [c-c]breath of life

[d]Niph'al Participle m.sg. of חָמַד "to desire"

## QAL PERFECT

| | | | |
|---|---|---|---|
| 3 m.sg.<br>he found | מָצָא | 3 c.pl. | מָצְאוּ |
| 3 f.sg. | מָצְאָה | | |
| 2 m.sg. | מָצָאתָ[a] | 2 m.pl. | מְצָאתֶם |
| 2 f.sg. | מָצָאת | 2 f.pl. | מְצָאתֶן |
| 1 c.sg. | מָצָאתִי | 1 c.pl. | מָצָאנוּ |

## QAL IMPERFECT

| | | | |
|---|---|---|---|
| 3 m.sg.<br>he will find | יִמְצָא | 3 m.pl. | יִמְצְאוּ |
| 3 f.sg. | תִּמְצָא | 3 f.pl. | תִּמְצֶאנָה |
| 2 m.sg. | תִּמְצָא | 2 m.pl. | תִּמְצְאוּ |
| 2 f.sg. | תִּמְצְאִי | 2 f.pl. | תִּמְצֶאנָה |
| 1 c.sg. | אֶמְצָא | 1 c.pl. | נִמְצָא |

## QAL IMPERATIVE

| | | | |
|---|---|---|---|
| 2 m.sg.<br>find | מְצָא | 2 m.pl. | מִצְאוּ |
| 2 f.sg. | מִצְאִי | 2 f.pl. | מְצֶאנָה |

## QAL ACTIVE PARTICIPLE

| | |
|---|---|
| m.sg.<br>finding | מֹצֵא |

---

[a]The dagesh lene does not appear in the ת because it is preceded by a vowel sound.

## QAL PASSIVE PARTICIPLE

| | |
|---|---|
| m.sg.<br>being found | מָצוּא |

## QAL INFINITIVES

| | | | |
|---|---|---|---|
| Absolute | מָצוֹא | Construct | מְצֹא |

## NIPH'AL PERFECT

| | | | |
|---|---|---|---|
| 3 m.sg.<br>he was found | נִמְצָא | 3 c.pl. | נִמְצְאוּ |
| 3 f.sg. | נִמְצְאָה | | |
| 2 m.sg. | נִמְצֵאתָ | 2 m.pl. | נִמְצֵאתֶם |
| 2 f.sg. | נִמְצֵאת | 2 f.pl. | נִמְצֵאתֶן |
| 1 c.sg. | נִמְצֵאתִי | 1 c.pl. | נִמְצֵאנוּ |

## NIPH'AL IMPERFECT

| | | | |
|---|---|---|---|
| 3 m.sg.<br>he will<br>be found | יִמָּצֵא | 3 m.pl. | יִמָּצְאוּ |
| 3 f.sg. | תִּמָּצֵא | 3 f.pl. | תִּמָּצֶאנָה |
| 2 m.sg. | תִּמָּצֵא | 2 m.pl. | תִּמָּצְאוּ |
| 2 f.sg. | תִּמָּצְאִי | 2 f.pl. | תִּמָּצֶאנָה |
| 1 c.sg. | אֶמָּצֵא | 1 c.pl. | נִמָּצֵא |

## NIPH'AL IMPERATIVE

| | | | |
|---|---|---|---|
| 2 m.sg.<br>be found | הִמָּצֵא | 2 m.pl. | הִמָּצְאוּ |
| 2 f.sg. | הִמָּצְאִי | 2 f.pl. | הִמָּצֶאנָה |

## NIPH'AL PARTICIPLE

m.sg.          נִמְצָא
   being found

## NIPH'AL INFINITIVES

Absolute     נִמְצֹא     Construct     הִמָּצֵא

     A synopsis of the intensive stems will suffice using the verb רָפָא "to heal."

## PI'EL SYNOPSIS

Perfect         רִפֵּא
3 m.sg.
   he healed

Imperfect       יְרַפֵּא
3 m.sg.
   he will heal

Imperative      רַפֵּא
2 m.sg.
   heal

Participle       מְרַפֵּא
m.sg.
   healing

Infinitives
   Absolute       רַפֹּא

   Construct      רַפֵּא

## PU'AL SYNOPSIS

Perfect         רֻפָּא
3 m.sg.
   he was healed

| | |
|---|---|
| Imperfect<br>3 m.sg.<br>  he will<br>  be healed | יְרֻפָּא |
| Imperative<br>2 m.sg. | _____ |
| Participle<br>m.sg.<br>  being healed | מְרֻפָּא |
| Infinitives<br>  Absolute | _____ |
|   Construct | _____ |

## HITHPA'EL SYNOPSIS

| | |
|---|---|
| Perfect<br>3 m.sg.<br>  he healed<br>  himself | הִתְרַפֵּא |
| Imperfect<br>3 m.sg.<br>  he will<br>  heal himself | יִתְרַפֵּא |
| Imperative<br>2 m.sg.<br>  heal yourself | הִתְרַפֵּא |
| Participle<br>m.sg.<br>  healing<br>  himself | מִתְרַפֵּא |
| Infinitives<br>  Absolute | הִתְרַפֵּא |
|   Construct | הִתְרַפֵּא |

## HIPH'IL PERFECT

| | | | |
|---|---|---|---|
| 3 m.sg. he caused to find | הִמְצִיא | 3 c.pl. | הִמְצִ֫יאוּ |
| 3 f.sg. | הִמְצִ֫יאָה | | |
| 2 m.sg. | הִמְצֵ֫אתָ | 2 m.pl. | הִמְצֵאתֶם |
| 2 f.sg. | הִמְצֵאת | 2 f.pl. | הִמְצֵאתֶן |
| 1 c.sg. | הִמְצֵ֫אתִי | 1 c.pl. | הִמְצֵ֫אנוּ |

## HIPH'IL IMPERFECT

| | | | |
|---|---|---|---|
| 3 m.sg. he will cause to find | יַמְצִיא | 3 m.pl. | יַמְצִ֫יאוּ |
| 3 f.sg. | תַּמְצִיא | 3 f.pl. | תַּמְצֶ֫אנָה |
| 2 m.sg. | תַּמְצִיא | 2 m.pl. | תַּמְצִ֫יאוּ |
| 2 f.sg. | תַּמְצִ֫יאִי | 2 f.pl. | תַּמְצֶ֫אנָה |
| 1 c.sg. | אַמְצִיא | 1 c.pl. | נַמְצִיא |

## HIPH'IL IMPERATIVE

| | | | |
|---|---|---|---|
| 2 m.sg. cause to find | הַמְצֵא | 2 m.pl. | הַמְצִ֫יאוּ |
| 2 f.sg. | הַמְצִ֫יאִי | 2 f.pl. | הַמְצֶ֫אנָה |

## HIPH'IL PARTICIPLE

| | |
|---|---|
| m.sg. causing to find | מַמְצִיא |

## HIPH'IL INFINITIVES

| | | | |
|---|---|---|---|
| Absolute | הַמְצֵא | Construct | הַמְצִיא |

Notes:

(1) When the א is quiescent at the end of a syllable, the preceding vowel is lengthened.

מָצַ(א) becomes מָצָא    נִמְצַ(א) becomes נִמְצָא

(2) Before vowel afformatives the א retains its consonantal character.

(3) Before consonantal afformatives the א is quiescent, and the preceding vowel is lengthened.

In the Perfects, with the exception of Qal which keeps the Qamets, the vowel is Tsere. In the Qal Imperfect and Imperative the Qamets takes the place of the Cholem.

In the Imperfects and Imperatives the vowel preceding נָה is Seghol.

Stative verbs in the Qal such as יָרֵא and מָלֵא retain the Tsere before consonantal afformatives.

## VOCABULARY

| | | | |
|---|---|---|---|
| to sin | חָטָא | wine | יַ֫יִן |
| to run | רוּץ | hero, man | גִּבּוֹר |
| to forgive | סָלַח | cubit | אַמָּה |
| to heal | רָפָא | right hand (f.) | יָמִין |
| to be low, humble | כָּנַע | to reckon, think | חָשַׁב |
| to be strong, numerous | עָצַם | | |

## EXERCISE

(1) וַיִּקְרָא יהוה אֶל־שְׁמוּאֵל וַיֹּאמֶר הִנֵּנִי׃ (2) וַיָּרָץ אֶל־עֵלִי
וַיֹּאמֶר הִנְנִי כִּי־קָרָאתָ לִי וַיֹּאמֶר לֹא־קָרָאתִי שׁוּב שְׁכָב וַיֵּלֶךְ
וַיִּשְׁכָּב׃ (3) וַיֹּסֶף יהוה קְרֹא עוֹד שְׁמוּאֵל וַיָּקָם שְׁמוּאֵל וַיֵּלֶךְ
אֶל־עֵלִי וַיֹּאמֶר הִנְנִי כִּי קָרָאתָ לִי וַיֹּאמֶר לֹא קָרָאתִי בְנִי שׁוּב
שְׁכָב׃ (4) וּשְׁמוּאֵל טֶרֶם[a] יָדַע אֶת־יהוה וְטֶרֶם שָׁמַע דְּבַר־יהוָה׃
(5) וַיֹּסֶף יהוה קְרֹא־שְׁמוּאֵל בַּשְּׁלִשִׁית וַיָּקָם וַיֵּלֶךְ אֶל־עֵלִי וַיֹּאמֶר
הִנְנִי כִּי קָרָאתָ לִי וַיָּבֶן עֵלִי כִּי יהוה קֹרֵא לַנָּעַר׃ (6) וַיֹּאמֶר
עֵלִי לִשְׁמוּאֵל לֵךְ שְׁכַב וְהָיָה אִם־יִקְרָא אֵלֶיךָ וְאָמַרְתָּ דַּבֵּר יהוה כִּי
שֹׁמֵעַ עַבְדֶּךָ וַיֵּלֶךְ שְׁמוּאֵל וַיִּשְׁכַּב בִּמְקוֹמוֹ׃ (7) וַיָּבֹא יהוה
וַיִּתְיַצֵּב וַיִּקְרָא כְפַעַם־בְּפַעַם שְׁמוּאֵל שְׁמוּאֵל וַיֹּאמֶר שְׁמוּאֵל, דַּבֵּר
כִּי שֹׁמֵעַ עַבְדֶּךָ׃ (8) וְיִכָּנְעוּ עַמִּי אֲשֶׁר נִקְרָא־שְׁמִי עֲלֵיהֶם
וְיִתְפַּלְלוּ וִיבַקְשׁוּ פָּנַי וְיָשֻׁבוּ מִדַּרְכֵיהֶם הָרָעִים וַאֲנִי אֶשְׁמַע מִן־
הַשָּׁמַיִם וְאֶסְלַח לְחַטָּאתָם וְאֶרְפָּא אֶת־אַרְצָם׃ (9) עַתָּה עֵינַי יִהְיוּ
פְתֻחוֹת[b] וְאָזְנַי קַשֻּׁבוֹת[c] לִתְפִלַּת־הַמָּקוֹם הַזֶּה׃ (10) וְעַתָּה בָּחַרְתִּי
וְהִקְדַּשְׁתִּי אֶת־הַבַּיִת הַזֶּה לִהְיוֹת־שְׁמִי שָׁם עַד־עוֹלָם וְהָיוּ עֵינַי
וְלִבִּי שָׁם כָּל־הַיָּמִים׃ (11) וַיְחִי יֶרֶד[d] אַחֲרֵי־הוֹלִידוֹ אֶת־חֲנוֹךְ[e]
שְׁמֹנֶה מֵאוֹת שָׁנָה וַיּוֹלֶד בָּנִים וּבָנוֹת׃ (12) וַיִּהְיוּ כָּל־יְמֵי־יֶרֶד
שְׁתַּיִם וְשִׁשִּׁים שָׁנָה וּתְשַׁע מֵאוֹת שָׁנָה וַיָּמֹת׃ (13) וַיְחִי חֲנוֹךְ חָמֵשׁ
וְשִׁשִּׁים שָׁנָה וַיּוֹלֶד אֶת־מְתוּשָׁלַח[f]׃ (14) וַיִּתְהַלֵּךְ חֲנוֹךְ אֶת־הָאֱלֹהִים
וַיְחִי חֲנוֹךְ אַחֲרֵי־הוֹלִידוֹ אֶת־מְתוּשֶׁלַח שְׁלֹשׁ מֵאוֹת שָׁנָה וַיּוֹלֶד בָּנִים
וּבָנוֹת׃ (15) וַיִּהְיוּ כָּל־יְמֵי־חֲנוֹךְ חָמֵשׁ וְשִׁשִּׁים שָׁנָה וּשְׁלֹשׁ מֵאוֹת

---

[a] before

[b] "open" Qal Passive Participle f.pl. of פָּתַח

[c] attentive [d] Jared [e] Enoch [f] Methuselah

שָׁנָה׃ (16) וַיִּתְהַלֵּךְ חֲנוֹךְ אֶת־הָאֱלֹהִים וְאֵינֶ֫נּוּ כִּי לָקַח אֹתוֹ
אֱלֹהִים׃

# LESSON 46

## LAMEDH HE VERBS[a]

Verbs having a ה in the Lamedh position are classified as Lamedh He verbs. Originally these verbs may have ended in י or ו. In some verbs the י or ו returns before consonantal afformatives. When a mappiq appears in the ה (גָּבַהּ "to be high"), the verb is pointed like the Lamedh Guttural.

The verb גָּלָה "to uncover, reveal" or "to go into exile" is used in the following tables to illustrate the pointing of a Lamedh He verb.

### QAL PERFECT

| | | | |
|---|---|---|---|
| 3 m.sg. he uncovered | גָּלָה | 3 c.pl. | גָּלוּ |
| 3 f.sg. | גָּלְתָה | | |
| 2 m.sg. | גָּלִ֫יתָ | 2 m.pl. | גְּלִיתֶם |
| 2 f.sg. | גָּלִית | 2 f.pl. | גְּלִיתֶן |
| 1 c.sg. | גָּלִ֫יתִי | 1 c.pl. | גָּלִ֫ינוּ |

### QAL IMPERFECT

| | | | |
|---|---|---|---|
| 3 m.sg. he will uncover | יִגְלֶה | 3 m.pl. | יִגְלוּ |
| 3 f.sg. | תִּגְלֶה | 3 f.pl. | תִּגְלֶ֫ינָה |

[a]These verbs sometimes are referred to as Lamedh Yodh or Lamedh Waw verbs.

| | | | |
|---|---|---|---|
| 2 m.sg. | תִּגְלֶה | 2 m.pl. | תִּגְלוּ |
| 2 f.sg. | תִּגְלִי | 2 f.pl. | תִּגְלֶ֫ינָה |
| 1 c.sg. | אֶגְלֶה | 1 c.pl. | נִגְלֶה |

| | |
|---|---|
| Imperfect with Waw Consecutive<br>and he uncovered | וַיִּ֫גֶל |
| Jussive<br>let him uncover | יִ֫גֶל |

### QAL IMPERATIVE

| | | | |
|---|---|---|---|
| 2 m.sg.<br>uncover | גְּלֵה | 2 m.pl. | גְּלוּ |
| 2 f.sg. | גְּלִי | 2 f.pl. | גְּלֶ֫ינָה |

### QAL ACTIVE PARTICIPLE

| | |
|---|---|
| m.sg.<br>uncovering | גֹּלֶה |

### QAL PASSIVE PARTICIPLE

| | |
|---|---|
| m.sg.<br>being uncovered | גָּלוּי |

### QAL INFINITIVES

| | | | |
|---|---|---|---|
| Absolute | גָּלֹה | Construct | גְּלוֹת |

### NIPH'AL PERFECT

| | | | |
|---|---|---|---|
| 3 m.sg.<br>he was uncovered,<br>revealed | נִגְלָה | 3 c.pl. | נִגְלוּ |

| | | | |
|---|---|---|---|
| 3 f.sg. | נִגְלְתָה | | |
| 2 m.sg. | נִגְלֵיתָ, נִגְלִיתָ | 2 m.pl. | נִגְלֵיתֶם |
| 2 f.sg. | נִגְלֵית | 2 f.pl. | נִגְלֵיתֶן |
| 1 c.sg. | נִגְלֵיתִי | 1 c.pl. | נִגְלֵינוּ |

## NIPH'AL IMPERFECT

| | | | |
|---|---|---|---|
| 3 m.sg.<br>he will<br>be uncovered | יִגָּלֶה | 3 m.pl. | יִגָּלוּ |
| 3 f.sg. | תִּגָּלֶה | 3 f.pl. | תִּגָּלֶינָה |
| 2 m.sg. | תִּגָּלֶה | 2 m.pl. | תִּגָּלוּ |
| 2 f.sg. | תִּגָּלִי | 2 f.pl. | תִּגָּלֶינָה |
| 1 c.sg. | אֶגָּלֶה | 1 c.pl. | נִגָּלֶה |

## NIPH'AL IMPERATIVE

| | | | |
|---|---|---|---|
| 2 m.sg.<br>be uncovered | הִגָּלֵה | 2 m.pl. | הִגָּלוּ |
| 2 f.sg. | הִגָּלִי | 2 f.pl. | הִגָּלֶינָה |

## NIPH'AL PARTICIPLE

| | |
|---|---|
| m.sg.<br>being uncovered | נִגְלֶה |

## NIPH'AL INFINITIVES

| | | | |
|---|---|---|---|
| Absolute | נִגְלֹה | Construct | הִגָּלוֹת |

## PI'EL SYNOPSIS

Perfect          גִּלָּה
3 m.sg.
  he uncovered,
  revealed

Imperfect       יְגַלֶּה
3 m.sg.
  he will uncover

Imperative      גַּלֵּה
2 m.sg.
  uncover

Participle       מְגַלֶּה
m.sg.
  uncovering

Infinitives
  Absolute       גַּלֵּה

  Construct      גַּלּוֹת

## PU'AL SYNOPSIS

Perfect          גֻּלָּה
3 m.sg.
  he was uncovered,
  revealed

3 f.sg.           גֻּלְּתָה

2 m.sg.          גֻּלֵּיתָ

                  etc.

Imperfect       יְגֻלֶּה
3 m.sg.
  he will
  be uncovered

Participle       מְגֻלֶּה
m.sg.
  being uncovered

Infinitives

| | |
|---|---|
| Absolute | גַּלֹּה |
| Construct | גַּלּוֹת |

## HITHPA'EL SYNOPSIS

| | |
|---|---|
| Perfect 3 m.sg. he revealed himself | הִתְגַּלָּה |
| 3 f.sg. | הִתְגַּלְּתָה |
| 2 m.sg. | הִתְגַּלִּ֫יתָ |
| 2 f.sg. | הִתְגַּלִּית |
| 1 c.sg. | הִתְגַּלִּ֫יתִי |
| | etc. |
| Imperfect 3 m.sg. he will reveal himself | יִתְגַּלֶּה |
| Imperative 2 m.sg. reveal yourself | הִתְגַּלֵּה |
| Participle m.sg. revealing himself | מִתְגַּלֶּה |

Infinitives

| | |
|---|---|
| Absolute | הִתְגַּלֵּה |
| Construct | הִתְגַּלּוֹת |

Notes:

(1) All Perfects third masculine singular of the Lamedh He verb end in ָה.

(2) All Imperfects third masculine singular and all

Participles masculine singular end in ֶה (except Qal Passive Participle).

(3) All Imperatives masculine singular end in Tsere He.

(4) All Infinitives Construct end in וֹת.

(5) The Perfects third feminine singular are written as though the root-form were גָּלַת.

(6) Before the consonantal afformatives the original Yodh remains, and it contracts with the preceding vowel.

In the active Perfects the vowel after the contraction is Chireq-Yodh. Pi'el, Hiph'il, and Hithpa'el may have Tsere-Yodh.

In the passive Perfects the vowel after the contraction is Tsere-Yodh.

In the Imperfects and Imperatives the vowel before נָה is Seghol.

(7) In the third common plural of the Perfects the Yodh disappears (Qal Perfect 3 c.pl. גָּלוּ).

(8) The Qal Passive Participle is גָּלוּי. The terminal Yodh remains as a consonant.

Because the verb הָיָה "to be" is used frequently, a table of the Qal is given.

QAL PERFECT

| | | | |
|---|---|---|---|
| 3 m.sg. he was | הָיָה | 3 c.pl. | הָיוּ |
| 3 f.sg. | הָֽיְתָה | | |
| 2 m.sg. | הָיִ֫יתָ | 2 m.pl. | הֱיִיתֶם |
| 2 f.sg. | הָיִית | 2 f.pl. | הֱיִיתֶן |
| 1 c.sg. | הָיִ֫יתִי | 1 c.pl. | הָיִ֫ינוּ |

## QAL IMPERFECT

| | | | |
|---|---|---|---|
| 3 m.sg.<br>he will be | יִהְיֶה | 3 m.pl. | יִהְיוּ |
| 3 f.sg. | תִּהְיֶה | 3 f.pl. | תִּהְיֶ֫ינָה |
| 2 m.sg. | תִּהְיֶה | 2 m.pl. | תִּהְיוּ |
| 2 f.sg. | תִּהְיִי | 2 f.pl. | תִּהְיֶ֫ינָה |
| 1 c.sg. | אֶהְיֶה | 1 c.pl. | נִהְיֶה |

Imperfect with Waw Consecutive
and he was — וַיְהִי

Jussive
let him be — יְהִי

## QAL IMPERATIVE

| | | | |
|---|---|---|---|
| 2 m.sg.<br>be | הֱיֵה | 2 m.pl. | הֱיוּ |
| 2 f.sg. | הֱיִי | 2 f.pl. | הֱיֶ֫ינָה |

## QAL PARTICIPLE

| | |
|---|---|
| m.sg.<br>being | הוֹיֶה |
| f.sg. | הוֹיָה |
| | etc. |

## QAL INFINITIVES

| | | | |
|---|---|---|---|
| Absolute | הָיֹה, הָיוֹ | Construct | הֱיוֹת |

## VOCABULARY

| | | | |
|---|---|---|---|
| to be fruitful | פָּרָה | wing (f.) | כָּנָף |
| to complete | כָּלָה | oath | שְׁבוּעָה |
| to curse | אָרַר | milk | חָלָב |
| to flow | זוּב | honey | דְּבַשׁ |
| to be wise, act wisely | חָכַם | above | מַ֫עַל |
| together, alike | יַ֫חַד, יַחְדָּו | verily, truly, amen | אָמֵן |

## EXERCISE

(1) וַיָּ֫מָת יוֹסֵף וְכָל־אֶחָיו וְכֹל הַדּוֹר הַהוּא׃ (2) וּבְנֵי־
יִשְׂרָאֵל פָּרוּ וַיִּשְׁרְצוּ[a] וַיִּרְבּוּ וַיַּֽעַצְמוּ בִּמְאֹד מְאֹד וַתִּמָּלֵא הָאָ֫רֶץ
אֹתָם׃ (3) וַיָּ֫קָם מֶ֫לֶךְ חָדָשׁ עַל־מִצְרָ֫יִם אֲשֶׁר לֹא יָדַע אֶת־יוֹסֵף׃
(4) וַיֹּ֫אמֶר אֶל־עַמּוֹ הִנֵּה עַם בְּנֵי־יִשְׂרָאֵל רַב וְעָצוּם מִמֶּ֫נּוּ
נִתְחַכְּמָה לוֹ פֶּן־יִרְבֶּה וְהָיָה כִּי תִקְרֶ֫אנָה מִלְחָמָה וְנוֹסַף גַּם הוּא
עַל־שֹׂנְאֵ֫ינוּ וְנִלְחַם בָּ֫נוּ וְעָלָה מִן־הָאָ֫רֶץ׃ (5) וַיִּתְפַּלֵּל חִזְקִיָּ֫הוּ[b]
אֶל־יהוה לֵאמֹר יהוה־צְבָאוֹת אֱלֹהֵי־יִשְׂרָאֵל יֹשֵׁב מַעַל־הַכְּרֻבִים[c]
אַתָּה־הוּא הָֽאֱלֹהִים לְבַדְּךָ לְכֹל מַמְלְכוֹת־הָאָ֫רֶץ, אַתָּה עָשִׂ֫יתָ אֶת־
הַשָּׁמַ֫יִם וְאֶת־הָאָ֫רֶץ׃ (6) וְעַתָּה אִם־תֵּלֵךְ לְפָנַי כַּאֲשֶׁר הָלַךְ דָּוִד
אָבִ֫יךָ לַעֲשׂוֹת[d] כְּכֹל אֲשֶׁר צִוִּיתִ֫יךָ וְחֻקַּי וּמִשְׁפָּטַי תִּשְׁמֹר, וַהֲקִימֹתִי
אֶת־כִּסְאֲךָ כַּאֲשֶׁר דִּבַּ֫רְתִּי לְדָוִד אָבִ֫יךָ לֵאמֹר לֹא יִכָּרֵת לְךָ אִישׁ

---

[a] from שָׁרַץ "to swarm"

[b] Hezekiah [c] the cherubim

[d] Qal Infinitive Construct of עָשָׂה

מֹשֵׁל בְּיִשְׂרָאֵל׃ (7) אַתֶּם רְאִיתֶם אֲשֶׁר עָשִׂיתִי לְמִצְרָיִם וָאֶשָּׂא[a]
אֶתְכֶם עַל־כַּנְפֵי־נְשָׁרִים[b] וָאָבִיא אֶתְכֶם אֵלָי׃ (8) וַיָּבֹא מֹשֶׁה
וַיִּקְרָא לְזִקְנֵי־הָעָם וַיָּשֶׂם לִפְנֵיהֶם אֵת כָּל־הַדְּבָרִים הָאֵלֶּה אֲשֶׁר
צִוָּהוּ יהוה׃ (9) וַיַּעֲנוּ כָל־הָעָם יַחְדָּו וַיֹּאמְרוּ כֹּל אֲשֶׁר דִּבֶּר
יהוה נַעֲשֶׂה וַיָּשֶׁב מֹשֶׁה אֶת־דִּבְרֵי־הָעָם אֶל־יהוה׃ (10) הַדָּבָר
אֲשֶׁר הָיָה אֶל־יִרְמְיָהוּ מֵאֵת יהוה לֵאמֹר, שְׁמַע אֶת־דִּבְרֵי־הַבְּרִית
הַזֹּאת וְדִבַּרְתָּם אֶל־אִישׁ־יְהוּדָה וְאֶל־יֹשְׁבֵי־יְרוּשָׁלָיִם׃ (11) וְאָמַרְתָּ
אֲלֵיהֶם כֹּה אָמַר יהוה אֱלֹהֵי־יִשְׂרָאֵל אָרוּר הָאִישׁ אֲשֶׁר לֹא יִשְׁמַע אֶת־
דִּבְרֵי־הַבְּרִית הַזֹּאת׃ (12) אֲשֶׁר צִוִּיתִי אֶת־אֲבוֹתֵיכֶם בַּיּוֹם הַהוּא
לֵאמֹר, שִׁמְעוּ בְקוֹלִי וִהְיִיתֶם לִי לְעָם וְאָנֹכִי אֶהְיֶה לָכֶם לֵאלֹהִים׃
(13) לְמַעַן הָקִים אֶת־הַשְּׁבוּעָה אֲשֶׁר נִשְׁבַּעְתִּי לַאֲבוֹתֵיכֶם לָתֵת לָהֶם
אֶרֶץ זָבַת־חָלָב וּדְבַשׁ כַּיּוֹם הַזֶּה וָאַעַן וָאֹמַר, אָמֵן יהוה׃

## LESSON 47

## DOUBLY WEAK VERBS

Verbs having more than one weak letter are designated as doubly weak verbs. We have studied already the adjustments that must be made when one weak letter appears in the root-form. In the doubly weak verbs these adjustments must be made for each weak letter in the root-form. נָשָׂא "to lift up" or "to bear" is a Pe Nun and Lamedh 'Aleph verb; therefore, the proper adjustments must be made for the Nun in the Pe position and for the 'Aleph in the Lamedh position.

---

[a]Qal Imperfect 1 c.sg. of נָשָׂא plus the Waw Consecutive

[b]eagles

A few of the most common doubly weak verbs are given below.

1. נָשָׂא "to lift up, to bear" Pe Nun and Lamedh 'Aleph

QAL SYNOPSIS

| | | | |
|---|---|---|---|
| Perfect | נָשָׂא | Passive Participle | נָשׂוּא |
| Imperfect | יִשָּׂא | Infinitive Absolute | נָשׂוֹא |
| Imperative | שָׂא | Infinitive Construct | נְשֹׂא, שְׂאֵת |
| Active Participle | נֹשֵׂא | With ל | לָשֵׂאת |

The Nun is assimilated in the Imperfect and the Pathach becomes Qamets before the quiescent letter א.

The alternate form of the Infinitive Construct is שְׂאֵת which becomes שֵׂאת when ל is added. On the analogy of גֶּ֫שֶׁת (from נָגַשׁ) the form was originally שֶׂ֫אֶת which became שְׂאֵת and finally לָשֵׂאת.

NIPH'AL SYNOPSIS

| | | | |
|---|---|---|---|
| Perfect | נִשָּׂא | Participle | נִשָּׂא |
| Imperfect | יִנָּשֵׂא | Infinitive Construct | הִנָּשֵׂא |
| Imperative | הִנָּשֵׂא | | |

Observe the assimilated Nun in every form of the Niph'al.

In the Pi'el, Pu'al, and Hithpa'el the Nun is unassimilated; so adjustments are made only for the א in the Lamedh position. The Nun is assimilated in the Hiph'il.

2. נָגַע "to touch" Pe Nun and Lamedh Guttural

QAL SYNOPSIS

| | | | |
|---|---|---|---|
| Perfect | נָגַע | Participle | נֹגֵעַ |
| Imperfect | יִגַּע | Infinitive Construct | נְגֹעַ, גַּעַת |
| Imperative | גַּע | | |

The other forms may be worked out applying the rules for the Pe Nun and Lamedh Guttural verbs.

3. נָטָה "to turn" Pe Nun and Lamedh He

QAL SYNOPSIS

| | | | |
|---|---|---|---|
| Perfect | נָטָה | Active Participle | נֹטֶה |
| Imperfect | יִטֶּה | | |
| Imperfect with Waw Consecutive | וַיֵּט | Passive Participle | נָטוּי |
| Jussive | יֵט | Infinitive Absolute | נָטֹה |
| Imperative | נְטֵה | Infinitive Construct | נְטוֹת |

HIPH'IL SYNOPSIS

| | | | |
|---|---|---|---|
| Perfect | הִטָּה | Participle | מַטֶּה |
| Imperfect | יַטֶּה | Infinitive Absolute | הַטֵּה |
| Imperfect with Waw Consecutive | וַיַּט | Infinitive Construct | הַטּוֹת |
| Jussive | יַט | | |
| Imperative | הַטֵּה | | |

4. נָכָה "to smite"  Pe Nun and Lamedh He

This verb is found frequently in the Old Testament. Usage is confined to the causative stems.

### HIPH'IL PERFECT

| | | | |
|---|---|---|---|
| 3 m.sg. he smote | הִכָּה | 3 c.pl. | הִכּוּ |
| 3 f.sg. | הִכְּתָה | | |
| 2 m.sg. | הִכִּ֫יתָ | 2 m.pl. | הִכִּיתֶם |
| 2 f.sg. | הִכִּית | 2 f.pl. | הִכִּיתֶן |
| 1 c.sg. | הִכִּ֫יתִי | 1 c.pl. | הִכִּ֫ינוּ |

### HIPH'IL SYNOPSIS

| | | | |
|---|---|---|---|
| Perfect | הִכָּה | Participle | מַכֶּה |
| Imperfect | יַכֶּה | Infinitive Absolute | הַכֵּה |
| Imperfect with Waw Consecutive | וַיַּךְ | Infinitive Construct | הַכּוֹת |
| Jussive | יַךְ | | |
| Imperative | הַכֵּה | | |

### HOPH'AL SYNOPSIS

| | | | |
|---|---|---|---|
| Perfect | הֻכָּה | Participle | מֻכֶּה |
| Imperfect | יֻכֶּה | Infinitive Absolute | הֻכֵּה |
| Imperfect with Waw Consecutive | וַיֻּכֶּה | Infinitive Construct | הֻכּוֹת |

5. עָשָׂה "to do, to make"  Pe Guttural and Lamedh He
   עָלָה "to go up"

## QAL SYNOPSIS

| | | | |
|---|---|---|---|
| Perfect | עָשָׂה | Active Participle | עֹשֶׂה |
| | עָשְׂתָה | | |
| | עָשִׂיתָ | Passive Participle | עָשׂוּי |
| | etc. | Infinitive Absolute | עָשֹׂה |
| Imperfect | יַעֲשֶׂה | | |
| Imperfect with Waw Consecutive | וַיַּעַשׂ | Infinitive Construct | עֲשׂוֹת |
| Jussive | יַעַשׂ | | |
| Imperative | עֲשֵׂה | | |

## HIPH'IL SYNOPSIS

| | | | |
|---|---|---|---|
| Perfect | הֶעֱלָה | Participle | מַעֲלֶה |
| Imperfect | יַעֲלֶה | Infinitive Absolute | הַעֲלֵה |
| Imperfect with Waw Consecutive | וַיַּעַל | Infinitive Construct | הַעֲלוֹת |
| Jussive | יַעַל | | |
| Imperative | הַעֲלֵה | | |

## VOCABULARY

| | | | |
|---|---|---|---|
| to be evil | רָעַע | witness | עֵד |
| to smite | נָכָה | work | מְלָאכָה |
| to weep | בָּכָה | to rest, cease | נוּחַ |

| | | | |
|---|---|---|---|
| to reveal, uncover | גָּלָה | stranger, foreigner | נֵכָר |
| to cover, conceal | כָּסָה | female slave, servant | אָמָה |

## EXERCISE

(1) וַיֹּאמֶר יְהוֹשֻׁעַ אֶל־הָעָם לֹא תוּכְלוּ לַעֲבֹד אֶת־יהוה כִּי
אֱלֹהִים קְדֹשִׁים הוּא וְאֵל־קַנּוֹא[a] הוּא לֹא יִשָּׂא לְפִשְׁעֲכֶם
וּלְחַטֹּאותֵיכֶם׃ (2) כִּי תַעַזְבוּ אֶת־יהוה וַעֲבַדְתֶּם אֱלֹהֵי־נֵכָר
וְשָׁב וְהֵרַע לָכֶם וְכִלָּה אֶתְכֶם אַחֲרֵי־אֲשֶׁר הֵיטִיב לָכֶם׃ (3) וַיֹּאמֶר
הָעָם אֶל־יְהוֹשֻׁעַ לֹא, כִּי אֶת־יהוה נַעֲבֹד׃ (4) וַיֹּאמֶר יְהוֹשֻׁעַ
אֶל־הָעָם עֵדִים אַתֶּם בָּכֶם כִּי־אַתֶּם בְּחַרְתֶּם לָכֶם אֶת־יהוה לַעֲבֹד
אוֹתוֹ וַיֹּאמְרוּ עֵדִים׃ (5) וְעַתָּה הָסִירוּ אֶת־אֱלֹהֵי־הַנֵּכָר אֲשֶׁר
בְּקִרְבְּכֶם וְהַטּוּ אֶת־לְבַבְכֶם אֶל־יהוה אֱלֹהֵי־יִשְׂרָאֵל׃ (6) וַיֹּאמְרוּ
הָעָם אֶל־יְהוֹשֻׁעַ אֶת־יהוה אֱלֹהֵינוּ נַעֲבֹד וּבְקוֹלוֹ נִשְׁמָע׃
(7) וַיִּכְרֹת יְהוֹשֻׁעַ בְּרִית לָעָם בַּיּוֹם הַהוּא וַיָּשֶׂם לוֹ חֹק וּמִשְׁפָּט
בִּשְׁכֶם׃ (8) וַיִּכְתֹּב יְהוֹשֻׁעַ אֶת־הַדְּבָרִים הָאֵלֶּה בְּסֵפֶר תּוֹרַת־
אֱלֹהִים וַיִּקַּח אֶבֶן גְּדוֹלָה וַיְקִימֶהָ שָּׁם תַּחַת הָאַלָּה[b] אֲשֶׁר בְּמִקְדַּשׁ־
יהוה׃ (9) וַיֹּאמֶר יְהוֹשֻׁעַ אֶל־כָּל־הָעָם הִנֵּה הָאֶבֶן הַזֹּאת תִּהְיֶה
בָּנוּ לְעֵדָה כִּי הִיא שָׁמְעָה אֵת כָּל־אִמְרֵי־יהוה אֲשֶׁר דִּבֶּר עִמָּנוּ
וְהָיְתָה בָכֶם לְעֵדָה פֶּן תְּכַחֲשׁוּן[c] בֵּאלֹהֵיכֶם׃ (10) וַיְשַׁלַּח יְהוֹשֻׁעַ
אֶת־הָעָם, אִישׁ לְנַחֲלָתוֹ׃ (11) וַיְהִי אַחֲרֵי־הַדְּבָרִים הָאֵלֶּה וַיָּמָת
יְהוֹשֻׁעַ בִּן־נוּן עֶבֶד־יהוה בֶּן־מֵאָה וָעֶשֶׂר שָׁנִים׃ (12) וַיִּקְבְּרוּ

---

[a] jealous [b] the oak

[c] from כָּחַשׁ "to fail, deny"

אֹתוֹ בִּגְבוּל־נַחֲלָתוֹ וַיַּעֲבֹד יִשְׂרָאֵל אֶת־יהוה כֹּל יְמֵי־יְהוֹשֻׁעַ: (13) שֵׁשֶׁת יָמִים תַּעֲבֹד וְעָשִׂיתָ כָּל־מְלַאכְתֶּךָ: (14) וּבַיּוֹם הַשְּׁבִיעִי שַׁבָּת לַיהוה אֱלֹהֶיךָ לֹא־תַעֲשֶׂה כָל־מְלָאכָה אַתָּה וּבִנְךָ וּבִתֶּךָ עַבְדְּךָ וַאֲמָתְךָ וּבְהֶמְתֶּךָ וְגֵרְךָ אֲשֶׁר בִּשְׁעָרֶיךָ: (15) כִּי שֵׁשֶׁת יָמִים עָשָׂה יהוה אֶת־הַשָּׁמַיִם וְאֶת־הָאָרֶץ אֶת־הַיָּם וְאֶת־כָּל־אֲשֶׁר־בָּם וַיָּנַח בַּיּוֹם הַשְּׁבִיעִי עַל־כֵּן בֵּרַךְ יהוה אֶת־יוֹם־הַשַּׁבָּת וַיְקַדְּשֵׁהוּ:

## LESSON 48

### DOUBLY WEAK VERBS

#### (Continued)

Synopses of five more doubly weak verbs of frequent usage are given below.

1. יָצָא "to go out"  Pe Waw and Lamedh 'Aleph

### QAL SYNOPSIS

| Perfect | יָצָא | Active Participle | יֹצֵא |
| 2 m.sg. | יָצָאתָ | | |
| | etc. | Infinitive Absolute | יָצוֹא |
| Imperfect | יֵצֵא | Infinitive Construct | צֵאת |
| Imperfect with Waw Consecutive | וַיֵּצֵא | | (for צֶאֶת) |
| Imperative | צֵא | | |
| | צְאִי | | |
| | etc. | | |

## HIPH'IL SYNOPSIS

| | | | |
|---|---|---|---|
| Perfect | הוֹצִיא | Participle | מוֹצִיא |
| 2 m.sg. | הוֹצֵאתָ | Infinitive Absolute | הוֹצֵא |
| | etc. | | |
| Imperfect | יוֹצִיא | Infinitive Construct | הוֹצִיא |
| Imperfect with Waw Consecutive | וַיּוֹצֵא | | |
| Imperative | הוֹצֵא | | |

2. בּוֹא "to come, to go in"  'Ayin Waw and Lamedh 'Aleph

## QAL SYNOPSIS

| | | | |
|---|---|---|---|
| Perfect | בָּא | Participle | בָּא |
| Imperfect | יָבוֹא | Infinitive Absolute | בּוֹא |
| Imperfect with Waw Consecutive | וַיָּבוֹא | Infinitive Construct | בֹּא, בּוֹא |
| Imperative | בּוֹא | | |

## HIPH'IL SYNOPSIS

| | | | |
|---|---|---|---|
| Perfect | הֵבִיא | Participle | מֵבִיא |
| Imperfect | יָבִיא | Infinitive Absolute | הָבֵא |
| Imperfect with Waw Consecutive | וַיָּבֵא | Infinitive Construct | הָבִיא |
| Imperative | הָבֵא | | |

3. יָדַע "to know"   Pe Waw and Lamedh Guttural

## QAL SYNOPSIS

| Perfect | יָדַע | Participle | יֹדֵעַ |
| Imperfect | יֵדַע | Infinitive Absolute | יָדוֹעַ |
| Imperative | דַּע | Infinitive Construct | דַּעַת |

## NIPH'AL SYNOPSIS

| Perfect | נוֹדַע | Participle | נוֹדָע |
| Imperfect | יִוָּדַע | Infinitive Construct | הִוָּדַע |
| Imperative | הִוָּדַע | | |

## HIPH'IL SYNOPSIS

| Perfect | הוֹדִיעַ | Participle | מוֹדִיעַ |
| Imperfect | יוֹדִיעַ | Infinitive Absolute | הוֹדֵעַ |
| Imperative | הוֹדַע | Infinitive Construct | הוֹדִיעַ |

## HITHPA'EL SYNOPSIS

| Perfect | הִתְוַדַּע | Participle | מִתְוַדַּע |
| Imperfect | יִתְוַדַּע | Infinitive Construct | הִתְוַדַּע |
| Imperative | הִתְוַדַּע | | |

4. יָרֵא "to fear" (a stative verb) Pe Yodh and Lamedh 'Aleph

QAL SYNOPSIS

| | | | |
|---|---|---|---|
| Perfect | יָרֵא | Participle | יָרֵא |
| Imperfect | יִירָא | Infinitive Absolute | יָרוֹא |
| Imperative | יְרָא | Infinitive Construct | יְרֹא |

5. רָאָה "to see"

This verb has a weak letter in all three positions. The ר acts like a guttural in that it will not receive dagesh forte. There is an א in the 'Ayin position and a ה in the Lamedh position.

QAL SYNOPSIS

| | | | |
|---|---|---|---|
| Perfect | רָאָה | Active Participle | רֹאֶה |
| Imperfect | יִרְאֶה | Passive Participle | רָאוּי |
| Imperfect with Waw Consecutive | וַיַּרְא | | |
| Jussive | יֵרֶא | Infinitive Absolute | רָאֹה |
| Imperative | רְאֵה | Infinitive Construct | רְאוֹת |

NIPH'AL SYNOPSIS

| | | | |
|---|---|---|---|
| Perfect | נִרְאָה | Participle | נִרְאֶה |
| Imperfect | יֵרָאֶה | Infinitive Absolute | הֵרָאֹה |
| Imperfect with Waw Consecutive | וַיֵּרָא | Infinitive Construct | הֵרָאוֹת |
| Imperative | הֵרָאֵה | | |

## VOCABULARY

| | | | |
|---|---|---|---|
| to watch | שָׁקַד | north (f.) | צָפוֹן |
| to open | פָּתַח | south | נֶגֶב |
| to turn about | פָּנָה | because | יַעַן |
| to flee | נוּס | wealth | עֹשֶׁר |
| to minister, serve | שָׁרַת | to count, number | מָנָה |
| to be long | אָרַךְ | | |

## EXERCISE

(1) וַיְהִי דְבַר־יהוה אֵלַי לֵאמֹר מָה־אַתָּה רֹאֶה יִרְמְיָהוּ וָאֹמַר
[a]מַקֵּל־שָׁקֵד[a] אֲנִי רֹאֶה׃ (2) וַיֹּאמֶר יהוה אֵלַי הֵיטַבְתָּ לִרְאוֹת
כִּי שֹׁקֵד אֲנִי עַל־דְּבָרִי לַעֲשֹׂתוֹ׃ (3) וַיְהִי דְבַר־יהוה אֵלַי
שֵׁנִית לֵאמֹר, מָה אַתָּה רֹאֶה וָאֹמַר סִיר[b] נָפוּחַ אֲנִי רֹאֶה וּפָנָיר
מִפְּנֵי־צָפוֹנָה׃ (4) וַיֹּאמֶר יהוה אֵלָי מִצָּפוֹן תִּפָּתַח הָרָעָה עַל
כָּל־יֹשְׁבֵי־הָאָרֶץ׃ (5) בְּגִבְעוֹן[c] נִרְאָה יהוה אֶל־שְׁלֹמֹה בַּחֲלוֹם
הַלָּיְלָה וַיֹּאמֶר אֱלֹהִים שְׁאַל מָה אֶתֶּן־לָךְ׃ (6) וַיֹּאמֶר שְׁלֹמֹה
אַתָּה עָשִׂיתָ עִם עַבְדְּךָ דָוִד אָבִי חֶסֶד גָּדוֹל כַּאֲשֶׁר הָלַךְ לְפָנֶיךָ
בֶּאֱמֶת וּבִצְדָקָה וּבְיִשְׁרַת־לֵבָב עִמָּךְ וַתִּשְׁמֹר לוֹ אֶת־הַחֶסֶד הַגָּדוֹל
הַזֶּה וַתִּתֶּן־לוֹ בֵן יֹשֵׁב עַל־כִּסְאוֹ כַּיּוֹם הַזֶּה׃ (7) וְעַתָּה יהוה
אֱלֹהָי אַתָּה הִמְלַכְתָּ אֶת־עַבְדְּךָ תַּחַת דָּוִד אָבִי וְאָנֹכִי נַעַר קָטֹן לֹא
אֵדַע צֵאת וָבֹא׃ (8) וְעַבְדְּךָ בְּתוֹךְ־עַמְּךָ אֲשֶׁר בָּחָרְתָּ עַם־רָב אֲשֶׁר
לֹא יִמָּנֶה וְלֹא יִסָּפֵר מֵרֹב׃ (9) וְנָתַתָּ לְעַבְדְּךָ לֵב שֹׁמֵעַ לִשְׁפֹּט
אֶת־עַמְּךָ לְהָבִין בֵּין־טוֹב לְרָע כִּי מִי יוּכַל לִשְׁפֹּט אֶת־עַמְּךָ הַכָּבֵד

---

[a-a] a rod of an almond [b] a pot [c] in Gibeon

הַזֶּה׃ (10) וַיִּיטַב הַדָּבָר בְּעֵינֵי אֲדֹנָי כִּי שָׁאַל שְׁלֹמֹה אֶת־הַדָּבָר
הַזֶּה׃ (11) וַיֹּאמֶר אֱלֹהִים אֵלָיו יַעַן אֲשֶׁר שָׁאַלְתָּ אֶת־הַדָּבָר הַזֶּה
וְלֹא שָׁאַלְתָּ לְּךָ יָמִים רַבִּים וְלֹא שָׁאַלְתָּ לְּךָ עֹשֶׁר וְלֹא שָׁאַלְתָּ נֶפֶשׁ־
אֹיְבֶיךָ וְשָׁאַלְתָּ לְּךָ הָבִין לִשְׁמֹעַ מִשְׁפָּט׃ (12) הִנֵּה עָשִׂיתִי כִּדְבָרֶיךָ
הִנֵּה נָתַתִּי לְךָ לֵב חָכָם וְנָבוֹן אֲשֶׁר כָּמוֹךָ לֹא הָיָה לְפָנֶיךָ וְאַחֲרֶיךָ
לֹא יָקוּם כָּמוֹךָ׃ (13) וְגַם אֲשֶׁר לֹא שָׁאַלְתָּ נָתַתִּי לָךְ גַּם עֹשֶׁר גַּם
כָּבוֹד אֲשֶׁר לֹא הָיָה כָמוֹךָ אִישׁ בַּמְּלָכִים כָּל־יָמֶיךָ׃ (14) וְאִם
תֵּלֵךְ בִּדְרָכַי לִשְׁמֹר חֻקַּי וּמִצְוֹתַי כַּאֲשֶׁר הָלַךְ דָּוִיד אָבִיךָ וְהַאֲרַכְתִּי
אֶת־יָמֶיךָ׃

## LESSON 49

## READING EXERCISE

### VOCABULARY

| | | | |
|---|---|---|---|
| to be whole, complete | שָׁלֵם | strength | כֹּחַ |
| to forget | שָׁכַח | clay | חֹמֶר |
| to break | פָּרַר | not, without | לְבִלְתִּי |
| to cry out | זָעַק | doing, deed | מַעֲלָל |
| to be straight, right, pleasing | יָשַׁר | thought, plan | מַחֲשָׁבָה, מַחֲשֶׁבֶת |
| to testify, witness, warn | עוּד | dwelling, tabernacle | מִשְׁכָּן |
| to console, have compassion, repent (Niph'al) | נָחַם | | |

## EXERCISE

(1) הַדָּבָר אֲשֶׁר הָיָה אֶל־יִרְמְיָהוּ מֵאֵת יהוה לֵאמֹר׃ (2) קוּם
וְיָרַדְתָּ בֵּית־הַיּוֹצֵר[a] וְשָׁמָּה אַשְׁמִיעֲךָ אֶת־דְּבָרָי׃ (3) וָאֵרֵד בֵּית־
הַיּוֹצֵר וְהִנֵּהוּ עֹשֶׂה מְלָאכָה עַל־הָאָבְנָיִם׃ (4) וְנִשְׁחַת הַכְּלִי אֲשֶׁר
הוּא עֹשֶׂה בַּחֹמֶר בְּיַד־הַיּוֹצֵר וְשָׁב וַיַּעֲשֵׂהוּ כְּלִי אַחֵר כַּאֲשֶׁר יָשַׁר
בְּעֵינֵי־הַיּוֹצֵר לַעֲשׂוֹת׃ (5) וַיְהִי דְבַר־יהוה אֵלַי לֵאמוֹר׃
(6) הֲכַיּוֹצֵר הַזֶּה לֹא אוּכַל לַעֲשׂוֹת לָכֶם בֵּית־יִשְׂרָאֵל׃ (7) רֶגַע[b]
אֲדַבֵּר עַל־גּוֹי וְעַל־מַמְלָכָה לִנְתוֹץ וּלְהַאֲבִיד׃ (8) וְשָׁב הַגּוֹי
הַהוּא מֵרָעָתוֹ אֲשֶׁר עָשָׂה עָלָיו וְנִחַמְתִּי עַל־הָרָעָה אֲשֶׁר חָשַׁבְתִּי לַעֲשׂוֹת
לוֹ׃ (9) וְרֶגַע אֲדַבֵּר עַל־גּוֹי וְעַל־מַמְלָכָה לִבְנֹת וְלִנְטֹעַ׃
(10) וְעָשָׂה הָרָעָה בְּעֵינַי לְבִלְתִּי שְׁמֹעַ בְּקוֹלִי וְנִחַמְתִּי עַל־הַטּוֹבָה
אֲשֶׁר אָמַרְתִּי לְהֵיטִיב אוֹתוֹ׃ (11) וְעַתָּה אֱמָר־נָא אֶל־אִישׁ־יְהוּדָה
וְעַל־יוֹשְׁבֵי־יְרוּשָׁלַיִם לֵאמֹר, כֹּה אָמַר יהוה הִנֵּה אָנֹכִי יוֹצֵר
עֲלֵיכֶם רָעָה וְחֹשֵׁב עֲלֵיכֶם מַחֲשָׁבָה שׁוּבוּ־נָא אִישׁ מִדַּרְכּוֹ הָרָעָה
וְהֵיטִיבוּ דַרְכֵיכֶם וּמַעַלְלֵיכֶם׃

(1) וַיֹּאמֶר יהוה אֵלַי קְרָא אֶת־כָּל־הַדְּבָרִים הָאֵלֶּה בְּעָרֵי־יְהוּדָה
וּבְחֻצוֹת־יְרוּשָׁלַיִם לֵאמֹר שִׁמְעוּ אֶת־דִּבְרֵי־הַבְּרִית הַזֹּאת וַעֲשִׂיתֶם
אוֹתָם׃ (2) כִּי הָעֵד הַעִדֹתִי בַּאֲבוֹתֵיכֶם בְּיוֹם הַעֲלוֹתִי אוֹתָם
מֵאֶרֶץ־מִצְרַיִם עַד־הַיּוֹם הַזֶּה הַשְׁכֵּם וְהָעֵד לֵאמֹר שִׁמְעוּ בְּקוֹלִי׃
(3) וְלֹא שָׁמְעוּ וְלֹא הִטּוּ אֶת־אָזְנָם וַיֵּלְכוּ אִישׁ [c]בִּשְׁרִירוּת־
לִבָּם[c] הָרָע וָאָבִיא עֲלֵיהֶם אֶת־כָּל־דִּבְרֵי־הַבְּרִית הַזֹּאת אֲשֶׁר צִוִּיתִי

---

[a]the potter [b](if in) a moment

[c-c]in the stubbornness of their heart

לַעֲשׂוֹת וְלֹא עָשׂוּ׃ (4) וַיֹּאמֶר יהוה אֵלָי נִמְצָא קֶשֶׁר[a] בְּאִישׁ־
יְהוּדָה וּבְיֹשְׁבֵי־יְרוּשָׁלָיִם׃ (5) שָׁבוּ עַל־עֲוֺנֹת־אֲבוֹתָם הָרִאשֹׁנִים
אֲשֶׁר מֵאֲנוּ לִשְׁמוֹעַ אֶת־דְּבָרַי וְהֵמָּה הָלְכוּ אַחֲרֵי־אֱלֹהִים אֲחֵרִים
לְעָבְדָם הֵפֵרוּ בֵית־יִשְׂרָאֵל וּבֵית־יְהוּדָה אֶת־בְּרִיתִי אֲשֶׁר כָּרַתִּי
אֶת־אֲבוֹתָם׃ (6) לָכֵן כֹּה אָמַר יהוה הִנְנִי מֵבִיא עֲלֵיהֶם רָעָה
אֲשֶׁר לֹא יוּכְלוּ לָצֵאת מִמֶּנָּה וְזָעֲקוּ אֵלַי וְלֹא אֶשְׁמַע אֲלֵיהֶם׃
(7) וְהָלְכוּ עָרֵי־יְהוּדָה וְיֹשְׁבֵי־יְרוּשָׁלַיִם וְזָעֲקוּ אֶל־הָאֱלֹהִים
אֲשֶׁר הֵם מְקַטְּרִים לָהֶם וְהוֹשֵׁעַ לֹא יוֹשִׁיעוּ לָהֶם בְּעֵת רָעָתָם׃
(8) כִּי מִסְפַּר־עָרֶיךָ הָיוּ אֱלֹהֶיךָ יְהוּדָה וּמִסְפַּר־חֻצוֹת־יְרוּשָׁלַיִם
שַׂמְתֶּם מִזְבְּחוֹת לַבֹּשֶׁת[b] מִזְבְּחוֹת לְקַטֵּר לַבָּעַל׃

(1) וּמִפְּרִי־הָעֵץ אֲשֶׁר בְּתוֹךְ־הַגָּן אָמַר אֱלֹהִים לֹא תֹאכְלוּ מִמֶּנּוּ
וְלֹא תִגְּעוּ בּוֹ פֶּן־תְּמֻתוּ׃ (2) וַיֹּאמֶר הַנָּחָשׁ אֶל־הָאִשָּׁה לֹא
מוֹת תְּמֻתוּ׃ (3) וַיֹּאמֶר אֶת־קֹלְךָ שָׁמַעְתִּי בַּגָּן וָאִירָא כִּי־
עֵירֹם אָנֹכִי וָאֵחָבֵא׃ (4) וַיֹּאמֶר מִי הִגִּיד לְךָ כִּי עֵירֹם אָתָּה
הֲמִן־הָעֵץ אֲשֶׁר צִוִּיתִיךָ לְבִלְתִּי אֲכָל־מִמֶּנּוּ אָכָלְתָּ׃

## LESSON 50

### READING EXERCISE

### VOCABULARY

| | | | |
|---|---|---|---|
| to feed | רָעָה | to conceive | הָרָה |
| to be glad | שָׂמַח | to conceal | צָפַן |
| to bow down | שָׁחָה | to wash | רָחַץ |

---

[a] a conspiracy [b] to the shameful thing

| | | | |
|---|---|---|---|
| to thank | יָדָה | to nurse | יָנַק |
| to turn, overturn | הָפַךְ | to pity, spare | חָמַל |

## EXERCISE

(1) וַתִּירֶאןָ הַמְיַלְּדֹת[a] אֶת־הָאֱלֹהִים וְלֹא עָשׂוּ כַּאֲשֶׁר דִּבֶּר אֲלֵיהֶם
מֶלֶךְ־מִצְרָיִם וַתְּחַיֶּיןָ אֶת־הַיְלָדִים׃ (2) וַיִּקְרָא מֶלֶךְ־מִצְרַיִם
לַמְיַלְּדֹת וַיֹּאמֶר לָהֶם מַדּוּעַ עֲשִׂיתֶן הַדָּבָר הַזֶּה וַתְּחַיֶּיןָ אֶת־
הַיְלָדִים׃ (3) וַתֹּאמַרְןָ הַמְיַלְּדֹת אֶל־פַּרְעֹה כִּי לֹא כַנָּשִׁים
הַמִּצְרִיֹּת הָעִבְרִיֹּת כִּי חָיוֹת[b] הֵנָּה בְּטֶרֶם תָּבוֹא אֲלֵיהֶן הַמְיַלֶּדֶת
וְיָלָדוּ׃ (4) וַיֵּיטֶב אֱלֹהִים לַמְיַלְּדֹת וַיִּרֶב הָעָם׃ (5) וַיְהִי
כִּי־יָרְאוּ הַמְיַלְּדֹת אֶת־הָאֱלֹהִים וַיַּעַשׂ לָהֶם בָּתִּים׃ (6) וַיְצַו
פַּרְעֹה לְכָל־עַמּוֹ לֵאמֹר כָּל־הַבֵּן לָעִבְרִים הַיְאֹרָה תַּשְׁלִיכֻהוּ וְכָל־
הַבַּת תְּחַיּוּ׃ (7) וַיֵּלֶךְ אִישׁ מִבֵּית־לֵוִי וַיִּקַּח אֶת־בַּת־לֵוִי׃
(8) וַתַּהַר הָאִשָּׁה וַתֵּלֶד בֵּן וַתֵּרֶא אֹתוֹ כִּי־טוֹב הוּא וַתִּצְפְּנֵהוּ
שְׁלֹשָׁה יְרָחִים׃ (9) וְלֹא יָכְלָה עוֹד הַצְּפִינוֹ וַתִּקַּח לוֹ תֵּבָה
וַתָּשֶׂם בָּהּ אֶת־הַיֶּלֶד וַתָּשֶׂם בַּסּוּף[c] עַל־שְׂפַת־הַיְאֹר׃ (10) וַתֵּתַצַּב
אֲחֹתוֹ מֵרָחֹק לְדֵעָה מַה־יֵּעָשֶׂה לוֹ׃ (11) וַתֵּרֶד בַּת־פַּרְעֹה לִרְחֹץ
עַל־הַיְאֹר וַתֵּרֶא אֶת־הַתֵּבָה בְּתוֹךְ־הַסּוּף וַתִּשְׁלַח אֶת־אֲמָתָהּ וַתִּקָּחֶהָ׃
(12) וַתִּפְתָּחֶהָ וַתֵּרֶא אֶת־הַיֶּלֶד וְהִנֵּה־נַעַר בֹּכֶה וַתַּחְמֹל עָלָיו
וַתֹּאמֶר מִיַּלְדֵי־הָעִבְרִים זֶה׃ (13) וַתֹּאמֶר אֲחֹתוֹ אֶל־בַּת־פַּרְעֹה,
הַאֵלֵךְ וְקָרָאתִי לָךְ אִשָּׁה מֵינֶקֶת מִן הָעִבְרִיֹּת וְתֵינִיק לָךְ אֶת־הַיָּלֶד׃
(14) וַתֹּאמֶר לָהּ בַּת־פַּרְעֹה לֵכִי וַתֵּלֶךְ וַתִּקְרָא אֶת־אֵם־הַיָּלֶד׃
(15) וַתֹּאמֶר לָהּ בַּת־פַּרְעֹה קְחִי אֶת־הַיֶּלֶד הַזֶּה וְהֵינִקִהוּ לִי

---

[a]the midwives [b]lively [c]in the reeds

וַאֲנִי אֶתֵּן אֶת־שְׂכָרֵךְ[a] וַתִּקַּח הָאִשָּׁה אֶת־הַיֶּלֶד וַתְּנִיקֵהוּ׃
(16) וַיִּגְדַּל הַיֶּלֶד וַתְּבִאֵהוּ לְבַת־פַּרְעֹה וַיְהִי־לָהּ לְבֵן וַתִּקְרָא
שְׁמוֹ מֹשֶׁה׃

(1) וַיֹּאמֶר יהוה אֶל־מֹשֶׁה אֱמֹר אֶל־אַהֲרֹן קַח מַטְּךָ וּנְטֵה־יָדְךָ
עַל־מֵימֵי־מִצְרַיִם וְיִהְיוּ דָם וְהָיָה דָם בְּכָל־אֶרֶץ־מִצְרָיִם׃
(2) וַיַּעֲשׂוּ־כֵן מֹשֶׁה וְאַהֲרֹן כַּאֲשֶׁר צִוָּה יהוה וַיָּרֶם בַּמַּטֶּה וַיַּךְ
אֶת־הַמַּיִם אֲשֶׁר בַּיְאֹר לְעֵינֵי־פַרְעֹה וּלְעֵינֵי־עֲבָדָיו וַיֵּהָפְכוּ כָּל־
הַמַּיִם אֲשֶׁר בַּיְאֹר לְדָם׃

(1) הִנֵּה יָמִים בָּאִים נְאֻם־יהוה וְכָרַתִּי אֶת־בֵּית־יִשְׂרָאֵל וְאֶת־
בֵּית־יְהוּדָה בְּרִית חֲדָשָׁה׃ (2) לֹא כַבְּרִית אֲשֶׁר כָּרַתִּי אֶת־אֲבוֹתָם
בְּיוֹם הֶחֱזִיקִי בְיָדָם לְהוֹצִיאָם מֵאֶרֶץ־מִצְרָיִם אֲשֶׁר הֵמָּה הֵפֵרוּ אֶת־
בְּרִיתִי׃ (3) כִּי זֹאת הַבְּרִית אֲשֶׁר אֶכְרֹת אֶת־בֵּית־יִשְׂרָאֵל אַחֲרֵי־
הַיָּמִים הָהֵם נְאֻם־יהוה נָתַתִּי אֶת־תּוֹרָתִי בְּקִרְבָּם וְעַל־לִבָּם אֶכְתֲּבֶנָּה
וְהָיִיתִי לָהֶם לֵאלֹהִים וְהֵמָּה יִהְיוּ לִי לְעָם׃ (4) וְלֹא יְלַמְּדוּ
עוֹד אִישׁ אֶת־רֵעֵהוּ וְאִישׁ אֶת־אָחִיו לֵאמֹר דְּעוּ אֶת־יהוה כִּי כוּלָּם
יֵדְעוּ אוֹתִי לְמִקְטַנָּם וְעַד־גְּדוֹלָם נְאֻם־יהוה כִּי אֶסְלַח לַעֲוֹנָם
וּלְחַטָּאתָם לֹא אֶזְכָּר עוֹד׃

(1) יהוה יִמְלֹךְ לְעֹלָם וָעֶד׃ (2) הַלְלוּ יָהּ, כֹּל הָאָרֶץ תְּהַלֵּל
יָהּ, הַלְלוּ יָהּ׃

---

[a] your wages, hire

VOCABULARY

## א

אָב (m) father: cons אֲבִי; pl אָבוֹת, cons אֲבוֹת

אָבַד to perish: impf יֹאבַד; Hiph הֶאֱבִיד to destroy

אָבָה to be willing: impf יֹאבֶה

אֶ֫בֶן (f) stone: pl אֲבָנִים, cons אַבְנֵי

אַבְרָהָם Abraham

אַבְרָם Abram

אֱדוֹם Edom

אָדוֹן (m) lord, master

אֲדֹנָי Lord (used only of God)

אָדָם (m) man, mankind

אֲדָמָה (f) ground: cons אַדְמַת

אָהֵב, אָהַב to love: impf יֶאֱהַב

אֹ֫הֶל (m) tent

אַהֲרֹן Aaron

אוֹ (conj) or

אוּלַי (adv) perhaps

אוֹר (m) light

אוּר Ur

אוֹת (m) sign

אָז (adv) then

אָזַן to listen, give ear: only in Hiph הֶאֱזִין

אֹ֫זֶן (f) ear: dual אָזְנַ֫יִם

אָח (m) brother: cons אֲחִי, with sf אָחִי; pl אַחִים

אֶחָד (m) one: cons אַחַד

אָחוֹת (f) sister: cons אֲחוֹת, with sf אֲחֹתִי

אָחַז to seize, grasp: impf יֹאחֵז or יֶאֱחֹז

אַחֵר (adj) another, other: pl אֲחֵרִים

אַחַר (prep) after, behind: pl cons אַחֲרֵי, with sf אַחֲרַי

אֹיֵב (m) enemy: with sf אֹיְבִי

אִיּוֹב Job

אַ֫יִל (m) ram: cons אֵיל

אַ֫יִן nothing, there is not: cons אֵין

אִישׁ (m) man: pl אֲנָשִׁים, cons אַנְשֵׁי

אָכַל to eat: impf יֹאכַל

אַל no, not

אֵל God, mighty one: with sf אֵלִי

אֶל (prep) unto: with sf אֵלַי, p. 45

אֵ֫לֶּה (demons adj) these, p. 17

אֱלֹהִים (pl) God, gods: cons אֱלֹהֵי, with sf אֱלֹהַי

אַלְמָנָה (f) widow

אֶ֫לֶף (m) thousand, clan, ox: pl cons אַלְפֵי

אִם (conj) if, whether, or

אֵם (f) mother: with sf אִמִּי

אָמָה (f) maidservant, female slave

אַמָּה (f) cubit: cons אַמַּת

אָמַן to be firm, confirm: Niph נֶאֱמַן, impf יֵאָמֵן

אָמֵן (adv) verily, truly, amen

אָמֵץ to be firm, strong: impf יֶאֱמַץ

אָמַר to say: impf יֹאמַר, with waw con וַיֹּאמֶר, inf cons + ל לֵאמֹר

אֱמֶת (f) truth, faithfulness

אֱנוֹשׁ (m) man, mankind, Enosh

אֲנַ֫חְנוּ (pron) we, p. 30

אֲנִי, אָנֹכִי (pron) I, p. 30

אָסַף to gather: impf יֶאֱסֹף; Niph and Hithp, to assemble

אַף (m) nose, anger: with sf אַפִּי

אָפָה to bake: impf יֹאפֶה

אַרְבָּעָה (m) four: f אַרְבַּע; אַרְבָּעִים forty

אֲרוֹן (m) ark: with art הָאָרוֹן

אֲרִי (m) lion

אָרַךְ to be long: Hiph הֶאֱרִיךְ

אֶ֫רֶץ (f) earth, land, ground: with art הָאָ֫רֶץ

אָרַר to curse: impf יָאֹר

אֵשׁ (f) fire

אִשָּׁה (f) woman: cons אֵ֫שֶׁת, with sf אִשְׁתִּי; pl נָשִׁים, cons נְשֵׁי

אֲשֶׁר (rel pron) who, which, that

אֵת, אֶת־ sign of the definite object: with sf אֹתִי me, p. 31

אֵת, אֶת־ (prep) with: with sf אִתִּי, p. 44

אַתָּה (pron) m you: f אַתְּ; pl m אַתֶּם, f אַתֶּן, p. 30

אַתֶּם (pron) m pl you: f אַתֶּן, p. 30

ב

בְּ (insep prep) in, with, by: with sf בִּי, p. 42

בְּאֵר (f) well, pit

בְּאֵר שֶׁ֫בַע Beersheba

בֶּ֫גֶד (m) garment: pl בְּגָדִים

בָּדַל to divide, distinguish: Hiph הִבְדִּיל

בְּהֵמָה (f) cattle, animal, beast

בּוֹא to come: perf בָּא, impf יָבוֹא; Hiph הֵבִיא to bring, impf יָבִיא

בּוֹר (m) pit

בּוֹשׁ to be ashamed: impf יֵבוֹשׁ

בָּחַר to choose: impf יִבְחַר, often followed by בְּ

בָּטַח to trust: impf יִבְטַח, often followed by בְּ

בֶּ֫טֶן (f) womb, belly

בְּטֶ֫רֶם (adv) before

בִּין to perceive, understand, discern: impf יָבִין

בֵּין (prep) between: with sf בֵּינִי

בַּ֫יִת (m) house: cons בֵּית; pl בָּתִּים, cons בָּתֵּי

בָּכָה to weep

בְּכוֹר (m) first-born

בָּמָה (f) high place: pl בָּמוֹת

בֵּן (m) son: cons בֶּן, with sf בְּנִי; pl בָּנִים, cons בְּנֵי

בָּנָה to build: impf יִבְנֶה, with waw con וַיִּ֫בֶן

בִּנְיָמִן Benjamin: also בִּנְיָמִין

בַּ֫עַל Baal, master

בָּקַע to cleave, split

בָּקָר (c) cattle, herd

בֹּ֫קֶר (m) morning

בָּקַשׁ to seek: Pi'el בִּקֵּשׁ

בָּרָא to create: impf יִבְרָא

בָּרוּךְ Baruch

בְּרִית (f) covenant

בָּרַךְ to bless: Pi'el בֵּרֵךְ, impf יְבָרֵךְ

בְּרָכָה (f) blessing: with sf בִּרְכָתִי

בָּשָׂר (m) flesh

בַּת (f) daughter: cons בַּת, with sf בִּתִּי; pl בָּנוֹת, cons בְּנוֹת, with sf בְּנוֹתַי, p. 41

ג

גָּאַל to redeem, defile: impf יִגְאַל

גְּבוּל (m) boundary, border

גִּבּוֹר (m) hero, mighty man

גָּדוֹל (adj) great

גָּדַל to be great, grow: impf יִגְדַּל

גּוֹי (m) nation: pl גּוֹיִם, cons גּוֹיֵי

גּוּר to sojourn: perf גָּר, impf יָגוּר, with waw con וַיָּ֫גָר

גָּלָה to reveal, uncover, go into exile: impf יִגְלֶה

גַּם (adv) also: גַּם . . . גַּם both . . . and

גָּמָל (c) camel: pl גְּמַלִּים

גַּן (c) garden: with art הַגָּן

גֵּר (m) sojourner, stranger

גָּרַשׁ to cast out: Pi'el גֵּרֵשׁ to drive out, impf יְגָרֵשׁ

ד

דָּבַר to speak: Pi'el דִּבֶּר

דָּבָר (m) word, thing, matter

דְּבַשׁ (m) honey

דֹּב (c) bear

דָּוִד David

דּוֹר (m) generation

דֶּ֫לֶת (f) door

דָּם (m) blood: pl דָּמִים bloodshed

דָּן Dan

דֶּ֫רֶךְ (c) way: with sf דַּרְכִּי

דָּרַשׁ to seek

ה

ה (art) the: pointed הַ·, הָ, הֶ, p. 10

הֲ (interrogative prefix), p. 32

הוּא (pron) m he: f הִיא she, p. 30; demons adj that: f הִיא, p. 17

הָיָה to be, become, come to pass: impf יִהְיֶה, with waw con וַיְהִי

הֵיכָל (m) palace, temple

הָלַךְ to walk: impf יֵלֵךְ, with waw con וַיֵּלֶךְ; Hiph הוֹלִיךְ to cause to go

הָלַל to praise: Pi'el הִלֵּל

הֵם, הֵמָּה (pron) m pl they: f הֵן, הֵנָּה, p. 30; demons adj those, p. 17

הִנֵּה behold: with sf הִנְנִי

הָפַךְ to turn, overturn: impf יַהֲפֹךְ

הַר (m) mountain: with art הָהָר; pl הָרִים, with art הֶהָרִים

הָרַג to kill, slay: impf יַהֲרֹג

הָרָה to conceive: impf with waw con וַתַּהַר

ו

וְ (conj) and

ז

זֹאת (demons adj) f this, p. 17

זָבַח to sacrifice: impf יִזְבַּח

זֶבַח (m) sacrifice

זֶה (demons adj) m this, p. 17

זָהָב (m) gold

זוּב to flow: impf יָזוּב

זָכַר to remember

זָעַק to cry out: impf יִזְעַק

זָקֵן to be old: impf יִזְקַן

זָקֵן (adj) old: m elder; pl זְקֵנִים, cons זִקְנֵי

זֶרַע (m) seed: with sf זַרְעִי; pl sf זַרְעֵיכֶם

ח

חָבָא to hide: Niph נֶחְבָּא to hide oneself; Hiph הֶחְבִּיא to hide

חָדָשׁ (adj) new: f חֲדָשָׁה

חֹדֶשׁ (m) month, new moon: pl חֳדָשִׁים

חוֹל (m) sand

חוּץ (m) outside, street: pl חוּצוֹת, חֻצוֹת

חָזַק to be strong: impf יֶחֱזַק; Hiph הֶחֱזִיק to take hold of, seize

חָטָא to sin: impf יֶחֱטָא

חַטָּאת (f) sin, sin offering

חַי (adj) living: f חַיָּה

חָיָה to live: impf יִחְיֶה

חַיָּה (f) living thing, beast: pl חַיּוֹת

חַיִּים (m pl) life

חַ֫יִל (m) strength: cons חֵיל

חֵיק (m) bosom

חָכַם to be wise, act wisely: impf יֶחְכַּם

חָכָם (adj) wise: pl חֲכָמִים, cons חַכְמֵי

חָכְמָה (f) wisdom

חָלָב (m) milk

חֲלוֹם (m) dream: pl חֲלוֹמוֹת

חָלַל to pollute: Niph נִחַל, impf יֵחַל; Hiph הֵחֵל to begin, impf יָחֵל

חָלַם to dream: impf יַחֲלֹם

חֲמוֹר (m) donkey, ass

חָמַל to pity, spare: impf יַחְמֹל

חֹ֫מֶר (m) clay, mortar

חֲמִשָּׁה (m) five: f חָמֵשׁ; pl חֲמִשִּׁים fifty

חָנָה to encamp: impf with waw con וַיִּחַן

חֶ֫סֶד (m) covenant love, kindness, steadfast love: with sf חַסְדִּי

חֹק (m) statute: pl חֻקִּים

חֻקָּה (f) statute: pl חֻקּוֹת

חֶ֫רֶב (f) sword: with sf חַרְבִּי

חֵ֫רֶם (m) devoted thing, ban

חָרָן Haran

חָשַׁב to think, reckon: impf יַחְשֹׁב

חֹ֫שֶׁךְ (m) darkness

ט

טוֹב (adj) good

טָמֵא to be unclean: impf יִטְמָא; Niph נִטְמָא to be defiled

י

יְאֹר (m) river, Nile

יַבָּשָׁה (f) dry land

יַבֶּ֫שֶׁת (f) dry land

יָד (f) hand: cons יַד; dual יָדַ֫יִם, cons יְדֵי

יָדָה to thank: Hiph הוֹדָה, impf יוֹדֶה

יָדַע to know: impf יֵדַע

יְהוּדָה Judah

יהוה Yahweh, the Lord: with prefix בַּיהוה

יְהוֹשֻׁ֫עַ Joshua

יוֹבֵל (m) ram's horn, Jubilee

יוֹם (m) day: pl יָמִים, cons יְמֵי

יוֹסֵף Joseph

יַ֫חַד (m) jointly, oneness

יַחְדָּו (adv) together

יָטַב to be good: impf יִיטַב; Hiph הֵיטִיב to do good

יַ֫יִן (m) wine: cons יֵין

יָכֹל to be able: impf יוּכַל

יָלַד to bear: impf יֵלֵד; Hiph הוֹלִיד to beget

יֶ֫לֶד (m) child, boy

יַלְדָּה (f) child, girl

יָם (m) sea: pl יַמִּים

יָמִין (f) right hand

יָנַק to suck: Hiph הֵינִיק to nurse

יָסַף to add: Hiph הוֹסִיף, impf יוֹסִיף

יַ֫עַן (prep or conj) because

יַעֲקֹב Jacob

יָצָא to go out: impf יֵצֵא; Hiph הוֹצִיא to bring out

יָצַב to stand, take one's stand, station oneself: only in Hithp הִתְיַצֵּב

יִצְחָק Isaac

יָצַר to form, fashion: impf with waw con וַ֫יִּצֶר

יָרֵא to fear: impf יִירָא

יִרְאָה (f) fear

יָרַד to go down: impf יֵרֵד; Hiph הוֹרִיד to bring down

יַרְדֵּן Jordan

יָרָה to throw: Hiph הוֹרָה to instruct, impf יוֹרֶה

יְרוּשָׁלַ֫יִם Jerusalem

יֶ֫רַח (m) month: pl יְרָחִים

יָרֵ֫חַ (m) moon

יְרִיחוֹ Jericho

יָרֵךְ (f) thigh

יִרְמְיָ֫הוּ Jeremiah: also יִרְמְיָה

יָרַשׁ to possess, inherit: impf יִירַשׁ; Hiph הוֹרִישׁ to drive out

יִשְׂרָאֵל Israel

יֵשׁ (subst) there is, being, existence

יָשַׁב to dwell, sit: impf יֵשֵׁב

יֹשֵׁב (Qal part) inhabitant

יְשׁוּעָה (f) salvation

יָשַׁע to deliver, save: Hiph הוֹשִׁיעַ; Niph נוֹשַׁע to be liberated

יָשַׁר to be straight, upright, pleasing: impf יִישַׁר

יָשָׁר (adj) straight, upright

יָתוֹם (m) orphan

יָתַר to be left, remain: Niph נוֹתַר, impf יִוָּתֵר; Hiph הוֹתִיר

יֶ֫תֶר (m) rest, remainder

## כ

כְּ (insep prep) like, as, according to: with sf כָּמ֫וֹנִי, p. 43

כַּאֲשֶׁר (prep with rel pron) just as, when, as

כָּבֵד to be heavy: impf יִכְבַּד; Pi'el כִּבֵּד to honor

כָּבוֹד (m) glory, honor

כֹּה (adv) thus, here

כֹּהֵן (m) priest: pl כֹּהֲנִים

כּוֹכָב (m) star

כּוּן to be prepared: Niph נָכוֹן, impf יִכּוֹן

כֹּ֫חַ (m) strength, power

כִּי (conj) when, that, because

כֹּל (m) the whole, all, every: cons כָּל, with sf כֻּלִּי

כָּלָה to complete: impf יְכַלֶּה; Pi'el כִּלָּה

כְּלִי (m) article, vessel

כְּמוֹ just like, like, when: with sf כָּמֹונִי

כֵּן (adv) thus, so

כָּנַע to bring low, be humbled: Niph נִכְנַע, impf יִכָּנַע

כְּנַ֫עַן Canaan

כָּנָף (f) wing

כִּסֵּא (m) throne

כָּסָה to cover, conceal: Pi'el כִּסָּה, impf יְכַסֶּה

כֶּ֫סֶף (m) silver, money: with sf כַּסְפִּי

כַּף (f) hand, palm

כָּפַר to cover, atone: Pi'el כִּפֶּר

כָּרַת to cut

כָּתַב to write

ל

לְ (insep prep) to, for: with sf לִי

לֹא not

לֵב (m) heart: with sf לִבִּי

לֵבָב (m) heart: with sf לְבָבִי

לְבִלְתִּי (prep) not, without, in order not: בִּלְתִּי with לְ

לָבָן Laban

לָבַשׁ to clothe, put on

ל֫וּחַ (m) tablet: pl לֻחֹות, לוּחוֹת

לוֹט Lot

לֵוִי Levi

לוּן, לִין to lodge: perf לָן, impf יָלִין

לָחַם to fight: Niph נִלְחַם to fight against (בְּ)

לֶ֫חֶם (m) bread

לַ֫יְלָה (m) night

לָכַד to capture, take, seize

לָכֵן therefore

לָמַד to learn: Pi'el לִמֵּד, לִמַּד to teach

לָ֫מָּה why (ל + מָה)

לְמַ֫עַן (prep) in order that, that

לִפְנֵי (prep) before (lit., to faces of ל + פְּנֵי)

לָקַח to take: impf יִקַּח, inf cons קַ֫חַת

לִקְרַאת (prep) toward, to meet

לָשׁוֹן (c) tongue

מ

מְאֹד (adv) very, exceedingly: m force, might

מֵאָה (f) hundred: cons מְאַת; pl מֵאוֹת

מַאֲכָל (m) food

מָאֵן to refuse: Pi'el מֵאֵן, impf יְמָאֵן

מַבּוּל (m) flood

מִדְבָּר (m) desert, wilderness

מַדּוּעַ (adv) wherefore, why

מָה (interr pron) what, p. 31

מוֹעֵד (m) appointed time, place, meeting

מוּת to die: perf מֵת, impf יָמוּת, with waw con וַיָּ֫מָת; Hiph הֵמִית, impf יָמִית

מָ֫וֶת (m) death: cons מוֹת, with sf מוֹתִי

מִזְבֵּ֫חַ (m) altar

מַחֲנֶה (c) camp

מַחֲשָׁבָה (f) thought, plan: cons מַחֲשֶׁ֫בֶת

מַטֶּה (m) rod, tribe

מִי (interr pron) who, p. 31

מַ֫יִם (m pl) water: cons מֵי

מָכַר to sell

מָלֵא to be full: Pi'el מִלֵּא to fill

מַלְאָךְ (m) angel, messenger

מְלָאכָה (f) work: cons מְלֶ֫אכֶת, with sf מְלַאכְתּוֹ

מִלְחָמָה (f) war

מָלַט to escape, slip away: Niph נִמְלַט

מָלַךְ to reign, be king: Hiph הִמְלִיךְ to make one king

מֶ֫לֶךְ (m) king: with sf מַלְכִּי

מַלְכָּה (f) queen

מַמְלָכָה (f) kingdom: cons מַמְלֶ֫כֶת

מִן (prep) from: with sf מִמֶּ֫נִּי, p. 43

מָנָה to count: impf תִּמְנֶה

מִנְחָה (f) offering, gift

מִסְפָּר (m) number

מַ֫עַל (prep) above

מַעֲלָל (m) practice, deed: pl מַעֲלָלִים

מַעֲשֶׂה (m) work, deed: with sf מַעֲשֵׂהוּ

מָצָא to find: impf יִמְצָא

מִצְוָה (f) commandment: pl מִצְוֹת

מִצְרִי Egyptian

מִצְרַ֫יִם Egypt

מִקְדָּשׁ (m) sanctuary

מָקוֹם (m) place

מַרְאֶה (m) vision, appearance

מֹשֶׁה Moses

מִשְׁכָּן (m) dwelling, tabernacle

מָשַׁל to reign, rule (over ב)

מִשְׁפָּחָה (f) family, clan

מִשְׁפָּט (m) judgment

## נ

נָא (particle of entreaty) now, I pray you, please

נְאֻם (m) oracle, utterance

נָבָא to prophesy: Niph נִבָּא, impf יִנָּבֵא; Hithp הִתְנַבֵּא

נָבִיא (m) prophet: pl נְבִיאִים; f נְבִיאָה prophetess

נְבָלָה (f) folly, senselessness

נֶ֫גֶב (m) south

נָגַד to tell, declare: Hiph הִגִּיד, impf יַגִּיד; Hoph הֻגַּד

נֶגֶד (adv or prep) opposite, in front of

נָגַע to touch, smite: impf יִגַּע; Hiph הִגִּיעַ

נָגַשׁ to approach, draw near: impf יִגַּשׁ, inf cons גֶּשֶׁת

נָהָר (m) river: cons נְהַר

נוּחַ to rest, cease: impf יָנוּחַ; Hiph הֵנִיחַ

נוּס to flee, escape: perf נָס, impf יָנוּס

נֹחַ Noah

נָחַל to inherit, take possession: impf יִנְחַל

נַחֲלָה (f) inheritance

נָחַם to comfort, have compassion, repent: Niph נִחַם

נָחָשׁ (m) serpent

נָטָה to stretch out, turn, pitch: impf יִטֶּה, with waw con וַיֵּט; Hiph הִטָּה, impf יַטֶּה, with waw con וַיַּט

נָטַע to plant: impf יִטַּע

נָכָה to smite: Hiph הִכָּה, impf יַכֶּה, with waw con וַיַּךְ

נֵכָר (m) stranger, foreigner

נָסַע to depart, journey: impf יִסַּע

נַעַר (m) boy, lad, youth

נָפַח to breathe, blow: impf with waw con וַיִּפַּח

נָפַל to fall: impf יִפֹּל; Hiph הִפִּיל

נֶפֶשׁ (f) life, being, soul: with sf נַפְשִׁי

נָצַל to deliver: Niph נִצַּל to be delivered; Hiph הִצִּיל to deliver, save

נָקִי (adj) innocent: cons נְקִי

נָשָׂא to lift up: impf יִשָּׂא; Niph נִשָּׂא

נָתַן to give, put: impf יִתֵּן, inf cons תֵּת

נָתַץ to break down, destroy: impf יִתֹּץ

ס

סָבַב to turn, go around: impf יִסֹּב, יָסֹב; Hiph הֵסֵב

סָבִיב (adv or prep) around

סוּס (m) horse

סוּר to turn away, depart: perf סָר, impf יָסוּר; Hiph הֵסִיר to remove

סָלַח to forgive: impf יִסְלַח

סָפַר to number, count: Pi'el, to relate, recount

סֵפֶר (m) book: pl סְפָרִים

סָתַר to hide: Niph נִסְתַּר and Hithp הִסְתַּתֵּר to hide oneself; Hiph הִסְתִּיר to hide

ע

עָבַד to serve: impf יַעֲבֹד

עֶ֫בֶד (m) servant: with sf עַבְדִּי

עֲבֹדָה (f) labor, service

עָבַר to pass over: impf יַעֲבֹר; Hiph הֶעֱבִיר

עֵ֫בֶר (m) region over or beyond

עִבְרִי a Hebrew

עֵ֫גֶל (m) calf

עַד (prep) until, as far as

עֵד (m) witness

עֵדָה (f) congregation

עֵדוּת (f) testimony

עֵ֫דֶן Eden

עוּד to testify, witness, warn: Hiph הֵעִיד

עוֹד (adv) again, yet, still

עוֹלָה (f) burnt offering: pl עוֹלוֹת

עוֹלָם (m) forever, eternity: often with ל, לְעוֹלָם

עָוֹן (m) iniquity, guilt

עוֹף (m) bird: collective for flying creatures

עוּץ Uz

עָזַב to abandon, forsake: impf יַעֲזֹב

עַ֫יִן (f) eye: cons עֵין; dual עֵינַ֫יִם, cons עֵינֵי

עִיר (f) city: pl עָרִים, cons עָרֵי

עַל (prep) upon, over, on: with sf עָלַי, p. 45

עָלָה to go up: impf יַעֲלֶה; Hiph הֶעֱלָה to bring up

עֵלִי Eli

עַם (m) people: with sf עַמִּי, with art הָעָם; pl עַמִּים, cons עַמֵּי

עִם (prep) with: with sf עִמָּדִי, עִמִּי

עָמַד to stand: impf יַעֲמֹד; Hiph הֶעֱמִיד to set, station

עָמוֹס Amos

עָמָל (c) trouble, labor, toil: with sf עֲמָלִי

עָנָה to answer: impf יַעֲנֶה; Pi'el עִנָּה to afflict

עָנָן (m) cloud

עָפָר (m) dust: with art הֶעָפָר

עֵץ (m) tree: pl עֵצִים

עָצַם to be strong, numerous

עֶ֫רֶב (m) evening

עָרוֹם, עֵירֹם (adj) naked

עָשָׂה to do, make: impf יַעֲשֶׂה

עֵשָׂו Esau

עֲשָׂרָה (m) ten: f עֶ֫שֶׂר; עֶשְׂרִים twenty

עָשַׁק to oppress: impf יַעֲשֹׁק

עֹ֫שֶׁר (m) wealth, riches

עֵת (c) time: with sf עִתִּי; pl עִתִּים

עַתָּה (adv) now

## פ

פָּגַע to meet, encounter, entreat

פֶּה (m) mouth: cons פִּי, with sf פִּי; pl פִּיוֹת

פָּלַל to pray: Hithp הִתְפַּלֵּל

פְּלִשְׁתִּי Philistine

פֶּן־ (conj) lest

פָּנָה to turn about: impf יִפְנֶה

פָּנִים (m pl) face: cons פְּנֵי, with sf פָּנַי, לִפְנֵי before

פָּסַל to engrave, carve

פָּעַל to do, make: impf יִפְעַל

פַּ֫עַם (f) time, once: dual פַּעֲמַ֫יִם

פָּקַד to visit, appoint, number

פָּקַח to open (the eyes): impf יִפְקַח

פָּרָה to be fruitful: impf יִפְרֶה

פְּרִי (m) fruit

פַּרְעֹה Pharaoh

פָּרַר to break: Hiph הֵפֵר, impf יָפֵר

פָּשַׁע to transgress, rebel: impf יִפְשַׁע

פֶּ֫שַׁע (m) transgression: with sf פִּשְׁעִי

פָּתַח to open: impf יִפְתַּח

## צ

צֹאן (c) flock, sheep

צָבָא (m) host: pl צְבָאוֹת

צַדִּיק (adj) righteous, just

צֶ֫דֶק (m) righteousness: with sf צִדְקִי

צְדָקָה (f) righteousness: cons צִדְקַת, with sf צִדְקָתִי

צָוָה to command: Pi'el צִוָּה, impf with waw con וַיְצַו

צָמַח to sprout: impf יִצְמַח

צָפוֹן (f) north

צָפַן to conceal

צָרָה (f) trouble, distress, adversary: pl צָרוֹת

## ק

קָבַץ to gather, assemble: Niph נִקְבַּץ or Hithp הִתְקַבֵּץ to gather together

קָבַר to bury

קֶ֫בֶר (m) grave

קָדוֹשׁ (adj) holy

קֶ֫דֶם (m) east, before

קָדַשׁ to be holy, set apart: impf יִקְדַּשׁ; Pi'el קִדַּשׁ

קֹ֫דֶשׁ (m) holiness: with sf קָדְשִׁי

קוֹל (m) voice

קוּם to arise, stand: perf קָם, impf יָקוּם, with waw con וַיָּ֫קָם; Hiph הֵקִים, impf יָקִים

קָטַל to kill: impf יִקְטֹל

קָטֹן to be small: impf יִקְטַן

קָטָן (adj) small, young: pl קְטַנִּים

קָטֹן (adj) small, young: cons קְטֹן

קָטַר to burn incense: Pi'el קִטֵּר; Hiph הִקְטִיר to cause to go up in smoke

קָלַל to be light, despised: perf קַל, impf יֵקַל; Pi'el קִלֵּל to curse

קָרָא to call, proclaim, read: impf יִקְרָא

קָרַב to draw near: impf יִקְרַב

קֶרֶב (m) midst: with sf קִרְבִּי

## ר

רָאָה to see: impf יִרְאֶה

רֹאשׁ (m) head: pl רָאשִׁים, cons רָאשֵׁי

רִאשׁוֹן (adj) first, former, chief: f רִאשֹׁנָה

רַב (adj) much, many, abounding in: pl רַבִּים

רֹב (m) abundance

רָבָה to multiply: impf יִרְבֶּה

רִבְקָה Rebekah

רֶגֶל (f) foot: pl רְגָלִים

רָדַף to pursue, persecute

רוּחַ (c) spirit, wind, breath

רוּם to be high: perf רָם, impf יָרוּם; Hiph הֵרִים to raise

רוּץ to run: perf רָץ, impf יָרוּץ

רְחַבְעָם Rehoboam

רָחַץ to wash: impf יִרְחַץ

רִיב to strive, contend: perf רָב, impf יָרִיב

רְכוּשׁ (m) substance, property, goods

רַע (adj) evil: pl רָעִים; f רָעָה, pl רָעוֹת

רֵעַ (m) friend: with sf רֵעִי; pl רֵעִים

רָעָב (m) famine

רָעָה to pasture, feed: impf יִרְעֶה

רֹעֶה (m) shepherd: pl רֹעִים

רָעַע to be evil: perf רַע, impf יֵרַע; Hiph הֵרַע to hurt

רָפָא to heal: impf יִרְפָּא

רַק (adv) only

רָשָׁע (adj) wicked: pl רְשָׁעִים

## שׂ

שָׂדֶה (m) field

שִׂים to set, put, place: perf שָׂם, impf יָשִׂים, with waw con וַיָּשֶׂם

שָׂכַל to be wise, prudent, to prosper: Hiph הִשְׂכִּיל, impf יַשְׂכִּיל

שָׂמַח to be glad: impf יִשְׂמַח

שָׂנֵא to hate: impf יִשְׂנָא

שָׂפָה (f) lip, edge, shore

שַׂר (m) prince, ruler: pl שָׂרִים

שָׂרַי Sarai (Sarah)

שָׂרַף to burn

ש

שְׁאוֹל (f) pit, grave, Sheol

שָׁאוּל Saul

שָׁאַל to ask: impf יִשְׁאַל

שָׁאַר to remain: Niph נִשְׁאַר to be left; Hiph הִשְׁאִיר

שְׁבוּעָה (f) oath

שֵׁבֶט (m) tribe, rod

שָׁבַע to swear: Niph נִשְׁבַּע, impf יִשָּׁבַע

שִׁבְעָה (m) seven: f שֶׁבַע; שִׁבְעִים seventy

שָׁבַר to break: Pi'el שִׁבֵּר to shatter

שָׁבַת to cease, rest

שַׁבָּת Sabbath

שׁוּב to turn, return: perf שָׁב, impf יָשׁוּב; Hiph הֵשִׁיב, impf יָשִׁיב

שׁוֹפָר (m) trumpet: pl שׁוֹפָרוֹת

שׁוֹר (m) ox

שָׁחָה to bow down: Hithp הִשְׁתַּחֲוָה, impf יִשְׁתַּחֲוֶה

שָׁחַת to destroy: Hiph הִשְׁחִית, impf יַשְׁחִית

שָׁכַב to sleep, lie down: impf יִשְׁכַּב

שָׁכַח to forget: impf יִשְׁכַּח

שָׁכַם to rise early: Hiph הִשְׁכִּים, impf with waw con וַיַּשְׁכֵּם

שְׁכֶם Shechem

שָׁכַן to dwell, inhabit

שֶׁלֶג (m) snow

שָׁלוֹם (m) peace, completeness

שְׁלוֹשָׁה (m) three: f שָׁלוֹשׁ; שְׁלוֹשִׁים thirty

שָׁלַח to send: impf יִשְׁלַח

שָׁלַךְ to cast, throw: Hiph הִשְׁלִיךְ, impf יַשְׁלִיךְ

שָׁלֵם to be whole, complete

שָׁם (adv) there

שֵׁם (m) name: with sf שְׁמִי; pl שֵׁמוֹת

שָׁמַד to destroy: Hiph הִשְׁמִיד; Niph נִשְׁמַד to be destroyed

שְׁמוּאֵל Samuel

שָׁמַיִם (m pl) heavens: cons שְׁמֵי

שְׁמֹנָה (m) eight: f שְׁמֹנֶה; שְׁמֹנִים eighty

שָׁמַע to hear: impf יִשְׁמַע

שָׁמַר to keep: Niph נִשְׁמַר to take heed

שֶׁמֶשׁ (c) sun

שָׁנָה (f) year: pl שָׁנִים, cons שְׁנֵי

שְׁנַיִם (m) two: f שְׁתַּיִם

שַׁעַר (m) gate: pl שְׁעָרִים

שָׁפַט to judge

שָׁפַךְ to pour out, shed

שָׁקַד to watch

שֶׁקֶר (m) falsehood, lie

שָׁרַת to minister, serve: Pi'el שֵׁרֵת

שִׁשָּׁה (m) six: f שֵׁשׁ; שִׁשִּׁים sixty

שָׁתָה to drink: impf יִשְׁתֶּה

ת

תַּאֲוָה (f) desire, delight

תֵּבָה (f) ark, chest

תָּ֫וֶךְ (subst) midst: cons תּוֹךְ

תּוֹלֵדוֹת (f pl) generations: cons תּוֹלְדוֹת

תּוֹרָה (f) law, instruction, teaching

תַּ֫חַת (prep) under, beneath, instead of: with sf תַּחְתַּי

תָּם (adj) blameless, perfect, mature, complete

תָּמִים (adj) complete, sound

תְּפִלָּה (f) prayer

תִּשְׁעָה (m) nine: f תֵּ֫שַׁע; תִּשְׁעִים ninety

## THE REGULAR VERB

| | | Qal Active | Qal Stative | | Niph'al | Pi'el |
|---|---|---|---|---|---|---|
| Perf. | 3 m.s. | קָטַל | כָּבֵד | קָטֹן | נִקְטַל | קִטֵּל |
| | 3 f.s. | קָטְלָה | כָּבְדָה | קָטְנָה | נִקְטְלָה | קִטְּלָה |
| | 2 m.s. | קָטַ֫לְתָּ | כָּבַ֫דְתָּ | קָטֹ֫נְתָּ | נִקְטַ֫לְתָּ | קִטַּ֫לְתָּ |
| | 2 f.s. | קָטַלְתְּ | כָּבַדְתְּ | קָטֹנְתְּ | נִקְטַלְתְּ | קִטַּלְתְּ |
| | 1 c.s. | קָטַ֫לְתִּי | כָּבַ֫דְתִּי | קָטֹ֫נְתִּי | נִקְטַ֫לְתִּי | קִטַּ֫לְתִּי |
| | 3 c.p. | קָטְלוּ | כָּבְדוּ | קָטְנוּ | נִקְטְלוּ | קִטְּלוּ |
| | 2 m.p. | קְטַלְתֶּם | כְּבַדְתֶּם | קְטָנְתֶּם | נִקְטַלְתֶּם | קִטַּלְתֶּם |
| | 2 f.p. | קְטַלְתֶּן | כְּבַדְתֶּן | קְטָנְתֶּן | נִקְטַלְתֶּן | קִטַּלְתֶּן |
| | 1 c.p. | קָטַ֫לְנוּ | כָּבַ֫דְנוּ | קָטֹ֫נּוּ | נִקְטַ֫לְנוּ | קִטַּ֫לְנוּ |
| Imperf. | 3 m.s. | יִקְטֹל | יִכְבַּד | יִקְטַן | יִקָּטֵל | יְקַטֵּל |
| | 3 f.s. | תִּקְטֹל | תִּכְבַּד | תִּקְטַן | תִּקָּטֵל | תְּקַטֵּל |
| | 2 m.s. | תִּקְטֹל | תִּכְבַּד | תִּקְטַן | תִּקָּטֵל | תְּקַטֵּל |
| | 2 f.s. | תִּקְטְלִי | תִּכְבְּדִי | תִּקְטְנִי | תִּקָּטְלִי | תְּקַטְּלִי |
| | 1 c.s. | אֶקְטֹל | אֶכְבַּד | אֶקְטַן | אֶקָּטֵל | אֲקַטֵּל |
| | 3 m.p. | יִקְטְלוּ | יִכְבְּדוּ | יִקְטְנוּ | יִקָּטְלוּ | יְקַטְּלוּ |
| | 3 f.p. | תִּקְטֹ֫לְנָה | תִּכְבַּ֫דְנָה | תִּקְטֹ֫נָּה | תִּקָּטַ֫לְנָה | תְּקַטֵּ֫לְנָה |
| | 2 m.p. | תִּקְטְלוּ | תִּכְבְּדוּ | תִּקְטְנוּ | תִּקָּטְלוּ | תְּקַטְּלוּ |
| | 2 f.p. | תִּקְטֹ֫לְנָה | תִּכְבַּ֫דְנָה | תִּקְטֹ֫נָּה | תִּקָּטַ֫לְנָה | תְּקַטֵּ֫לְנָה |
| | 1 c.p. | נִקְטֹל | נִכְבַּד | נִקְטַן | נִקָּטֵל | נְקַטֵּל |
| Cohort. | 1 c.s. | אֶקְטְלָה | אֶכְבְּדָה | אֶקְטְנָה | אֶקָּטְלָה | אֲקַטְּלָה |
| Jussive | 3 m.s. | יִקְטֹל | יִכְבַּד | יִקְטַן | יִקָּטֵל | יְקַטֵּל |
| Imperf. & ו cs. | | וַיִּקְטֹל | וַיִּכְבַּד | וַיִּקְטַן | וַיִּקָּטֵל | וַיְקַטֵּל |
| Perf. & ו cs. | | וְקָטַלְתָּ֫ | וְכָבַדְתָּ֫ | וְקָטֹ֫נְתָּ | וְנִקְטַלְתָּ֫ | וְקִטַּלְתָּ֫ |
| Impert. | 2 m.s. | קְטֹל | כְּבַד | | הִקָּטֵל | קַטֵּל |
| | 2 f.s. | קִטְלִי | כִּבְדִי | | הִקָּטְלִי | קַטְּלִי |
| | 2 m.p. | קִטְלוּ | כִּבְדוּ | | הִקָּטְלוּ | קַטְּלוּ |
| | 2 f.p. | קְטֹ֫לְנָה | כְּבַ֫דְנָה | | הִקָּטַ֫לְנָה | קַטֵּ֫לְנָה |
| Part. (act) m.s. | | קֹטֵל | כָּבֵד | קָטֹן | | מְקַטֵּל |
| " (pass) m.s. | | קָטוּל | | | נִקְטָל | |
| Inf. Absolute | | קָטוֹל | כָּבוֹד | | הִקָּטֹל, נִקְטֹל | קַטֹּל, קַטֵּל |
| Inf. Constr. | | קְטֹל | כְּבַד | | הִקָּטֵל | קַטֵּל |

## THE REGULAR VERB

|  |  | Pu'al | Hithpa'el | Hiph'il | Hoph'al |
|---|---|---|---|---|---|
| Perf. | 3 m.s. | קֻטַּל | הִתְקַטֵּל | הִקְטִיל | הָקְטַל |
|  | 3 f.s. | קֻטְּלָה | הִתְקַטְּלָה | הִקְטִילָה | הָקְטְלָה |
|  | 2 m.s. | קֻטַּלְתָּ | הִתְקַטַּלְתָּ | הִקְטַלְתָּ | הָקְטַלְתָּ |
|  | 2 f.s. | קֻטַּלְתְּ | הִתְקַטַּלְתְּ | הִקְטַלְתְּ | הָקְטַלְתְּ |
|  | 1 c.s. | קֻטַּלְתִּי | הִתְקַטַּלְתִּי | הִקְטַלְתִּי | הָקְטַלְתִּי |
|  | 3 c.p. | קֻטְּלוּ | הִתְקַטְּלוּ | הִקְטִילוּ | הָקְטְלוּ |
|  | 2 m.p. | קֻטַּלְתֶּם | הִתְקַטַּלְתֶּם | הִקְטַלְתֶּם | הָקְטַלְתֶּם |
|  | 2 f.p. | קֻטַּלְתֶּן | הִתְקַטַּלְתֶּן | הִקְטַלְתֶּן | הָקְטַלְתֶּן |
|  | 1 c.p. | קֻטַּלְנוּ | הִתְקַטַּלְנוּ | הִקְטַלְנוּ | הָקְטַלְנוּ |
| Imperf. | 3 m.s. | יְקֻטַּל | יִתְקַטֵּל | יַקְטִיל | יָקְטַל |
|  | 3 f.s. | תְּקֻטַּל | תִּתְקַטֵּל | תַּקְטִיל | תָּקְטַל |
|  | 2 m.s. | תְּקֻטַּל | תִּתְקַטֵּל | תַּקְטִיל | תָּקְטַל |
|  | 2 f.s. | תְּקֻטְּלִי | תִּתְקַטְּלִי | תַּקְטִילִי | תָּקְטְלִי |
|  | 1 c.s. | אֲקֻטַּל | אֶתְקַטֵּל | אַקְטִיל | אָקְטַל |
|  | 3 m.p. | יְקֻטְּלוּ | יִתְקַטְּלוּ | יַקְטִילוּ | יָקְטְלוּ |
|  | 3 f.p. | תְּקֻטַּלְנָה | תִּתְקַטֵּלְנָה | תַּקְטֵלְנָה | תָּקְטַלְנָה |
|  | 2 m.p. | תְּקֻטְּלוּ | תִּתְקַטְּלוּ | תַּקְטִילוּ | תָּקְטְלוּ |
|  | 2 f.p. | תְּקֻטַּלְנָה | תִּתְקַטֵּלְנָה | תַּקְטֵלְנָה | תָּקְטַלְנָה |
|  | 1 c.p. | נְקֻטַּל | נִתְקַטֵּל | נַקְטִיל | נָקְטַל |
| Cohort. | 1 c.s. |  | אֶתְקַטְּלָה | אַקְטִילָה |  |
| Jussive | 3 m.s. | יְקֻטַּל | יִתְקַטֵּל | יַקְטֵל | יָקְטַל |
| Imperf. & ו cs. |  |  | וַיִּתְקַטֵּל | וַיַּקְטֵל | וַיָּקְטַל |
| Perf. & ו cs. |  |  |  | וְהִקְטַלְתָּ |  |
| Impert. | 2 m.s. |  | הִתְקַטֵּל | הַקְטֵל |  |
|  | 2 f.s. |  | הִתְקַטְּלִי | הַקְטִילִי |  |
|  | 2 m.p. |  | הִתְקַטְּלוּ | הַקְטִילוּ |  |
|  | 2 f.p. |  | הִתְקַטֵּלְנָה | הַקְטֵלְנָה |  |
| Part. (act) | m.s. |  | מִתְקַטֵּל | מַקְטִיל |  |
| " (pass) | m.s. | מְקֻטָּל |  |  | מָקְטָל |
| Inf. Absolute |  | קֻטֹּל | הִתְקַטֵּל | הַקְטֵל | הָקְטֵל |
| Inf. Constr. |  | קֻטַּל | הִתְקַטֵּל | הַקְטִיל | הָקְטַל |

# PRONOMINAL SUFFIXES WITH THE REGULAR VERB

## Singular Suffixes

| Qal Perfect | | 1 c.s. | 2 m.s. | 2 f.s. | 3 m.s. | 3 f.s. |
|---|---|---|---|---|---|---|
| 3 m.s. | שָׁמַר | שְׁמָרַנִי | שְׁמָרְךָ | שְׁמָרֵךְ | שְׁמָרָהוּ<br>שְׁמָרוֹ | שְׁמָרָהּ |
| 3 f.s. | שָׁמְרָה | שְׁמָרַתְנִי | שְׁמָרַתְךָ | שְׁמָרָתֶךְ | שְׁמָרַתְהוּ<br>שְׁמָרַתּוֹ | שְׁמָרַתָּה |
| 2 m.s. | שָׁמַרְתָּ | שְׁמַרְתַּנִי | -- | -- | שְׁמַרְתָּהוּ<br>שְׁמַרְתּוֹ | שְׁמַרְתָּהּ |
| 2 f.s. | שָׁמַרְתְּ | שְׁמַרְתִּינִי | -- | -- | שְׁמַרְתִּיהוּ | שְׁמַרְתִּיהָ |
| 1 c.s. | שָׁמַרְתִּי | -- | שְׁמַרְתִּיךָ | שְׁמַרְתִּיךְ | שְׁמַרְתִּיהוּ<br>שְׁמַרְתִּיו | שְׁמַרְתִּיהָ |
| 3 c.p. | שָׁמְרוּ | שְׁמָרוּנִי | שְׁמָרוּךָ | שְׁמָרוּךְ | שְׁמָרוּהוּ | שְׁמָרוּהָ |
| 2 m.p. | שְׁמַרְתֶּם | שְׁמַרְתּוּנִי | -- | -- | שְׁמַרְתּוּהוּ | שְׁמַרְתּוּהָ |
| 2 f.p. | שְׁמַרְתֶּן | שְׁמַרְתּוּנִי | -- | -- | שְׁמַרְתּוּהוּ | שְׁמַרְתּוּהָ |
| 1 c.p. | שָׁמַרְנוּ | -- | שְׁמַרְנוּךָ | שְׁמַרְנוּךְ | שְׁמַרְנוּהוּ | שְׁמַרְנוּהָ |

## Plural Suffixes

| Qal Perfect | | 1 c.p. | 2 m.p. | 2 f.p. | 3 m.p. | 3 f.p. |
|---|---|---|---|---|---|---|
| 3 m.s. | שָׁמַר | שְׁמָרָנוּ | שְׁמַרְכֶם | שְׁמַרְכֶן | שְׁמָרָם | שְׁמָרָן |
| 3 f.s. | שָׁמְרָה | שְׁמָרַתְנוּ | -- | -- | שְׁמָרָתַם | שְׁמָרָתַן |
| 2 m.s. | שָׁמַרְתָּ | שְׁמַרְתָּנוּ | -- | -- | שְׁמַרְתָּם | שְׁמַרְתָּן |
| 2 f.s. | שָׁמַרְתְּ | שְׁמַרְתִּינוּ | -- | -- | שְׁמַרְתִּים | שְׁמַרְתִּין |
| 1 c.s. | שָׁמַרְתִּי | -- | שְׁמַרְתִּיכֶם | שְׁמַרְתִּיכֶן | שְׁמַרְתִּים | שְׁמַרְתִּין |
| 3 c.p. | שָׁמְרוּ | שְׁמָרוּנוּ | -- | -- | שְׁמָרוּם | שְׁמָרוּן |
| 2 m.p. | שְׁמַרְתֶּם | שְׁמַרְתּוּנוּ | -- | -- | שְׁמַרְתּוּם | שְׁמַרְתּוּן |
| 2 f.p. | שְׁמַרְתֶּן | שְׁמַרְתּוּנוּ | -- | -- | שְׁמַרְתּוּם | שְׁמַרְתּוּן |
| 1 c.p. | שָׁמַרְנוּ | -- | שְׁמַרְנוּכֶם | שְׁמַרְנוּכֶן | שְׁמַרְנוּם | שְׁמַרְנוּן |

# PRONOMINAL SUFFIXES WITH THE REGULAR VERB

| Qal Imperfect | | 1 c.s. | 2 m.s. | 2 f.s. | 3 m.s. | 3 f.s. |
|---|---|---|---|---|---|---|
| 3 m.s. | יִשְׁמֹר | יִשְׁמְרֵנִי<br>יִשְׁמְרֶנִּי | יִשְׁמָרְךָ | יִשְׁמְרֵךְ | יִשְׁמְרֵהוּ<br>יִשְׁמְרֶנּוּ | יִשְׁמְרֶהָ<br>יִשְׁמְרֶנָּה |
| 3 m.p. | יִשְׁמְרוּ | יִשְׁמְרוּנִי | יִשְׁמְרוּךָ | יִשְׁמְרוּךְ | יִשְׁמְרוּהוּ | יִשְׁמְרוּהָ |

| Qal Imperfect | | 1 c.p. | 2 m.p. | 2 f.p. | 3 m.p. | 3 f.p. |
|---|---|---|---|---|---|---|
| 3 m.s. | יִשְׁמֹר | יִשְׁמְרֵנוּ | יִשְׁמָרְכֶם | יִשְׁמָרְכֶן | יִשְׁמְרֵם | יִשְׁמְרֵן |
| 3 m.p. | יִשְׁמְרוּ | יִשְׁמְרוּנוּ | יִשְׁמְרוּכֶם | יִשְׁמְרוּכֶן | יִשְׁמְרוּם | יִשְׁמְרוּן |

| Qal Imperative | | 1 c.s. | 2 m.s. | 2 f.s. | 3 m.s. | 3 f.s. |
|---|---|---|---|---|---|---|
| 2 m.s. | שְׁמֹר | שָׁמְרֵנִי | -- | -- | שָׁמְרֵהוּ | שָׁמְרֶהָ |
| 2 m.p. | שִׁמְרוּ | שִׁמְרוּנִי | -- | -- | שִׁמְרוּהוּ | שִׁמְרוּהָ |

| Qal Imperative | | 1 c.p. | 2 m.p. | 2 f.p. | 3 m.p. | 3 f.p. |
|---|---|---|---|---|---|---|
| 2 m.s. | שְׁמֹר | שָׁמְרֵנוּ | -- | -- | שָׁמְרֵם | שָׁמְרֵן |
| 2 m.p. | שִׁמְרוּ | שִׁמְרוּנוּ | -- | -- | שִׁמְרוּם | שִׁמְרוּן |

| Qal Infinitive | | 1 c.s. | 2 m.s. | 2 f.s. | 3 m.s. | 3 f.s. |
|---|---|---|---|---|---|---|
| Construct | שְׁמֹר | שָׁמְרִי<br>שָׁמְרֵנִי | שָׁמְרֵךָ<br>שְׁמָרְךָ | שָׁמְרֵךְ | שָׁמְרוֹ | שָׁמְרָהּ |

| Qal Infinitive | | 1 c.p. | 2 m.p. | 2 f.p. | 3 m.p. | 3 f.p. |
|---|---|---|---|---|---|---|
| Construct | שְׁמֹר | שָׁמְרֵנוּ | שְׁמָרְכֶם | שְׁמָרְכֶן | שָׁמְרָם | שָׁמְרָן |

| Hiph'il Perfect | | 1 c.s. | 2 m.s. | 2 f.s. | 3 m.s. | 3 f.s. |
|---|---|---|---|---|---|---|
| 3 m.s. | הִשְׁמִיר | הִשְׁמִירַנִי | הִשְׁמִירְךָ | הִשְׁמִירֵךְ | הִשְׁמִירוֹ | הִשְׁמִירָהּ |
| | | 1 c.p. | 2 m.p. | 2 f.p. | 3 m.p. | 3 f.p. |
| | | הִשְׁמִירָנוּ | הִשְׁמִירְכֶם | הִשְׁמִירְכֶן | הִשְׁמִירָם | הִשְׁמִירָן |

| Pi'el Perfect | | 1 c.s. | 2 m.s. | 2 f.s. | 3 m.s. | 3 f.s. |
|---|---|---|---|---|---|---|
| 3 m.s. | שִׁמֵּר | שִׁמְּרַנִי | שִׁמֶּרְךָ | שִׁמְּרֵךְ | שִׁמְּרוֹ | שִׁמְּרָהּ |
| | | 1 c.p. | 2 m.p. | 2 f.p. | 3 m.p. | 3 f.p. |
| | | שִׁמְּרָנוּ | שִׁמֶּרְכֶם | שִׁמֶּרְכֶן | שִׁמְּרָם | שִׁמְּרָן |

| | | PE GUTTURAL VERBS | | | | PE ALEPH VERBS |
|---|---|---|---|---|---|---|
| | | Qal | Niph'al | Hiph'il | Hoph'al | Qal |
| Perf. | 3 m.s. | עָזַב | נֶעֱזַב | הֶעֱמִיד | הָעֳמַד | אָכַל |
| | 3 f.s. | עָזְבָה | נֶעֶזְבָה | הֶעֱמִידָה | הָעָמְדָה | אָכְלָה |
| | 2 m.s. | עָזַבְתָּ | נֶעֱזַבְתָּ | הֶעֱמַדְתָּ | הָעֳמַדְתָּ | אָכַלְתָּ |
| | 2 f.s. | עָזַבְתְּ | נֶעֱזַבְתְּ | הֶעֱמַדְתְּ | הָעֳמַדְתְּ | אָכַלְתְּ |
| | 1 c.s. | עָזַבְתִּי | נֶעֱזַבְתִּי | הֶעֱמַדְתִּי | הָעֳמַדְתִּי | אָכַלְתִּי |
| | 3 c.p. | עָזְבוּ | נֶעֶזְבוּ | הֶעֱמִידוּ | הָעָמְדוּ | אָכְלוּ |
| | 2 m.p. | עֲזַבְתֶּם | נֶעֱזַבְתֶּם | הֶעֱמַדְתֶּם | הָעֳמַדְתֶּם | אֲכַלְתֶּם |
| | 2 f.p. | עֲזַבְתֶּן | נֶעֱזַבְתֶּן | הֶעֱמַדְתֶּן | הָעֳמַדְתֶּן | אֲכַלְתֶּן |
| | 1 c.p. | עָזַבְנוּ | נֶעֱזַבְנוּ | הֶעֱמַדְנוּ | הָעֳמַדְנוּ | אָכַלְנוּ |
| Imperf. | 3 m.s. | יַעֲזֹב | יֵעָזֵב | יַעֲמִיד | יָעֳמַד | יֹאכַל |
| | 3 f.s. | תַּעֲזֹב | תֵּעָזֵב | תַּעֲמִיד | תָּעֳמַד | תֹּאכַל |
| | 2 m.s. | תַּעֲזֹב | תֵּעָזֵב | תַּעֲמִיד | תָּעֳמַד | תֹּאכַל |
| | 2 f.s. | תַּעַזְבִי | תֵּעָזְבִי | תַּעֲמִידִי | תָּעָמְדִי | תֹּאכְלִי |
| | 1 c.s. | אֶעֱזֹב | אֵעָזֵב | אַעֲמִיד | אָעֳמַד | אֹכַל |
| | 3 m.p. | יַעַזְבוּ | יֵעָזְבוּ | יַעֲמִידוּ | יָעָמְדוּ | יֹאכְלוּ |
| | 3 f.p. | תַּעֲזֹבְנָה | תֵּעָזַבְנָה | תַּעֲמֵדְנָה | תָּעֳמַדְנָה | תֹּאכַלְנָה |
| | 2 m.p. | תַּעַזְבוּ | תֵּעָזְבוּ | תַּעֲמִידוּ | תָּעָמְדוּ | תֹּאכְלוּ |
| | 2 f.p. | תַּעֲזֹבְנָה | תֵּעָזַבְנָה | תַּעֲמֵדְנָה | תָּעֳמַדְנָה | תֹּאכַלְנָה |
| | 1 c.p. | נַעֲזֹב | נֵעָזֵב | נַעֲמִיד | נָעֳמַד | נֹאכַל |
| Cohort. | 1 c.s. | אֶעֶזְבָה | | אַעֲמִידָה | | אֹכְלָה |
| Imperf. & ו | cs. | וַיַּעֲזֹב | | וַיַּעֲמֵד | | וַיֹּאכַל |
| Impert. | 2 m.s. | עֲזֹב | הֵעָזֵב | הַעֲמֵד | | אֱכֹל |
| | 2 f.s. | עִזְבִי | הֵעָזְבִי | הַעֲמִידִי | | אִכְלִי |
| | 2 m.p. | עִזְבוּ | הֵעָזְבוּ | הַעֲמִידוּ | | אִכְלוּ |
| | 2 f.p. | עֲזֹבְנָה | הֵעָזַבְנָה | הַעֲמֵדְנָה | | אֱכֹלְנָה |
| Part. (act) | m.s. | עֹזֵב | | מַעֲמִיד | | אֹכֵל |
| (pass) | m.s. | עָזוּב | נֶעֱזָב | | מָעֳמָד | אָכוּל |
| Inf. Absolute | | עָזוֹב | נַעֲזֹב | הַעֲמֵד | הָעֳמֵד | אָכוֹל |
| Inf. Construct | | עֲזֹב | הֵעָזֵב | הַעֲמִיד | הָעֳמַד | אֱכֹל |

## PE NUN VERBS

|  |  | Qal | Qal | Niph'al | Hiph'al | Hoph'al |
|---|---|---|---|---|---|---|
| Perf. | 3 m.s. | נָפַל | (נָגַשׁ) | נִגַּשׁ | הִגִּישׁ | הֻגַּשׁ |
|  | 3 f.s. | נָפְלָה |  | נִגְּשָׁה | הִגִּישָׁה | הֻגְּשָׁה |
|  | 2 m.s. | נָפַלְתָּ |  | נִגַּשְׁתָּ | הִגַּשְׁתָּ | הֻגַּשְׁתָּ |
|  | 2 f.s. | נָפַלְתְּ |  | נִגַּשְׁתְּ | הִגַּשְׁתְּ | הֻגַּשְׁתְּ |
|  | 1 c.s. | נָפַלְתִּי |  | נִגַּשְׁתִּי | הִגַּשְׁתִּי | הֻגַּשְׁתִּי |
|  | 3 c.p. | נָפְלוּ |  | נִגְּשׁוּ | הִגִּישׁוּ | הֻגְּשׁוּ |
|  | 2 m.p. | נְפַלְתֶּם |  | נִגַּשְׁתֶּם | הִגַּשְׁתֶּם | הֻגַּשְׁתֶּם |
|  | 2 f.p. | נְפַלְתֶּן |  | נִגַּשְׁתֶּן | הִגַּשְׁתֶּן | הֻגַּשְׁתֶּן |
|  | 1 c.p. | נָפַלְנוּ |  | נִגַּשְׁנוּ | הִגַּשְׁנוּ | הֻגַּשְׁנוּ |
| Imperf. | 3 m.s. | יִפֹּל | יִגַּשׁ | יִנָּגֵשׁ | יַגִּישׁ | יֻגַּשׁ |
|  | 3 f.s. | תִּפֹּל | תִּגַּשׁ | תִּנָּגֵשׁ | תַּגִּישׁ | תֻּגַּשׁ |
|  | 2 m.s. | תִּפֹּל | תִּגַּשׁ | תִּנָּגֵשׁ | תַּגִּישׁ | תֻּגַּשׁ |
|  | 2 f.s. | תִּפְּלִי | תִּגְּשִׁי | תִּנָּגְשִׁי | תַּגִּישִׁי | תֻּגְּשִׁי |
|  | 1 c.s. | אֶפֹּל | אֶגַּשׁ | אֶנָּגֵשׁ | אַגִּישׁ | אֻגַּשׁ |
|  | 3 m.p. | יִפְּלוּ | יִגְּשׁוּ | יִנָּגְשׁוּ | יַגִּישׁוּ | יֻגְּשׁוּ |
|  | 3 f.p. | תִּפֹּלְנָה | תִּגַּשְׁנָה | תִּנָּגַשְׁנָה | תַּגֵּשְׁנָה | תֻּגַּשְׁנָה |
|  | 2 m.p. | תִּפְּלוּ | תִּגְּשׁוּ | תִּנָּגְשׁוּ | תַּגִּישׁוּ | תֻּגְּשׁוּ |
|  | 2 f.p. | תִּפֹּלְנָה | תִּגַּשְׁנָה | תִּנָּגַשְׁנָה | תַּגֵּשְׁנָה | תֻּגַּשְׁנָה |
|  | 1 c.p. | נִפֹּל | נִגַּשׁ | נִנָּגֵשׁ | נַגִּישׁ | נֻגַּשׁ |
| Cohort. | 1 c.s. | אֶפְּלָה | אֶגְּשָׁה |  | אַגִּישָׁה |  |
| Imperf. & ו cs. |  | וַיִּפֹּל | וַיִּגַּשׁ |  | וַיַּגֵּשׁ | וַיֻּגַּשׁ |
| Impert. | 2 m.s. | נְפֹל | גַּשׁ | הִנָּגֵשׁ | הַגֵּשׁ |  |
|  | 2 f.s. | נִפְלִי | גְּשִׁי | הִנָּגְשִׁי | הַגִּישִׁי |  |
|  | 2 m.p. | נִפְלוּ | גְּשׁוּ | הִנָּגְשׁוּ | הַגִּישׁוּ |  |
|  | 2 f.p. | נְפֹלְנָה | גַּשְׁנָה | הִנָּגַשְׁנָה | הַגֵּשְׁנָה |  |
| Part.(act.) | m.s. | נֹפֵל | (נֹגֵשׁ) |  | מַגִּישׁ |  |
| (pass.) | m.s. |  | (נָגוּשׁ) | נִגָּשׁ |  | מֻגָּשׁ |
| Inf. Absolute |  | נָפוֹל | נָגוֹשׁ | הִנָּגֵשׁ | הַגֵּשׁ | הֻגֵּשׁ |
| Inf. Construct |  | נְפֹל | גֶּשֶׁת | הִנָּגֵשׁ | הַגִּישׁ | הֻגַּשׁ |

| | | PE NUN VERBS | | | PE YODH VERBS | |
|---|---|---|---|---|---|---|
| | | Qal | Niph'al | Qal | Qal | Hiph'il |
| Perfect | 3 m.s. | נָתַן | נִתַּן | לָקַח | יָטַב | הֵיטִיב |
| | 3 f.s. | נָֽתְנָה | נִתְּנָה | לָֽקְחָה | (not | הֵיטִיבָה |
| | 2 m.s. | נָתַתָּ | נִתַּתָּ | לָקַחְתָּ | used) | הֵיטַבְתָּ |
| | 2 f.s. | נָתַתְּ | נִתַּתְּ | לָקַחַתְּ | | הֵיטַבְתְּ |
| | 1 c.s. | נָתַתִּי | נִתַּתִּי | לָקַחְתִּי | | הֵיטַבְתִּי |
| | 3 c.p. | נָֽתְנוּ | נִתְּנוּ | לָֽקְחוּ | | הֵיטִיבוּ |
| | 2 m.p. | נְתַתֶּם | נִתַּתֶּם | לְקַחְתֶּם | | הֵיטַבְתֶּם |
| | 2 f.p. | נְתַתֶּן | נִתַּתֶּן | לְקַחְתֶּן | | הֵיטַבְתֶּן |
| | 1 c.p. | נָתַנּוּ | נִתַּנּוּ | לָקַחְנוּ | | הֵיטַבְנוּ |
| Imperfect | 3 m.s. | יִתֵּן | יִנָּתֵן | יִקַּח | יִיטַב | יֵיטִיב |
| | 3 f.s. | תִּתֵּן | תִּנָּתֵן | תִּקַּח | תִּיטַב | תֵּיטִיב |
| | 2 m.s. | תִּתֵּן | תִּנָּתֵן | תִּקַּח | תִּיטַב | תֵּיטִיב |
| | 2 f.s. | תִּתְּנִי | תִּנָּֽתְנִי | תִּקְחִי | תִּיטְבִי | תֵּיטִיבִי |
| | 1 c.s. | אֶתֵּן | אֶנָּתֵן | אֶקַּח | אִיטַב | אֵיטִיב |
| | 3 m.p. | יִתְּנוּ | יִנָּֽתְנוּ | יִקְחוּ | יִיטְבוּ | יֵיטִיבוּ |
| | 3 f.p. | תִּתֵּנָּה | | תִּקַּחְנָה | תִּיטַבְנָה | תֵּיטַבְנָה |
| | 2 m.p. | תִּתְּנוּ | תִּנָּֽתְנוּ | תִּקְחוּ | תִּיטְבוּ | תֵּיטִיבוּ |
| | 2 f.p. | תִּתֵּנָּה | | תִּקַּחְנָה | תִּיטַבְנָה | תֵּיטַבְנָה |
| | 1 c.p. | נִתֵּן | נִנָּתֵן | נִקַּח | נִיטַב | נֵיטִיב |
| Cohort. | 1 c.s. | אֶתְּנָה | | אֶקְחָה | | |
| Imperf. & ו cs. | | וַיִּתֵּן | | וַיִּקַּח | וַיִּיטַב | וַיֵּיטֶב |
| Impert. | 2 m.s. | תֵּן | הִנָּתֵן | קַח | | הֵיטֵב |
| | 2 f.s. | תְּנִי | הִנָּֽתְנִי | קְחִי | | הֵיטִיבִי |
| | 2 m.p. | תְּנוּ | הִנָּֽתְנוּ | קְחוּ | | הֵיטִיבוּ |
| | 2 f.p. | (תֵּנָּה) | | (קַחְנָה) | | הֵיטַבְנָה |
| Part. (act.) | m.s. | נֹתֵן | | לֹקֵחַ | | מֵיטִיב |
| (pass.) | m.s. | נָתוּן | נִתָּן | לָקוּחַ | | |
| Inf. Absolute | | נָתוֹן | הִנָּתֹן | לָקוֹחַ | | הֵיטֵב |
| Inf. Construct | | תֵּת | הִנָּתֵן | קַחַת | | הֵיטִיב |

## PE WAW VERBS

| | | Qal | Niph'al | Hiph'il | Hoph'al |
|---|---|---|---|---|---|
| Perfect | 3 m.s. | יָשַׁב | נוֹשַׁב | הוֹשִׁיב | הוּשַׁב |
| | 3 f.s. | יָֽשְׁבָה | נוֹשְׁבָה | הוֹשִׁ֫יבָה | הוּשְׁבָה |
| | 2 m.s. | יָשַׁ֫בְתָּ | נוֹשַׁ֫בְתָּ | הוֹשַׁ֫בְתָּ | הוּשַׁ֫בְתָּ |
| | 2 f.s. | יָשַׁבְתְּ | נוֹשַׁבְתְּ | הוֹשַׁבְתְּ | הוּשַׁבְתְּ |
| | 1 c.s. | יָשַׁ֫בְתִּי | נוֹשַׁ֫בְתִּי | הוֹשַׁ֫בְתִּי | הוּשַׁ֫בְתִּי |
| | 3 c.p. | יָֽשְׁבוּ | נוֹשְׁבוּ | הוֹשִׁ֫יבוּ | הוּשְׁבוּ |
| | 2 m.p. | יְשַׁבְתֶּם | נוֹשַׁבְתֶּם | הוֹשַׁבְתֶּם | הוּשַׁבְתֶּם |
| | 2 f.p. | יְשַׁבְתֶּן | נוֹשַׁבְתֶּן | הוֹשַׁבְתֶּן | הוּשַׁבְתֶּן |
| | 1 c.p. | יָשַׁ֫בְנוּ | נוֹשַׁ֫בְנוּ | הוֹשַׁ֫בְנוּ | הוּשַׁ֫בְנוּ |
| Imperfect | 3 m.s. | יֵשֵׁב | יִוָּשֵׁב | יוֹשִׁיב | יוּשַׁב |
| | 3 f.s. | תֵּשֵׁב | תִּוָּשֵׁב | תּוֹשִׁיב | תּוּשַׁב |
| | 2 m.s. | תֵּשֵׁב | תִּוָּשֵׁב | תּוֹשִׁיב | תּוּשַׁב |
| | 2 f.s. | תֵּֽשְׁבִי | תִּוָּֽשְׁבִי | תּוֹשִׁ֫יבִי | תּוּשְׁבִי |
| | 1 c.s. | אֵשֵׁב | אִוָּשֵׁב | אוֹשִׁיב | אוּשַׁב |
| | 3 m.p. | יֵֽשְׁבוּ | יִוָּֽשְׁבוּ | יוֹשִׁ֫יבוּ | יוּשְׁבוּ |
| | 3 f.p. | תֵּשַׁ֫בְנָה | תִּוָּשַׁ֫בְנָה | (תּוֹשֵׁ֫בְנָה) | תּוּשַׁ֫בְנָה |
| | 2 m.p. | תֵּֽשְׁבוּ | תִּוָּֽשְׁבוּ | תּוֹשִׁ֫יבוּ | תּוּשְׁבוּ |
| | 2 f.p. | תֵּשַׁ֫בְנָה | תִּוָּשַׁבְנָה | (תּוֹשֵׁ֫בְנָה) | תּוּשַׁ֫בְנָה |
| | 1 c.p. | נֵשֵׁב | נִוָּשֵׁב | נוֹשִׁיב | נוּשַׁב |
| Cohort. | 1 c.s. | אֵֽשְׁבָה | | | |
| Imperf. | & ו cs. | וַיֵּ֫שֶׁב | | וַיּ֫וֹשֶׁב | |
| Impert. | 2 m.s. | שֵׁב | הִוָּשֵׁב | הוֹשֵׁב | |
| | 2 f.s. | שְׁבִי | הִוָּֽשְׁבִי | הוֹשִׁ֫יבִי | |
| | 2 m.p. | שְׁבוּ | הִוָּֽשְׁבוּ | הוֹשִׁ֫יבוּ | |
| | 2 f.p. | שֵׁ֫בְנָה | הִוָּשַׁ֫בְנָה | הוֹשֵׁ֫בְנָה | |
| Part.(act.) | m.s. | יֹשֵׁב | | מוֹשִׁיב | |
| (pass.) | m.s. | יָשׁוּב | נוֹשָׁב | | מוּשָׁב |
| Inf. Absolute | | יָשׁוֹב | הִוָּשֵׁב | הוֹשֵׁב | הוּשַׁב |
| Inf. Construct | | שֶׁ֫בֶת | הִוָּשֵׁב | הוֹשִׁיב | הוּשַׁב |

## 'AYIN GUTTURAL VERBS

| | | Qal | Niph'al | Pi'el | Pu'al | Hithpa'el |
|---|---|---|---|---|---|---|
| Perfect | 3 m.s. | גָּאַל | נִגְאַל | גֵּאֵל | גֹּאַל | הִתְגָּאֵל |
| | 3 f.s. | גָּאֲלָה | נִגְאֲלָה | גֵּאֲלָה | גֹּאֲלָה | הִתְגָּאֲלָה |
| | 2 m.s. | גָּאַלְתָּ | נִגְאַלְתָּ | גֵּאַלְתָּ | גֹּאַלְתָּ | הִתְגָּאַלְתָּ |
| | 2 f.s. | גָּאַלְתְּ | נִגְאַלְתְּ | גֵּאַלְתְּ | גֹּאַלְתְּ | הִתְגָּאַלְתְּ |
| | 1 c.s. | גָּאַלְתִּי | נִגְאַלְתִּי | גֵּאַלְתִּי | גֹּאַלְתִּי | הִתְגָּאַלְתִּי |
| | 3 c.p. | גָּאֲלוּ | נִגְאֲלוּ | גֵּאֲלוּ | גֹּאֲלוּ | הִתְגָּאֲלוּ |
| | 2 m.p. | גְּאַלְתֶּם | נִגְאַלְתֶּם | גֵּאַלְתֶּם | גֹּאַלְתֶּם | הִתְגָּאַלְתֶּם |
| | 2 f.p. | גְּאַלְתֶּן | נִגְאַלְתֶּן | גֵּאַלְתֶּן | גֹּאַלְתֶּן | הִתְגָּאַלְתֶּן |
| | 1 c.p. | גָּאַלְנוּ | נִגְאַלְנוּ | גֵּאַלְנוּ | גֹּאַלְנוּ | הִתְגָּאַלְנוּ |
| Imperfect | 3 m.s. | יִגְאַל | יִגָּאֵל | יְגָאֵל | יְגֹאַל | יִתְגָּאֵל |
| | 3 f.s. | תִּגְאַל | תִּגָּאֵל | תְּגָאֵל | תְּגֹאַל | תִּתְגָּאֵל |
| | 2 m.s. | תִּגְאַל | תִּגָּאֵל | תְּגָאֵל | תְּגֹאַל | תִּתְגָּאֵל |
| | 2 f.s. | תִּגְאֲלִי | תִּגָּאֲלִי | תְּגָאֲלִי | תְּגֹאֲלִי | תִּתְגָּאֲלִי |
| | 1 c.s. | אֶגְאַל | אֶגָּאֵל | אֲגָאֵל | אֲגֹאַל | אֶתְגָּאֵל |
| | 3 m.p. | יִגְאֲלוּ | יִגָּאֲלוּ | יְגָאֲלוּ | יְגֹאֲלוּ | יִתְגָּאֲלוּ |
| | 3 f.p. | תִּגְאַלְנָה | תִּגָּאַלְנָה | תְּגָאַלְנָה | תְּגֹאַלְנָה | תִּתְגָּאַלְנָה |
| | 2 m.p. | תִּגְאֲלוּ | תִּגָּאֲלוּ | תְּגָאֲלוּ | תְּגֹאֲלוּ | תִּתְגָּאֲלוּ |
| | 2 f.p. | תִּגְאַלְנָה | תִּגָּאַלְנָה | תְּגָאַלְנָה | תְּגֹאַלְנָה | תִּתְגָּאַלְנָה |
| | 1 c.p. | נִגְאַל | נִגָּאֵל | נְגָאֵל | נְגֹאַל | נִתְגָּאֵל |
| Cohort. | 1 c.s. | אֶגְאֲלָה | אִגָּאֲלָה | אֲגָאֲלָה | | |
| Imperf. & ו cs. | | וַיִּגְאַל | וַיִּגָּאֵל | וַיְגָאֶל | | |
| Impert. | 2 m.s. | גְּאַל | הִגָּאֵל | גָּאֵל | | הִתְגָּאֵל |
| | 2 f.s. | גַּאֲלִי | הִגָּאֲלִי | גָּאֲלִי | | הִתְגָּאֲלִי |
| | 2 m.p. | גַּאֲלוּ | הִגָּאֲלוּ | גָּאֲלוּ | | הִתְגָּאֲלוּ |
| | 2 f.p. | גְּאַלְנָה | הִגָּאַלְנָה | גָּאַלְנָה | | הִתְגָּאַלְנָה |
| Part. (act.) | m.s. | גֹּאֵל | | מְגָאֵל | | מִתְגָּאֵל |
| (pass.) | m.s. | גָּאוּל | נִגְאָל | | מְגֹאָל | |
| Inf. Absolute | | גָּאוֹל | נִגְאֹל | גָּאֵל | גֹּאַל | הִתְגָּאֵל |
| Inf. Construct | | גְּאֹל | הִגָּאֵל | גָּאֵל | גֹּאַל | הִתְגָּאֵל |

## 'AYIN YODH VERBS

| | | Qal | Niph'al | Pi'el/Polel | Hiph'il |
|---|---|---|---|---|---|
| Perfect | 3 m.s. | בָּן | נָבוֹן | בּוֹנֵן | הֵבִין |
| | 3 f.s. | בָּ֫נָה | נָב֫וֹנָה | | הֵבִ֫ינָה |
| | 2 m.s. | בַּ֫נְתָּ, בִּינ֫וֹתָ | נְבוּנֹ֫תָ | | הֲבִינֹ֫תָ |
| | 2 f.s. | בַּנְתְּ | נְבוּנֹת | | הֲבִינֹת |
| | 1 c.s. | בַּ֫נְתִּי, בִּינ֫וֹתִי | נְבוּנֹ֫תִי | | הֲבִינֹ֫תִי |
| | 3 c.p. | בָּ֫נוּ | נָב֫וֹנוּ | | הֵבִ֫ינוּ |
| | 2 m.p. | בַּנְתֶּם | נְבוּנֹתֶם | | הֲבִינֹתֶם |
| | 2 f.p. | בַּנְתֶּן | נְבוּנֹתֶן | | הֲבִינֹתֶן |
| | 1 c.p. | בַּ֫נּוּ | נְבוּנֹ֫נוּ | | הֲבִינֹ֫נוּ |
| Imperfect | 3 m.s. | יָבִין | יִבּוֹן | יְבוֹנֵן | יָבִין |
| | 3 f.s. | תָּבִין | תִּבּוֹן | | תָּבִין |
| | 2 m.s. | תָּבִין | תִּבּוֹן | | תָּבִין |
| | 2 f.s. | תָּבִ֫ינִי | תִּבּ֫וֹנִי | | תָּבִ֫ינִי |
| | 1 c.s. | אָבִין | אֶבּוֹן | | אָבִין |
| | 3 m.p. | יָבִ֫ינוּ | יִבּ֫וֹנוּ | | יָבִ֫ינוּ |
| | 3 f.p. | תְּבִינֶ֫ינָה | | | תְּבִינֶ֫ינָה |
| | 2 m.p. | תָּבִ֫ינוּ | תִּבּ֫וֹנוּ | | תָּבִ֫ינוּ |
| | 2 f.p. | תְּבִינֶ֫ינָה | | | תְּבִינֶ֫ינָה |
| | 1 c.p. | נָבִין | נִבּוֹן | | נָבִין |
| Cohort. | 1 c.s. | | | | |
| Imperf. & ו cs. | | וַיָּ֫בֶן | | | וַיָּ֫בֶן |
| Impert. | 2 m.s. | בִּין | הִבּוֹן | בּוֹנֵן | הָבֵן |
| | 2 f.s. | בִּ֫ינִי | הִבּ֫וֹנִי | | הָבִ֫ינִי |
| | 2 m.p. | בִּ֫ינוּ | הִבּ֫וֹנוּ | | הָבִ֫ינוּ |
| | 2 f.p. | בִּינָה | | | הֲבִינֶ֫ינָה |
| Part.(act.) | m.s. | בָּן | | מְבוֹנֵן | מֵבִין |
| (pass.) | m.s. | (בּוּן, בִּין) | נָבוֹן | | |
| Inf. Absolute | | בִּין | הִבּוֹן | | הָבֵן |
| Inf. Construct | | בִּין | הִבּוֹן | | הָבִין |

# 'AYIN WAW VERBS

| | | Qal | Qal | Qal | Niph'al | Hiph'il |
|---|---|---|---|---|---|---|
| Perfect | 3 m.s. | קָם | מֵת | בּוֹשׁ | נָכוֹן | הֵקִים |
| | 3 f.s. | קָמָה | מֵתָה | בּוֹשָׁה | נָכוֹנָה | הֵקִימָה |
| | 2 m.s. | קַמְתָּ | מַתָּה | בֹּשְׁתָּ | נְכוּנֹתָ | הֲקִימוֹתָ |
| | 2 f.s. | קַמְתְּ | מַתְּ | בֹּשְׁתְּ | נְכוּנֹת | הֲקִימוֹת |
| | 1 c.s. | קַמְתִּי | מַתִּי | בֹּשְׁתִּי | נְכוּנֹתִי | הֲקִימוֹתִי |
| | 3 c.p. | קָמוּ | מֵתוּ | בֹּשׁוּ | נָכוֹנוּ | הֵקִימוּ |
| | 2 m.p. | קַמְתֶּם | מַתֶּם | בָּשְׁתֶּם | נְכוֹנֹתֶם | הֲקִימוֹתֶם |
| | 2 f.p. | קַמְתֶּן | מַתֶּן | בָּשְׁתֶּן | נְכוֹנֹתֶן | הֲקִימוֹתֶן |
| | 1 c.p. | קַמְנוּ | מַתְנוּ | בֹּשְׁנוּ | נְכוּנֹנוּ | הֲקִימֹנוּ |
| Imperfect | 3 m.s. | יָקוּם | יָמוּת | יֵבוֹשׁ | יִכּוֹן | יָקִים |
| | 3 f.s. | תָּקוּם | תָּמוּת | תֵּבוֹשׁ | תִּכּוֹן | תָּקִים |
| | 2 m.s. | תָּקוּם | תָּמוּת | תֵּבוֹשׁ | תִּכּוֹן | תָּקִים |
| | 2 f.s. | תָּקוּמִי | תָּמוּתִי | תֵּבוֹשִׁי | תִּכּוֹנִי | תָּקִימִי |
| | 1 c.s. | אָקוּם | אָמוּת | אֵבוֹשׁ | אֶכּוֹן | אָקִים |
| | 3 m.p. | יָקוּמוּ | יָמוּתוּ | יֵבוֹשׁוּ | יִכּוֹנוּ | יָקִימוּ |
| | 3 f.p. | תְּקוּמֶינָה | תְּמוּתֶינָה | תֵּבֹשְׁנָה | | תָּקֵמְנָה |
| | 2 m.p. | תָּקוּמוּ | תָּמוּתוּ | תֵּבוֹשׁוּ | תִּכּוֹנוּ | תָּקִימוּ |
| | 2 f.p. | תְּקוּמֶינָה | תְּמוּתֶינָה | תֵּבֹשְׁנָה | | תָּקֵמְנָה |
| | 1 c.p. | נָקוּם | נָמוּת | נֵבוֹשׁ | נִכּוֹן | נָקִים |
| Cohort. | 1 c.s. | אָקוּמָה | אָמוּתָה | אֵבוֹשָׁה | | אָקִימָה |
| Imperf. & ו cs. | | וַיָּקָם | וַיָּמָת | וַיֵּבוֹשׁ | | וַיָּקֶם |
| Impert. | 2 m.s. | קוּם | מוּת | בּוֹשׁ | הִכּוֹן | הָקֵם |
| | 2 f.s. | קוּמִי | מוּתִי | בּוֹשִׁי | הִכּוֹנִי | הָקִימִי |
| | 2 m.p. | קוּמוּ | מוּתוּ | בּוֹשׁוּ | הִכּוֹנוּ | הָקִימוּ |
| | 2 f.p. | קֹמְנָה | מֹתְנָה | בֹּשְׁנָה | | הָקֵמְנָה |
| Part.(act.) | m.s. | קָם | מֵת | בּוֹשׁ | | מֵקִים |
| (pass.) | m.s. | קוּם | | | נָכוֹן | |
| Inf. Absolute | | קוֹם | מוֹת | בּוֹשׁ | הִכּוֹן | הָקֵם |
| Inf. Construct | | קוּם | מוּת | בּוֹשׁ | הִכּוֹן | הָקִים |

# DOUBLE 'AYIN VERBS

| | | Qal | | Niph'al | Hiph'il | |
|---|---|---|---|---|---|---|
| Perfect | 3 m.s. | סַב | סָבַב | נָסַב | הֵסַב | הֵסֵב |
| | 3 f.s. | סַבָּה | סָבְבָה | נָסַבָּה | הֵסֵבָּה | |
| | 2 m.s. | סַבּוֹתָ | | נְסַבּוֹתָ | הֲסִבּוֹתָ | |
| | 2 f.s. | סַבּוֹת | | נְסַבּוֹת | הֲסִבּוֹת | |
| | 1 c.s. | סַבּוֹתִי | | נְסַבּוֹתִי | הֲסִבּוֹתִי | |
| | 3 c.p. | סַבּוּ | סָבְבוּ | נָסַבּוּ | הֵסֵבּוּ | |
| | 2 m.p. | סַבּוֹתֶם | | נְסַבּוֹתֶם | הֲסִבּוֹתֶם | |
| | 2 f.p. | סַבּוֹתֶן | | נְסַבּוֹתֶן | הֲסִבּוֹתֶן | |
| | 1 c.p. | סַבּוֹנוּ | | נְסַבּוֹנוּ | הֲסִבּוֹנוּ | |
| Imperfect | 3 m.s. | יָסֹב | יִסֹּב | יִסַּב | יַסֵּב | יָסֵב |
| | 3 f.s. | תָּסֹב | תִּסֹּב | תִּסַּב | תָּסֵב | |
| | 2 m.s. | תָּסֹב | תִּסֹּב | תִּסַּב | תָּסֵב | |
| | 2 f.s. | תָּסֹבִּי | תִּסְּבִי | תִּסַּבִּי | תָּסֵבִּי | |
| | 1 c.s. | אָסֹב | אֶסֹּב | אֶסַּב | אָסֵב | |
| | 3 m.p. | יָסֹבּוּ | יִסְּבוּ | יִסַּבּוּ | יַסֵּבּוּ | יָסֵבּוּ |
| | 3 f.p. | תְּסֻבֶּינָה | תִּסֹּבְנָה | תִּסַּבֶּינָה | תְּסִבֶּינָה | |
| | 2 m.p. | תָּסֹבּוּ | תִּסְּבוּ | תִּסַּבּוּ | תָּסֵבּוּ | |
| | 2 f.p. | תְּסֻבֶּינָה | תִּסֹּבְנָה | תִּסַּבֶּינָה | תְּסִבֶּינָה | |
| | 1 c.p. | נָסֹב | נִסֹּב | נִסַּב | נָסֵב | |
| Cohort. | 1 c.s. | אָסֹבָּה | אֶסְּבָה | | | |
| Imperf. & ו cs. | | וַיָּסָב | וַיִּסֹּב | וַיִּסַּב | וַיָּסֶב | |
| Impert. | 2 m.s. | סֹב | | הִסַּב | הָסֵב | |
| | 2 f.s. | סֹבִּי | | הִסַּבִּי | הָסֵבִּי | |
| | 2 m.p. | סֹבּוּ | | הִסַּבּוּ | הָסֵבּוּ | |
| | 2 f.p. | סֻבֶּינָה | | הִסַּבֶּינָה | הֲסִבֶּינָה | |
| Part.(act.) | m.s. | סֹבֵב | | | מֵסֵב | |
| (pass.) | m.s. | סָבוּב | | נָסָב | | |
| Inf. Absolute | | סָבוֹב | | הִסּוֹב | הָסֵב | |
| Inf. Construct | | סֹב | | הִסַּב | הָסֵב | |

# LAMEDH GUTTURAL VERBS

| | | Qal | Niph'al | Pi'el | Hithpa'el | Hiph'il |
|---|---|---|---|---|---|---|
| Perfect | 3 m.s. | שָׁמַע | נִשְׁמַע | בִּקַּע | הִתְבַּקַּע | הִשְׁמִיעַ |
| | 3 f.s. | שָֽׁמְעָה | נִשְׁמְעָה | בִּקְּעָה | הִתְבַּקְּעָה | הִשְׁמִיעָה |
| | 2 m.s. | שָׁמַעְתָּ | נִשְׁמַעְתָּ | בִּקַּעְתָּ | הִתְבַּקַּעְתָּ | הִשְׁמַעְתָּ |
| | 2 f.s. | שָׁמַעַתְּ | נִשְׁמַעַתְּ | בִּקַּעַתְּ | הִתְבַּקַּעַתְּ | הִשְׁמַעַתְּ |
| | 1 c.s. | שָׁמַעְתִּי | נִשְׁמַעְתִּי | בִּקַּעְתִּי | הִתְבַּקַּעְתִּי | הִשְׁמַעְתִּי |
| | 3 c.p. | שָֽׁמְעוּ | נִשְׁמְעוּ | בִּקְּעוּ | הִתְבַּקְּעוּ | הִשְׁמִיעוּ |
| | 2 m.p. | שְׁמַעְתֶּם | נִשְׁמַעְתֶּם | בִּקַּעְתֶּם | הִתְבַּקַּעְתֶּם | הִשְׁמַעְתֶּם |
| | 2 f.p. | שְׁמַעְתֶּן | נִשְׁמַעְתֶּן | בִּקַּעְתֶּן | הִתְבַּקַּעְתֶּן | הִשְׁמַעְתֶּן |
| | 1 c.p. | שָׁמַעְנוּ | נִשְׁמַעְנוּ | בִּקַּעְנוּ | הִתְבַּקַּעְנוּ | הִשְׁמַעְנוּ |
| Imperfect | 3 m.s. | יִשְׁמַע | יִשָּׁמַע | יְבַקַּע | יִתְבַּקַּע | יַשְׁמִיעַ |
| | 3 f.s. | תִּשְׁמַע | תִּשָּׁמַע | תְּבַקַּע | תִּתְבַּקַּע | תַּשְׁמִיעַ |
| | 2 m.s. | תִּשְׁמַע | תִּשָּׁמַע | תְּבַקַּע | תִּתְבַּקַּע | תַּשְׁמִיעַ |
| | 2 f.s. | תִּשְׁמְעִי | תִּשָּׁמְעִי | תְּבַקְּעִי | תִּתְבַּקְּעִי | תַּשְׁמִיעִי |
| | 1 c.s. | אֶשְׁמַע | אֶשָּׁמַע | אֲבַקַּע | אֶתְבַּקַּע | אַשְׁמִיעַ |
| | 3 m.p. | יִשְׁמְעוּ | יִשָּׁמְעוּ | יְבַקְּעוּ | יִתְבַּקְּעוּ | יַשְׁמִיעוּ |
| | 3 f.p. | תִּשְׁמַעְנָה | תִּשָּׁמַעְנָה | תְּבַקַּעְנָה | תִּתְבַּקַּעְנָה | תַּשְׁמַעְנָה |
| | 2 m.p. | תִּשְׁמְעוּ | תִּשָּׁמְעוּ | תְּבַקְּעוּ | תִּתְבַּקְּעוּ | תַּשְׁמִיעוּ |
| | 2 f.p. | תִּשְׁמַעְנָה | תִּשָּׁמַעְנָה | תְּבַקַּעְנָה | תִּתְבַּקַּעְנָה | תַּשְׁמַעְנָה |
| | 1 c.p. | נִשְׁמַע | נִשָּׁמַע | נְבַקַּע | נִתְבַּקַּע | נַשְׁמִיעַ |
| Cohort. | 1 c.s. | אֶשְׁמְעָה | אִשָּׁמְעָה | אֲבַקְּעָה | | אַשְׁמִיעָה |
| Imperf. & ו | cs. | וַיִּשְׁמַע | וַיִּשָּׁמַע | וַיְבַקַּע | | וַיַּשְׁמַע |
| Impert. | 2 m.s. | שְׁמַע | הִשָּׁמַע | בַּקַּע | הִתְבַּקַּע | הַשְׁמַע |
| | 2 f.s. | שִׁמְעִי | הִשָּׁמְעִי | בַּקְּעִי | הִתְבַּקְּעִי | הַשְׁמִיעִי |
| | 2 m.p. | שִׁמְעוּ | הִשָּׁמְעוּ | בַּקְּעוּ | הִתְבַּקְּעוּ | הַשְׁמִיעוּ |
| | 2 f.p. | שְׁמַעְנָה | הִשָּׁמַעְנָה | בַּקַּעְנָה | הִתְבַּקַּעְנָה | הַשְׁמַעְנָה |
| Part. (act.) | m.s. | שֹׁמֵעַ | | מְבַקֵּעַ | | מַשְׁמִיעַ |
| (pass.) | m.s. | שָׁמוּעַ | נִשְׁמָע | | מִתְבַּקֵּעַ | |
| Inf. Absolute | | שָׁמוֹעַ | נִשְׁמֹעַ | בַּקֵּעַ | הִתְבַּקֵּעַ | הַשְׁמֵעַ |
| Inf. Construct | | שְׁמֹעַ | הִשָּׁמַע | בַּקַּע | הִתְבַּקֵּעַ | הַשְׁמִיעַ |

# LAMEDH 'ALEPH VERBS

| | | Qal | Niph'al | Pi'el | Pu'al | Hiph'il |
|---|---|---|---|---|---|---|
| Perfect | 3 m.s. | מָצָא | נִמְצָא | רִפֵּא | רֻפָּא | הִמְצִיא |
| | 3 f.s. | מָצְאָה | נִמְצְאָה | רִפְּאָה | רֻפְּאָה | הִמְצִיאָה |
| | 2 m.s. | מָצָאתָ | נִמְצֵאתָ | רִפֵּאתָ | רֻפֵּאתָ | הִמְצֵאתָ |
| | 2 f.s. | מָצָאת | נִמְצֵאת | רִפֵּאת | רֻפֵּאת | הִמְצֵאת |
| | 1 c.s. | מָצָאתִי | נִמְצֵאתִי | רִפֵּאתִי | רֻפֵּאתִי | הִמְצֵאתִי |
| | 3 c.p. | מָצְאוּ | נִמְצְאוּ | רִפְּאוּ | רֻפְּאוּ | הִמְצִיאוּ |
| | 2 m.p. | מְצָאתֶם | נִמְצֵאתֶם | רִפֵּאתֶם | רֻפֵּאתֶם | הִמְצֵאתֶם |
| | 2 f.p. | מְצָאתֶן | נִמְצֵאתֶן | רִפֵּאתֶן | רֻפֵּאתֶן | הִמְצֵאתֶן |
| | 1 c.p. | מָצָאנוּ | נִמְצֵאנוּ | רִפֵּאנוּ | רֻפֵּאנוּ | הִמְצֵאנוּ |
| Imperfect | 3 m.s. | יִמְצָא | יִמָּצֵא | יְרַפֵּא | יְרֻפָּא | יַמְצִיא |
| | 3 f.s. | תִּמְצָא | תִּמָּצֵא | תְּרַפֵּא | תְּרֻפָּא | תַּמְצִיא |
| | 2 m.s. | תִּמְצָא | תִּמָּצֵא | תְּרַפֵּא | תְּרֻפָּא | תַּמְצִיא |
| | 2 f.s. | תִּמְצְאִי | תִּמָּצְאִי | תְּרַפְּאִי | תְּרֻפְּאִי | תַּמְצִיאִי |
| | 1 c.s. | אֶמְצָא | אֶמָּצֵא | אֲרַפֵּא | אֲרֻפָּא | אַמְצִיא |
| | 3 m.p. | יִמְצְאוּ | יִמָּצְאוּ | יְרַפְּאוּ | יְרֻפְּאוּ | יַמְצִיאוּ |
| | 3 f.p. | תִּמְצֶאנָה | תִּמָּצֶאנָה | תְּרַפֶּאנָה | תְּרֻפֶּאנָה | תַּמְצֶאנָה |
| | 2 m.p. | תִּמְצְאוּ | תִּמָּצְאוּ | תְּרַפְּאוּ | תְּרֻפְּאוּ | תַּמְצִיאוּ |
| | 2 f.p. | תִּמְצֶאנָה | תִּמָּצֶאנָה | תְּרַפֶּאנָה | תְּרֻפֶּאנָה | תַּמְצֶאנָה |
| | 1 c.p. | נִמְצָא | נִמָּצֵא | נְרַפֵּא | נְרֻפָּא | נַמְצִיא |
| Cohort. | 1 c.s. | אֶמְצְאָה | אִמָּצְאָה | | | אַמְצִיאָה |
| Imperf. & ו cs. | | וַיִּמְצָא | וַיִּמָּצֵא | | | וַיַּמְצֵא |
| Impert. | 2 m.s. | מְצָא | הִמָּצֵא | רַפֵּא | | הַמְצֵא |
| | 2 f.s. | מִצְאִי | הִמָּצְאִי | רַפְּאִי | | הַמְצִיאִי |
| | 2 m.p. | מִצְאוּ | הִמָּצְאוּ | רַפְּאוּ | | הַמְצִיאוּ |
| | 2 f.p. | מְצֶאנָה | הִמָּצֶאנָה | רַפֶּאנָה | | הַמְצֶאנָה |
| Part. (act.) | m.s. | מֹצֵא | | מְרַפֵּא | | מַמְצִיא |
| (pass.) | m.s. | מָצוּא | נִמְצָא | | מְרֻפָּא | |
| Inf. Absolute | | מָצוֹא | נִמְצֹא | רַפֹּא | | הַמְצֵא |
| Inf. Construct | | מְצֹא | הִמָּצֵא | רַפֵּא | | הַמְצִיא |

## LAMEDH HE VERBS

| | | Qal | Qal | Niph'al | Pi'el | Hiph'il |
|---|---|---|---|---|---|---|
| Perfect | 3 m.s. | הָיָה | גָּלָה | נִגְלָה | גִּלָּה | הִגְלָה |
| | 3 f.s. | הָיְתָה | גָּלְתָה | נִגְלְתָה | גִּלְּתָה | הִגְלְתָה |
| | 2 m.s. | הָיִיתָ | גָּלִיתָ | נִגְלֵיתָ | גִּלִּיתָ | הִגְלִיתָ |
| | 2 f.s. | הָיִית | גָּלִית | נִגְלֵית | גִּלִּית | הִגְלִית |
| | 1 c.s. | הָיִיתִי | גָּלִיתִי | נִגְלֵיתִי | גִּלִּיתִי | הִגְלִיתִי |
| | 3 c.p. | הָיוּ | גָּלוּ | נִגְלוּ | גִּלּוּ | הִגְלוּ |
| | 2 m.p. | הֱיִיתֶם | גְּלִיתֶם | נִגְלֵיתֶם | גִּלִּיתֶם | הִגְלִיתֶם |
| | 2 f.p. | הֱיִיתֶן | גְּלִיתֶן | נִגְלֵיתֶן | גִּלִּיתֶן | הִגְלִיתֶן |
| | 1 c.p. | הָיִינוּ | גָּלִינוּ | נִגְלֵינוּ | גִּלִּינוּ | הִגְלִינוּ |
| Imperfect | 3 m.s. | יִהְיֶה | יִגְלֶה | יִגָּלֶה | יְגַלֶּה | יַגְלֶה |
| | 3 f.s. | תִּהְיֶה | תִּגְלֶה | תִּגָּלֶה | תְּגַלֶּה | תַּגְלֶה |
| | 2 m.s. | תִּהְיֶה | תִּגְלֶה | תִּגָּלֶה | תְּגַלֶּה | תַּגְלֶה |
| | 2 f.s. | תִּהְיִי | תִּגְלִי | תִּגָּלִי | תְּגַלִּי | תַּגְלִי |
| | 1 c.s. | אֶהְיֶה | אֶגְלֶה | אֶגָּלֶה | אֲגַלֶּה | אַגְלֶה |
| | 3 m.p. | יִהְיוּ | יִגְלוּ | יִגָּלוּ | יְגַלּוּ | יַגְלוּ |
| | 3 f.p. | תִּהְיֶינָה | תִּגְלֶינָה | תִּגָּלֶינָה | תְּגַלֶּינָה | תַּגְלֶינָה |
| | 2 m.p. | תִּהְיוּ | תִּגְלוּ | תִּגָּלוּ | תְּגַלּוּ | תַּגְלוּ |
| | 2 f.p. | תִּהְיֶינָה | תִּגְלֶינָה | תִּגָּלֶינָה | תְּגַלֶּינָה | תַּגְלֶינָה |
| | 1 c.p. | נִהְיֶה | נִגְלֶה | נִגָּלֶה | נְגַלֶּה | נַגְלֶה |
| Cohort. | 1 c.s. | | | | | |
| Imperf. & ו cs. | | וַיְהִי | וַיִּגֶל | וַיִּגָּל | וַיְגַל | וַיֶּגֶל |
| Impert. | 2 m.s. | הֱיֵה | גְּלֵה | הִגָּלֵה | גַּלֵּה | הַגְלֵה |
| | 2 f.s. | הֱיִי | גְּלִי | הִגָּלִי | גַּלִּי | הַגְלִי |
| | 2 m.p. | הֱיוּ | גְּלוּ | הִגָּלוּ | גַּלּוּ | הַגְלוּ |
| | 2 f.p. | הֱיֶינָה | גְּלֶינָה | הִגָּלֶינָה | גַּלֶּינָה | הַגְלֶינָה |
| Part. | (act.)m.s. | הוֹיֶה | גֹּלֶה | | מְגַלֶּה | מַגְלֶה |
| | (pass.)m.s. | | גָּלוּי | נִגְלֶה | | |
| Inf. Absolute | | הָיֹה, הָיוֹ | גָּלֹה | נִגְלֹה | גַּלֵּה | הַגְלֵה |
| Inf. Construct | | הֱיוֹת | גְּלוֹת | הִגָּלוֹת | גַּלּוֹת | הַגְלוֹת |

# SYNOPSES OF DOUBLY WEAK VERBS

| | Qal | Niph'al | Qal | Qal | Hiph'il |
|---|---|---|---|---|---|
| Verb Root | נָשָׂא | | נָגַע | נָטָה | |
| Perfect 3 m.s. | נָשָׂא | נִשָּׂא | נָגַע | נָטָה | הִטָּה |
| Imperf. 3 m.s. | יִשָּׂא | יִנָּשֵׂא | יִגַּע | יִטֶּה | יַטֶּה |
| Impert. 2 m.s. | שָׂא | הִנָּשֵׂא | גַּע | נְטֵה | הַטֵּה |
| Participle m.s. (active) | נֹשֵׂא | | נֹגֵעַ | נֹטֶה | מַטֶּה |
| (passive) | נָשׂוּא | נִשָּׂא | נָגוּעַ | נָטוּי | |
| Inf. Absolute | נָשׂוֹא | | נָגוֹעַ | נָטֹה | הַטֵּה |
| Inf. Construct | נְשֹׂא, שְׂאֵת | הִנָּשֵׂא | נְגֹעַ, גַּעַת | נְטוֹת | הַטּוֹת |

| | Hiph'il | Hoph'al | Qal | Hiph'al |
|---|---|---|---|---|
| Verb Root | נָכָה | | עָשָׂה | עָלָה |
| Perfect 3 m.s. | הִכָּה | הֻכָּה | עָשָׂה | הֶעֱלָה |
| Imperf. 3 m.s. | יַכֶּה | יֻכֶּה | יַעֲשֶׂה | יַעֲלֶה |
| Impert. 3 m.s. | הַכֵּה | | עֲשֵׂה | הַעֲלֵה |
| Participle m.s. (active) | מַכֶּה | | עֹשֶׂה | מַעֲלֶה |
| (passive) | | מֻכֶּה | עָשׂוּי | |
| Inf. Absolute | הַכֵּה | הֻכֵּה | עָשֹׂה | הַעֲלֵה |
| Inf. Construct | הַכּוֹת | הֻכּוֹת | עֲשׂוֹת | הַעֲלוֹת |

## SYNOPSES OF DOUBLY WEAK VERBS

| | Qal | Hiph'il | Qal | Hiph'il | Qal |
|---|---|---|---|---|---|
| Verb Root | יָצָא | | בּוֹא | | יָרֵא |
| Perfect 3 m.s. | יָצָא | הוֹצִיא | בָּא | הֵבִיא | יָרֵא |
| Imperf. 3 m.s. | יֵצֵא | יוֹצִיא | יָבוֹא | יָבִיא | יִירָא |
| Impert. 2 m.s. | צֵא | הוֹצֵא | בּוֹא | הָבֵא | יְרָא |
| Participle m.s. (active) | יֹצֵא | מוֹצִיא | בָּא | מֵבִיא | יָרֵא |
| (passive) | | | | | |
| Inf. Absolute | יָצוֹא | הוֹצֵא | בּוֹא | הָבֵא | יָרוֹא |
| Inf. Construct | צֵאת | הוֹצִיא | בּוֹא,בֹּא | הָבִיא | יְרֹא |

| | Qal | Niph'al | Hiph'il | Qal | Niph'al |
|---|---|---|---|---|---|
| Verb Root | | יָדַע | | רָאָה | |
| Perfect 3 m.s. | יָדַע | נוֹדַע | הוֹדִ֫יעַ | רָאָה | נִרְאָה |
| Imperf. 3 m.s. | יֵדַע | יִוָּדַע | יוֹדִ֫יעַ | יִרְאֶה | יֵרָאֶה |
| Impert. 2 m.s. | דַּע | הִוָּדַע | הוֹדַע | רְאֵה | הֵרָאֵה |
| Participle m.s. (active) | יֹדֵ֫עַ | | מוֹדִ֫יעַ | רֹאֶה | |
| (passive) | | נוֹדָע | | רָאוּי | נִרְאֶה |
| Inf. Absolute | יָדֹ֫ועַ | | הוֹדֵ֫עַ | רָאֹה | הֵרָאֹה |
| Inf. Construct | דַּ֫עַת | הִוָּדַע | הוֹדִ֫יעַ | רְאוֹת | הֵרָאוֹת |

## SUBJECT INDEX

Absolute state, 18
Accents, 53-54
Adjectives
  singular, 11-13
  plural, 14-15
Alphabet, 1
Article
  pointing of, 9-10
Athnach, 53-54
'Ayin guttural verbs,
  135-142
'Ayin Waw verbs,
  152-161
'Ayin Yodh verbs,
  144-150

Cardinal numbers, 47-49
Cohortative, 67
Comparative degree, 26
Composite shewa, 5
Conjunction
  pointing of, 27-28
Construct state, 18-20

Dagesh forte, 4
Dagesh lene, 2, 4
Definite object
  sign of, 21
Degrees of comparison,
  26
Demonstrative adjectives, 17
Double 'Ayin verbs,
  162-167
Doubly weak verbs,
  191-200
Dual number, 15-16

Emphatic imperative, 68

Feminine adjectives,
  11-13
Feminine nouns, 11-13
  sg with suffixes,
    35-37
  pl with suffixes,
    39-41
Final letters, 1

Furtive Pathach, 50

Guttural letters, 6

He directive, 28-29
He interrogative, 31-32
Hiph'il, 83-85
Hithpa'el, 79-81
Hoph'al, 86-88

Imperative (Qal), 56-57
  emphatic, 68
  with suffixes, 94-96
Imperfect (Qal), 55-56
  with Waw consecutive,
    66-67
  with suffixes, 94-96
Infinitives, 59-60
  infinitive construct
    with suffixes, 97-99
Inseparable prepositions,
  23-25
Interrogative He, 31-32
Interrogative pronouns, 31
Irregular nouns, 22, 41

Jussive, 67-68

Lamedh 'Aleph verbs, 175-181
Lamedh guttural verbs,
  169-174
Lamedh He verbs, 183-189
Letters
  forms and names, 1
  final, 1
  phonetic value of, 1
  guttural, 6
  quiescent, 7
  vowel, 7

Mappiq, 31, 183
Maqqeph, 19
Masculine nouns, 11-15
  sg with suffixes, 33-34
  pl with suffixes, 39-41
Methegh, 9

Negative commands, 57

Niph'al, 69-71
Nouns
  singular, 11-13
  plural, 14-15
  dual, 15-16
  segholate, 8, 40
  irregular, 22, 41
  m sg with suffixes, 33-34
  f sg with suffixes, 35-37
Numerals, 47-50
Nun energic, 95

Object
  sign of definite, 21
Ordinal numbers, 49-50

Participle (Qal)
  active, 59
  passive, 59
  with article, 59
Pause, 54
Pe 'Aleph verbs, 108-110
Pe guttural verbs, 101-107
Pe Nun verbs, 112-118
Pe Waw verbs, 128-133
Pe Yodh verbs, 126-128
Perfect (Qal), 51-53
  with suffixes, 90-92
Pi'el, 73-76
Possession, 37
Predicate adjective, 13
Prepositions
  inseparable, 23-25
  inseparable with article, 25
  pointing of מִן, 25-26
  with suffixes, 42-44
  with suffixes of pl noun, 45-46
Pronominal suffixes
  with m sg nouns, 33-34
  with f sg nouns, 35-37
  with pl nouns, 39-41
  with prepositions, 42-44
  of pl noun with prepositions, 45-46

with perfect state, 90-92
with imperfect, 94-96
with imperative, 94-96
with infinitive construct, 97-99
Pronouns
  personal, 30-31
  interrogative, 31
  relative, 32
Pu'al, 77-78

Qal perfect, 51-53
Quiescent letters, 7

Raphe, 75
Relative pronoun, 32

Segholate nouns, 8, 40
Shewa, 5-6
Shortened form, 83
Silluq, 54
Soph pasuq, 54
Stative verbs, 62-64
Strong verb
  summary of, 88
Suffixes, pronominal
  with m sg nouns, 33-34
  with f sg nouns, 35-37
  with pl nouns, 39-41
  with prepositions, 42-44
  of pl noun with prepositions, 45-46
  with perfect state, 90-92
  with imperfect, 94-96
  with imperative, 94-96
  with infinitive construct, 97-99
Superlative degree, 26
Syllables, 7-8

Verb
  stative, 62-64
  summary of strong verb, 88
  weak verbs, 100-101
  doubly weak verbs, 191-200
Vowel letters, 7
Vowels, 2-3

Waw consecutive, 66-67